2018年国家社会科学基金项目——中华优秀家风传承创新路径研究（项目批准号：18XKS018）阶段性成果

马克思主义中国化丛书

总主编 王宗礼

中国古代
个体品德培育机制探源

陈晓龙 姚成得 著

中国社会科学出版社

图书在版编目（CIP）数据

中国古代个体品德培育机制探源 / 陈晓龙，姚成得著 . —北京：中国社会科学出版社，2019.9

（马克思主义中国化丛书）

ISBN 978-7-5203-4754-9

Ⅰ. ①中… Ⅱ. ①陈… ②姚… Ⅲ. ①品德教育—研究—中国—古代 Ⅳ. ①B82

中国版本图书馆 CIP 数据核字（2019）第 149249 号

出版人	赵剑英
责任编辑	喻　苗
责任校对	胡新芳
责任印制	王　超

出　版	中国社会科学出版社
社　址	北京鼓楼西大街甲 158 号
邮　编	100720
网　址	http://www.csspw.cn
发行部	010-84083685
门市部	010-84029450
经　销	新华书店及其他书店
印　刷	北京明恒达印务有限公司
装　订	廊坊市广阳区广增装订厂
版　次	2019 年 9 月第 1 版
印　次	2019 年 9 月第 1 次印刷
开　本	710×1000　1/16
印　张	17
插　页	2
字　数	270 千字
定　价	86.00 元

凡购买中国社会科学出版社图书，如有质量问题请与本社营销中心联系调换
电话：010-84083683
版权所有　侵权必究

出版前言

马克思主义自诞生以来，在指导工人运动和社会主义革命、建设、改革的过程中，取得了举世瞩目的光辉成就，深刻地改变了世界格局和人类社会的发展走向，为人类社会昭示了新的发展前景。尽管马克思主义的反对者们一再声称马克思主义已经过时，但当人类社会发展出现困境时，人们却不约而同地回到马克思的思想资源中寻求破解困境的灵感，以马克思主义为指导的社会主义制度也在遭遇挫折后焕发出新的生机和活力。从一定意义上来说，当代资本主义社会之所以能摆脱过去周期性经济危机的魔咒，也得益于马克思主义对资本主义制度的深刻批判。无论是19世纪中后期欧洲资本主义克服经济危机的努力，还是2008年世界金融危机后马克思主义著作在西方世界的热销；无论是马克思被西方思想界评为"千年第一思想家"的现象，还是马克思主义不断地被他的敌人所诋毁，无不显示出马克思主义巨大的思想影响力和持久的生命力。

马克思主义的巨大思想影响力和持久的生命力来自其科学性和真理性。正如习近平总书记在《在哲学社会科学工作座谈会上的讲话》中所指出的，"马克思主义尽管诞生在一个半多世纪之前，但历史和现实都证明它是科学的理论，迄今依然有着强大生命力。马克思主义深刻揭示了自然界、人类社会、人类思维发展的普遍规律，为人类社会发展进步指明了方向；马克思主义坚持实现人民解放、维护人民利益的立场，以实现人的自由而全面的发展和全人类解放为己任，反映了人类对理想社会的美好憧憬；马克思主义揭示了事物的本质、内在联系及发展规律，是'伟大的认识工具'，是人们观察世界、分析问题的有力思想武器；马克思主义具有鲜明的实践品格，不仅致力于科学'解释世界'，而且致力于积极'改变世界'。在人类思想史上，还没有一种理论像马克思主义那样对人类文明进步产生了如此广泛而巨大的影响"。

马克思主义并没有穷尽真理,它是随着时代的发展和人类实践活动的发展而不断发展的。作为一种科学的世界观和方法论,作为一种"伟大的认识工具",马克思主义必须不断地直面时代发展变化的挑战,回答不同历史发展阶段提出的重大课题。在马克思和恩格斯生活的时代,虽然资产阶级统治已经在主要资本主义国家得以确立,资本主义制度正处在上升时期,但资本主义社会的固有矛盾已经开始暴露,无产阶级和资产阶级的矛盾已经日趋显现,在这样的历史背景之下,马克思和恩格斯面临的时代课题,就是站在无产阶级的立场上,揭示资本主义社会的内在矛盾,探讨资本主义社会的运动规律,为社会主义制度取代资本主义制度提供理论论证。马克思正是通过唯物史观和剩余价值学说这两大发现,实现了社会主义由空想到科学的发展,为当时工人运动的发展提供了科学的指南和正确的方向。19世纪末到20世纪20年代,资本主义社会发展到了一个新的阶段,即帝国主义阶段,资本主义社会的固有矛盾呈现出了新的特征,由于资本主义经济政治发展不平衡规律的作用,帝国主义之间的矛盾尖锐化,人类社会进入了一个以战争和革命为时代主题的新时代。面对时代主题的变化和工人运动面临的新形势新任务,列宁深刻地分析了帝国主义阶段资本主义社会基本矛盾的变化,探讨了帝国主义时期的主要矛盾和发展规律,深刻揭示了社会主义可以在一个国家率先取得胜利的历史必然性,领导俄国无产阶级和人民群众推翻了沙皇专制统治,建立了人类历史上第一个社会主义国家,实现了社会主义由理论到现实的伟大转变,开辟了人类历史的新纪元,也为后世提供了坚持和发展马克思主义的光辉范例。

"十月革命一声炮响,给我们送来了马克思主义。"马克思主义传入中国之时,正值中华民族处在亡国灭种的民族危亡关头,中国社会正处在半殖民地半封建社会的深渊。自1840年鸦片战争以来,古老的中国遭遇"三千年未有之大变局",一批批先进的中国人不断探寻着救国救民的道路,封建社会的开明人士推行的洋务运动失败了,资产阶级维新派发动的维新变法运动也没有取得成功;洪秀全等人发动的旧式农民起义失败了,孙中山等人领导的资产阶级民主革命运动也夭折了。马克思主义传入中国以后,使正在苦苦寻求救国救民之道的中华民族的优秀分子看到了希望。以李大钊、陈独秀等人为代表的中国人开始研究马克思主义、宣传马克思主义，马克思主义与中国工人运动相结合，产生了中国共产党，从此，中国革命的道路才展现出了光明的前景，中华民族的命运才出现了历史性的转机。

但是，如何在一个半殖民地半封建的落后的东方大国实现民族独立、人民解放进而建立社会主义制度，是马克思、恩格斯乃至列宁从未遇到过更不可能回答的问题。这是历史和时代给中国共产党人提出的新的严峻课题。对此，中国共产党人进行了艰苦的探索。以毛泽东同志为代表的中国共产党人，顺应时代要求，把马克思主义的普遍原理与中国的实际相结合，创造性地推进了马克思主义中国化，实现了马克思主义中国化的第一次历史飞跃，形成了马克思主义中国化的第一大理论成果——毛泽东思想。正是在毛泽东思想的指导下，中国人民经过艰苦卓绝的努力，推翻了帝国主义的殖民统治，建立了新中国，实现了民族独立和人民解放，建立了社会主义制度，为中国社会的进步和中华民族的发展奠定了坚实的基础。

社会主义制度的建立，深刻地改变了中国社会的基本结构和基本面貌，为中国社会的进步奠定了坚实的基础。但是在一个生产力水平十分低下、农村人口占绝大多数、封建传统根深蒂固的东方大国，建设什么样的社会主义、如何建设社会主义，是历史和时代给中国共产党人提出的又一崭新的课题。对此，中国共产党人进行了不懈的理论探索与实践探索，其间有挫折，有教训，也有成功的喜悦。改革开放以来，以邓小平同志为代表的中国共产党人，坚持实事求是的思想路线，把马克思主义的普遍原理与中国的实际相结合，实现了马克思主义中国化的第二次理论飞跃，形成了包括邓小平理论、"三个代表"重要思想、科学发展观等在内的中国特色社会主义理论体系。以习近平同志为代表的中国共产党人与时俱进继续推动马克思主义中国化取得历史性突破，正在形成党的最新理论创新成果——习近平新时代中国特色社会主义思想。正是在中国特色社会主义理论体系的指导下，中国社会主义建设和改革事业才取得了举世瞩目的伟大成就。

历史和实践已经证明，坚持和发展马克思主义，是我国革命、改革和建设事业取得成就的根本保障。但是，我们也要清醒地看到，当今时代，随着经济全球化、政治多极化、社会信息化、文化多元化向纵深发展，人类社会面临的各种矛盾和问题空前复杂，意识形态领域的斗争愈演愈烈，马克思主义也面临许多新的挑战。坚持和发展马克思主义，必须要深入研究马克思主义的基本原理，特别是要深入研究和学习马克思主义的经典著作，拨开各种强加于马克思主义身上的迷雾，还马克思主义以本来面目；坚持和发展马克思主义，还必须坚决反对对待马克思主义的教条主义和实用主义态度。马克思主义不是僵死的教条，也不是随意剪裁的"百宝箱"，如果不顾历史条件的变化，把马克思主义经典作家针对特定历史条件、特定情境讲过的每一句话，都当成普遍真理，照抄照搬，显然不是对待马克思主义的正确态度。而如果凡事都要从马克思主义经典作家的著作中去寻找答案，按照主观需要裁剪马克思主义这个整体，随意从马克思主义的经典著作中寻章摘句，同样也不是对待马克思主义的正确态度。坚持和发展马克思主义，还必须不断地推进马克思主义的中国化、时代化和大众化，必须坚持运用马克思主义的立场、观点和方法，研究和回答我国改革开放和社会主义现代化建设中的重大理论问题与实际问题；坚持和发展马克思主义还必须在真学、真信、真懂、真用上下功夫，要认真研究马克思主义经典著作，掌握马克思主义的立场、观点与方法，把握马克思主义的思想精髓，自觉地用马克思主义的世界观和方法论，分析问题，指导实践。

坚持和发展马克思主义必须不断深化对马克思主义的理论研究。改革开放以来，中央高度重视马克思主义理论研究，深入推进马克思主义理论研究与建设工程、马克思主义理论学科建设、马克思主义学院建设，马克思主义理论研究正在向纵深发展。但正如习近平总书记所说，我们"也有一些同志对马克思主义理解不深、理解不透，在运用马克思主义立场、观点、方法上功力不足、高水平成果不多，在建设以马克思主义为指导的学科体系、学术体系、话语体系上功力不足、高水平成果不多。社会上也存在一些模糊甚至错误的认识。有的认为马克思主义已经过时，中国现在搞的不是马克思主义；有的说马克思主义只是一种意识形态说教，没有学术上的学理性和系统性。实际工作中，在有的领域中马克思主义被边缘化、空泛化、标签化，在一些学科中'失语'、教材中'失踪'、论坛上'失声'"。因此，加强马克思主义理论研究是高校马克思主义理论学科和哲学社会科学工作者义不容辞的光荣使命。

西北师范大学马克思主义学院有着悠久的办学历史和较为深厚的学术积淀，其前身是1953年成立的马列主义教研室，1959年成立了政治教育系，开始招收思想政治教育专业本科生。经过历代学人的辛勤耕耘，现已成为甘肃省重要的马克思主义理论学科人才培养和学术研究基地，学院设有马克思主义基本原理和思想政治教育两个二级学科博士点和马克思主义理论一级学科硕士学位点，拥有马克思主义理论博士后科研流动站，马克思主义理论学科为甘肃省省级重点学科。学院拥有一支政治立场坚定、结构合理、业务水平较高的师资队伍，近几年来编辑出版有《马克思主义理论研究》连续出版物。为了进一步加强马克思主义理论学科建设，提升中青年教师的教学科研能力，学院组织中青年教师进行科研攻关，编写了这套"马克思主义中国化"书系。希望本丛书的出版能够为马克思主义理论学科教学科研人员和其他读者提供学习和研究马克思主义的参考材料，也希望得到专家学者的批评指正。

王宗礼

西北师范大学马克思主义学院

2016年12月10日

前　言

在中国古代社会的长期发展过程中,历史地形成了相对完整且行之有效的个体品德培育机制,这些机制包括正式制度和非正式(教育)制度两个方面。其中,正式制度是指由政府(官府)以某种明确的形式确定下来,并借助于行政层级组织监督和保证实施的强制性规范。而非正式(教育)制度是指人们在长期的社会生产与交往中,逐步形成并得到大家普遍认可的一系列非正式规则(规矩)的总和,这些非正式规则随着时间的推移逐渐固化下来,形成影响和塑造个体道德品质的体制机制。中国古代的民间规约(家训、族规、乡约)、传统仪式(祭祀、葬礼、婚礼、冠笄礼)、民间道德楷模(乡绅、士绅)、民间教育机构(私塾、书院)是影响个体道德品德培育的最主要的非正式(教育)制度。它主要借助于家庭家族教化、乡规民约、道德楷模和传统仪式等形式来传递道德信条,使社会个体的品德得到培育。显然,从品德培育的有效性角度考察,以民间规约、传统仪式、私学教育机构和民间道德楷模作为载体和途径的非正式(教育)制度发挥着极为重要的作用。

个体道德品质的培育是社会普遍的价值观念内化为个体的道德品质和行为准则的过程,我们试图系统梳理和全面剖析典型文本和典型个案,探究社会普遍的道德原则和价值观念是如何具体化、生动化、形象化到这些文本和个案之中,以及这些非正式(教育)制度是如何运行、个体是如何参与这些活动从而使个体道德品质得以培育的理论和现实问题,为践行社会主义核心价值体系、加强公民道德建设提供有益的启示。

非正式(教育)制度在个体品德培育过程中之所以更为有效、作用更为明显，根本原因在于：其一，社会普遍的价值原则只有具体化、生动化、生活化才能为个体所接受，并内化为个体的道德品质，而非正式（教育）制度是社会普遍价值原则具体化的重要环节；其二，社会共同的价值理想只有深入到民间并进入民众现实的生活世界，营造出一种道德生活世界的氛围，才能使个体在时刻都在发生作用的日常生活过程中受到熏染，以培育个体品德，而非正式（教育）制度正是借助于社会共同价值理想进入生活世界重要载体（民间规约、传统仪式、民间道德楷模、民间教育机构）而发挥作用；其三，个体品德的培育是伴随个体一生的事业，同时又是一个自觉而自愿的柔性化育过程，因此与正式制度的强制性不同，非正式（教育）制度的民间性、非强制性更适合于个体品德培育的特征和要求，也更易于为被教育者所接受，这也是我们之所以从非正式（教育）制度的维度研究古代个体品德培育问题的原因所在。中国古代社会非正式（教育）制度形式多样、历史悠久、功能显著，是中华民族优秀的传统文化的重要组成部分。古代非正式（教育）制度起源于原始先民的社会文化生活，是早期群体生活经验的累积和凝结。在远古时代，人们在耕作、祭祀、家庭社会生活中逐渐形成了一些约定俗成的信条和规矩，虽然它们还未上升到制度的层面，却凝聚着人们的精神信念，指导着人们的日常生活。古代非正式（教育）制度在维护传统社会的人心秩序与社会秩序的同时，对个体的品格、修养、行为等产生了重要影响。我们将以个体品德培育机制为主线，以古代家训、仪式、书院、士绅楷模为重点，通过经典文献研究和社会调查分析，揭示了古代非正式（教育）制度影响个体品德的因素和途径，从而提出了品德培养的相关建议。

第一章分析回顾了古代非正式（教育）制度形成发展的过程。家训常见的异称包括家令、家诫（戒）、家教、家法、家规、家订、家范、家政、家约、家仪、家语、劝言、杂议、世范、族规、药言、遗训、庭训、女诫、女训等。很多家训通俗易懂，家喻户晓，深受社会各界群众欢迎，在民众中广泛流传，成为古代个体品德培育和社会教化的教科书。"仪式"主要指以"活"的形式展现的具有象征意义的社会群体活动。在中国传统文化中，仪式融合于个体日常生活细节之中，大多情况下表现为"习俗""礼"。中国人向来把"礼"放在十分重要的位置，"礼"的作用在于"经国家，定社稷，序人民，利后嗣"，不仅是中华传统美德之一，更是人们立身处世的行为规范。在古代仪式生活中，每个阶层的人都可以感受到自己应该遵循的道德约束和行为规范，整个社会生活也因此井然有序。书院是介于官学与私学之间的一种独特的文化教育机构。古代书院教授的学业内容基本是"四书""五经"等儒家经典，另外配套一些历史典籍著作，以及书院的校本教材。在教育导向上，坚持道德培养为先，真正做到了德智的协同发展，大多书院都注重培养学生的爱国情怀和朴素的伦理观念。书院为社会发展和士人培养做出了重要贡献，担负着传授知识、化育人生、安邦治国的重要作用。士绅通过对知识的占有以及与政治特权的结合，从而形成一个特殊的知识阶层，在传统宗法社会充当着乡村权威、文化规范的角色，对于传统社会秩序的稳定和延续发挥了重要作用。

第二章详述了古代家训对个体品德的培育。在中国古代，家庭是人们日常习作与生活的组织单位，在以家训形式存在并发挥作用的中国传统家庭教育在中国人的个体品德形成中发挥的作用更大。家长的日常训诫在很大程度上成为家庭精神文化的重要生产形式，家长日常训诫的作用机理，就在于通过家长或家族长辈的训导和示范，使个体从小养成知礼行事良好习惯。生活化家训的道德教育，表现在家训的德育内容确定方面。首先普遍选择的个体品德培育内容往往与受教个体的日常生活实践紧密联系，以保证家训所施为的德育新内容能快速顺利地融入到他们原有的道德认知基础，并通过日复一日的惯常生产和生活，将其所学运用于自己的德行实践。这种看似平淡无奇的潜移默化活动，恰恰是家训塑造个体德性人格的优势所在，在古代，中国家训已成为古代宗法世系传统下塑造个体人格和道德品性的规范性力量。家庭还能够以其家风影响个体的生活习惯、思维方式、文化素养及言行表现等。家风虽是无形的、潜在的，但对孩子的影响却是巨大的，它对孩子的成长是一种耳濡目染、潜移默化的教育，是规范行为、陶冶道德情操的天然"熔炉"。

第三章详述了传统仪式对个体品德的养成。中国古人社会生活靠礼俗维系和进行。礼俗之于中国，非宗教亦宗教，非政治亦政治，它为中国所特有，居于中国文化之最重要部分。传统仪式能够有效地对人们的社会生活进行规范、约束和塑造，从而避免了道德的社会价值被"虚化"。传统人生礼仪仪式的产生离不开人类的群体活动，是人类社会为了妥善处理人际关系，建立必要的生活秩序所做出的一种行为和道德规范。人类生活的丰富多彩也就决定了它必须具有多样性，人生礼仪仪式必须能最大限度地契合和满足人们的精神需求，由此而能够在群体内通行，得到群体成员的普遍认可并自觉遵守，体现了群体成员的共同意识的行为方式。传统仪式以一种自然的教化方式在更为细微的层面培植个体的德性与秩序感，起到了稳定社会秩序、维护文明传统的作用。培根指出，个人习惯的力量和作用固然很大，但"联合习惯"（社会习惯）对人具有最大的力量。"天性中美德的繁殖是要仗着秩序的井然，纪律良好的社会（习惯）。"[1]

　　第四章详述了古代书院对个体品德的熏陶。古代书院充分弘扬了儒家道德教育的理念与方法，始终坚持德育为首，注重道德实践，强调"明乎人伦""传道济民"的教育宗旨，并将个体德性培育落实到日常教学管理、学规制度、书院环境建设，以及山长、教授的选聘中，从整体上营造了一种良好的教书育人的环境。在教学理念上突出"学之有本"，坚决捍卫儒家的传统伦理道德，注重个体道德人格的养成。在教学方法上突出了个性化的教育，书院根据生徒的兴趣爱好、个性特征、资质禀赋等特点因材施教。书院植根于民间生活，讲学往往能够结合民众的实际问题，运用生动形象的教学形式教导民众，从而使儒家的传统道德贯穿于民众的日用伦常生活之中。

　　第五章详述了士绅楷模对个体品德的垂范。中国传统社会里很早就分化出两种人，即士绅与农民。士绅主要指依赖地租为生、脱离生产劳作的少数有知识的地主及退隐于民间的官吏。费孝通先生认为，士绅是中国传统社会中"大一统"的专制皇权确立之后，在民间社会形成的一种有社会威望的人物。在儒学的社会化过程中，下层士绅所发挥的作用更加不可替代。作为一群饱受儒学教育的儒生，士绅们身居乡里，在日常生活中是百姓的品德楷模、行为表率，甚至是民间的道德偶像。士绅经常代政而行事，从他们的身上可以看到"官方"的

---

[1]《培根论说文集》，水天同译，商务印书馆1983年版，第133页。

影响，但他们身居民间社会，又不是政府的代理人。以士绅为主体的地方精英是国家和地方政治衔接的桥梁，作为民间社会代言人，他们充当官员与百姓之间的中介，一方面，就地方社会事务出谋划策，教导百姓忠孝安分，将国家意志传达于民间社会。另一方面，提醒君主薄赋敛，少兴作，反映民间社会实情。同时参与制定家规族法、乡约家礼，在乡村社会治理中发挥重要作用。士绅们的特殊的身份、行事原则和方式必然会对底层民众的观念产生影响，从而起到了道德示范作用。

第六章归纳了古代非正式（教育）制度的主要德育价值。非正式（教育）制度在个体社会化过程中起到了奠基性的作用。人不是一出生就拥有世界与自我的观念，个体成为特定的主体，与其生活世界的社会成员共享的意义和知识是分不开的。日常生活中的信念与原则建构了个体早期的行为意志结构，并影响了个体的一生。个体品德的培育实质上是社会普遍价值原则内化为个体的道德意识、道德素质进而外化为道德行为的双向统一过程。从发生学的角度来看，道德不是空穴来风，道德生活原本属于人的生活世界的一部分。道德理念和道德原则不是第一性的，社会生活中的道德习惯才是第一性的。道德基本法则不是原因，而是道德实践的结果。道德来源于社会生活，道德只有在群体生活之中才能彰显其价值与意义。人格是道德培育的中心，是个体道德操守和社会良心的支柱，如果没有健康的人格作为支撑，社会道德底线可能会一次次失守，制度体系也可能形同摆设。人格养成的因素非常宽泛，人格也不是固定不变的。早期生活的经验对个体人格养成起到了重要铺垫的作用，后天的知识背景、社会阅历和实践经验对个体的价值观和行为方式起到了决定性作用，特定时代的社会制度、文化氛围等外在因素也深刻影响着个体人格的养成，个体人格是在所有变量叠加的基础之上形成的相对稳定的、自我认同的观念和气质特征。较之于后天的知识教育，社会习俗对个体的行为方式和价值观念影响更为长远。习俗是人们在生活中建构的一种社会心理习惯，与人们的物质精神生活息息相关，具有天然的社会认同感，体现了非正式（教育）制度文化独特的传承教化功能。古代非正式（教育）制度既可以强化和确认集体意识，获得组织的统一性，又能通过复杂的象征结构展现"不可言说"信仰内蕴，维系族群的情感，成为信仰生命力延续的保证。在个人赖以成长的家庭生活中，通过寓教于现实、寓教于生活的形式，使原本深刻、严密、深奥的价值原则潜移默化、润物无声地影响着每一个家庭成员，使其道德品质得到培育、道德修养得到提升。

总之，古代非正式（教育）制度之中包含着丰富的德育理念。这些理念来源于百姓生活，又在生活之中得到了验证，而且在家国一体的模式之下也融合了国家的意志。个体品德培育的目的就是提高道德修养，规范社会行为，引导人们领悟世界和人生的意义。中国古代非正式（教育）制度形成于社会群体生活，蕴含着浓厚传统文化底蕴、丰富的人生哲理和基本的道德共识，它肇始于个体生活，通过道德良心的培育，情感意志的凝聚，行为的习得，最终培育了符合特定时代规定的人格范式。中国古代非正式（教育）制度是中国古代优秀的传统文化的重要组成部分，蕴含了符合中国国情与心理特征的文化特质，是国人无法抹去的历史文化印记。中国是具有五千年文明历史的礼仪之邦，传统中国是以宗亲纽带为基础的熟人社会，这种超稳定的社会结构，与以易学为特征的宇宙观塑造了华夏民族独特的心理情感与思维模式，反映着古代中国的社会结构、宇宙观、价值观和心理特征。传统是社会文化的表征系统，它融合了群体生活历史中的社会信仰、价值信念、德性观念和心理特征，反映了特定社会群体的精神面貌和行为特点；每个社会的传统都有自己的价值取向和道德共识，道德文化伴随着传统的代际传递而绵延接续，在时代转换中秉承着族群信奉的信念，成为中华民族的文化符号和独特密码。而且，传统本身就是既有的解决纷杂的人类问题的文化路径。古代非正式（教育）制度之中蕴藏着古人为人处世的基本道德观念，是人们在共同生活中应当遵守的行为准则，也是人们进行物质生产活动和自身生存发展所要遵循的基本道德规范，它正确反映了人类社会发展的客观要求，是人类社会道德关系中极具科学性的优秀遗产。在数千年中华民族的发展史上，这些伦理道德理念早已沉积在了中国人的心灵深处，成为中国传统社会中具有普遍而崇高意义的价值追求和精神皈依。在中华民族伟大复兴急需时代新人的今天，国家和社会呼唤个体兼具理想人格与崇高品德国，"兴文化育新人"成为思想政治教育的重大职责和使命。因此，认真分析古代非正式（教育）制度培育个体品德的成功经验，有助于人们认识传统文化的价值内涵,增强人们践行社会主义核心价值的信念,同时极大丰富个体道德教育的内容与例式,拓展社会道德秩序建构的理念和方法。

目 录

第一章 导论 …………………………………………… (1)
  第一节 问题缘起 …………………………………… (2)
  第二节 研究现状述评 ……………………………… (5)
  第三节 研究的理论和实践价值 …………………… (21)
  第四节 相关概念界定 ……………………………… (25)

第二章 源远流长的中国古代非正式（教育）制度 …… (38)
  第一节 非正式（教育）制度的起源 ……………… (38)
  第二节 非正式（教育）制度的流变 ……………… (57)
  第三节 非正式（教育）制度的德育理念 ………… (79)

第三章 古代家训对个体品德的培育 ………………… (91)
  第一节 长上日常训诫 ……………………………… (94)
  第二节 规约普遍范导 ……………………………… (102)
  第二节 家风熏陶化育 ……………………………… (108)

第四章 传统仪式对个体品德的养成 ………………… (116)
  第一节 秩序意识养成 ……………………………… (119)
  第二节 强化行为约束 ……………………………… (131)
  第三节 内在德性修养 ……………………………… (145)

第五章 古代书院对个体品德的培育 ………………… (157)
  第一节 德育为先明乎人伦 ………………………… (162)

第二节　因材施教彰显个性 …………………………………（169）
　　第三节　儒风熏染情境育人 …………………………………（174）

第六章　士绅楷模对个体品德培育的垂范 ………………………（184）
　　第一节　兴学校教民众 ………………………………………（188）
　　第二节　以身作则奖功罚过 …………………………………（196）
　　第三节　立乡规订民约化民风 ………………………………（203）

第七章　非正式（教育）制度的启示 ……………………………（211）
　　第一节　道德培育应当直面人的生活世界 …………………（212）
　　第二节　塑造理想的德性人格 ………………………………（222）
　　第三节　汲取民间智慧营养 …………………………………（232）
　　第四节　发挥传统习俗作用 …………………………………（235）

参考文献 ……………………………………………………………（244）

后　记 ………………………………………………………………（253）

第一章

导　论

　　近代以来，整个世界日新月异、战争此起彼伏、政权频繁交替，人类早期创造的许多璀璨夺目的古代文明并没有为孕育她的土地及其子民提供永久护佑。就四大文明古国而言，当两河（底格里斯河、幼发拉底河）流域的美索不达米亚文化、尼罗河流域的古埃及文化、印度河与恒河流域的印度文化都中断时，唯有中华传统文明历经千年生生不息。与之相反，近代中国所经受的磨难却是空前的，这不能不让人深思。那么，是什么营养和血脉保持着华夏文明的不息生命？又是什么原因使得中华文化没有独自走上一条近代化的富强之路？中华传统一脉相承的原因，除了地处内陆信息闭塞和市场经济的后发保守等因素影响外，主要归因于古代乡土中国的非正式（教育）制度。正是风俗、习惯、家训、乡约、仪式、书院等非正式（教育）制度透彻地融入国民的日常生活和社会信仰之中，成为族群和个体不可抹去的文化基因与历史印记。历史的现实告诉我们，在浩瀚繁缛的正式典章制度之外，许许多多的非正式（教育）制度就渗透在百姓日常生活之中，对个体品德的养成发挥着细微深远和潜移默化的影响作用。换言之，古代非正式（教育）制度是中华民族传统文化的重要写照，是单个个体无法割裂的历史文化情结，在品德培养方面往往具有先天的优势，而且蕴含适合每个人角色定位和自身特点的有效机理。因此，在中国传统社会中，家训、仪式、书院、道德楷模等非正式（教育）制度性文化在历史的演进之中，已经逐渐发展成为中国传统道德文化的重要载体和育人手段，自然也成为中国人个体品德教育的有效途径，汇集成我国传统道德文化资源的宝库。自觉践行社会主义核心价值体系，全面建成小康社会，实现国家稳定、社会和谐、家庭和睦和个人全面发展的目标，当然离不开国家正式制度的建构和实施，但更不可忽视非正式（教育）制度的作用。

中国传统社会是典型的伦理本位的社会，道德教育资源非常丰富，效果也非常显著。如果对非正式（教育）制度不进行深入研究和分析，同样也是历史虚无主义。因为在中国人的内心深处，在现实生活的行为方式上，风俗、习惯、乡约、仪式、书院等非正式（教育）制度的约束力时至今日还是相当强的，有时起着举足轻重的作用。侯外庐先生认为，古希腊、罗马是通过私产的过渡来实现国家对家族的代替。而在中国古代社会中，血缘宗族链条始终未被打破，在家国同构的组织模式和认识观念中，家或家族自然成为国家确立和存在的基础。因而，建立在血缘亲缘基础上的宗法关系就成为传统伦理社会的价值尺度，"儒家就是在人的自然血缘关系上建构社会人伦关系的，把血缘关系作为人伦架构的基础和出发点，以此为范型架构其整个社会的伦理关系，其建构的特点是人伦本于天伦"[1]。费孝通先生也提出，在中国乡土社会里，法律是用不上的，社会秩序主要靠老人的权威、教化以及村民服膺于传统的习惯来保证。礼是社会公认的行为规范。"礼并不靠外在的权力来推行，而是从教化中养成个人的敬畏感，使人服膺。"[2]

第一节 问题缘起

个体品德培育是思想政治教育的基础功能，探究个体品德培育机制则是思想政治教育工作者的明智之举。以史为鉴，从中国古代成功培育个体品德的理论和实践宝库中探寻德育机制，追根朔源、固本培元，可谓意义非凡。中华民族是一个十分重视道德教化的民族，在古代社会的长期发展中，曾经形成了一套相对完整的个体品德培育机制，并在古代道德教育和维护社会稳定方面起到了极为重要的作用。

当然，探究个体道德品质培育机制，并不是要从整体上对所有关涉

---

[1] 高月兰：《以"伦"为核心的中国传统伦理精神建构》，《伦理学研究》2009 年第 1 期。

[2] 费孝通：《乡土中国·生育制度》，北京大学出版社 1998 年版，第 50—51 页。

德育因素的作用机理进行宏观和全面的考察，而是侧重于探讨在既定的社会政治制度、社会普遍价值观念的背景之下，社会共同价值观念是借助于什么样的载体、通过什么途径内化为个体的道德品质的。遵从历史与逻辑相一致原则，我们切并聚焦中国古代非正式（教育）制度深入探析其作用于个体道德培育的活动机理。在中国古代个体道德品质的培育过程中，除了正式制度作为主要载体和途径起了重要的范导作用之外，非正式（教育）制度如民间规约、民间教育机构、民间道德楷模、民间仪式等作为载体和途径同样发挥着重要的作用，其作用甚至远远超过了正式制度的发挥。

正式制度是指由政府（官府）以某种明确的形式确定下来，并借助于行政层级组织监督和保证实施的强制性规范，而非正式（教育）制度是指人们在长期的社会生产与交往中，逐步形成并得到大家普遍认可的一系列非正式规则（规矩）的总和，中国古代的民间规约（如家训、族规、乡约）、传统仪式（如祭祀、葬礼、婚礼、冠笄礼）、民间道德楷模（如乡绅、士绅）、民间教育机构（如私塾、书院）是影响个体道德品质培育的最主要的非正式（教育）制度。它的作用主要借助于家庭家族教化、乡规民约规范、道德楷模和传统仪式范导等形式来传递道德信条、规范人的视听言动，使每个个体的品德得到培育。

当前，我国仍处在传统向现代的转型过渡阶段，传统社会的影响还将持续发酵，非正式组织和制度也普遍存在，反映在社会思想表现方面是价值观念的多元化。"任何一种能够在现实中深刻地根植于人们内心深处的道德观念和道德规范，它首先都在内容上为人们确立一个能够反映现实生活状态并能够统摄人生意义和价值的终极目标，这是一个带根本性的问题，是德育中的灵魂和核心，任何德育工作，一旦离开了这个根本点，就不可能树立起坚定的信念和塑造真正的人格。"[①] 在经济转轨、社会加速转型的剧烈变更时期，市场经济的发展和个体价值的凸显对原有的封闭的价值观念产生了深刻影响，价值观领域出现了多元化的倾向。与此同时，新的核心价值观虽然已经提出，但还有待于广大群众

---

① 邱吉：《历史视野中的道德内化思想及其现实德育的启示》，《集美大学学报》2003年第3期。

的普遍认同和自觉践行。而且，就价值观本身而言仍有待于从传统文化中挖掘精神血脉，并以之作为支撑。现实的问题是，文化的割裂与价值观的冲击同时发生在急促的社会转型之中，一方面造成了道德权威的衰落，另一方面也使得许多人陷入盲从，只信奉以当下的社会实践经验进行价值判断，这使得道德的"应然"迷失于纷杂的"实然"现状之中，造成了价值标准的多元化和不确定性。现代社会的基本特点固然在于其高度法制化和条理化，但生活在现代社会中的现代人也是具有高度选择性个性化的自由个体。这种自由性和个性化的后果，一方面使得现代人的生活创造力和个性化特点空前强化，另一方面却也无情地把现代人抛入了一种无根的精神状态，使其经受着太多的个人心理和情感的磨砺。"这非但使人们对社会外在的道德规范难以自觉接受和认同，而且给他们的道德生活造成了许多不可确定或不知所措的偶然性、随意性危机。"① 在这种境况下，传统的非正式（教育）制度文化对人的心灵世界的抚慰，以及核心价值观对人理想信念的引领和现实关怀就显得非常重要。

　　开展个体品德培育机制的研究，必须回答和解决个体思想家们所提出的具有普遍性、共通性的道德原则和价值观念是怎样上升为社会普遍的道德规范和价值理念、又是怎样渗透到社会的各个层面和社会生活的各个方面，并内化为个体的道德品质和行为准则的这样一些理论和实践问题。换言之，如果我们把中国古代建立起的那个相对完整和有效的个体品德培育机制比喻为"灰箱"，那么，它的构成要素是什么？它是以什么样的方式结合起来并发挥作用的？打开这个"灰箱"就是探究我国古代道德教育的一个十分重要的学理问题。当前，我们在推进公民道德建设时，如何将社会主义核心价值体系内化为个体的道德品质并生发为国民自觉的道德践履，是一个必须解决的理论和实践课题，相信非正式（教育）制度的研究对于解决这一问题具有启发和借鉴意义。

---

① 万俊人：《"德性伦理"与"规范伦理"之间和之外》，《神州学人》1995年第12期。

第二节 研究现状述评

一 理论界对古代家训的研究

家训是一家祖先留给后辈子弟们的一种家庭德育文化遗产，它集中体现了古代思想家们在家庭道德教育问题上的思想成果和实践经验。中国古代有影响的家训范本，当属北齐颜之推的《颜氏家训》。受其传播和推广的影响，各种家训相继出现，如唐代李世民的《帝范》；宋代司马光的《家范》、袁采的《袁氏世范》；元末明初郑文融的《郑氏规范》；明代仁孝文皇后的《内训》；清代朱柏庐的《朱子治家格言》、康熙皇帝的《庭训格言》、陈宏谋的《五种遗规》，以及曾国藩《家书》（《家训》）等都是各个朝代的家训代表作，无不渗透着一家长辈教诫子弟的拳拳之心。

国外除受中国传统文化影响较深的日本、朝鲜、韩国以及东南亚一些国家重视家训传承，注意保留和发扬家训传统以提携子孙成长成人外，西方绝大部分国家由于教育体制和价值观念的差异，虽然在教育终极至善的共同前提条件下也讲家庭教育和父母对子女成长成人的规范要求，但与我国历来重视和一贯强化家训的优良传统与家教实践自不可同日而言。港台及海外学者对中国家训的研究，一般主要集中在日本和台湾地区学者身上，研究的涉及面比较狭窄，除了少量研究中国古代家族发展或乡村社会历史状况而简略述及家训（家庭教育）活动之外，成果主要集中在中国传统女训的通论研究方面，如日本山崎纯一的《关于唐代两部女训书〈女论语〉〈女孝经〉的基础研究》和《曹大姑〈女诫〉与撰者班昭——东汉时代诫女之成立与发展》等。[①] 当然，也有少量的学者简单涉及中外家庭教育异同比较研究的，但对家训及其德育机制研究的很少。

通过超星阅览器找到与家训相关的图书有117种，这些著作类研究可分为研究专著类和家训辑录类，主要包括家训发展史研究、家训思想研究和精选解读名人家训，但基于古为今用和专门研究我国传统家训在古

---

① 邓小南主编：《唐宋女性与社会》（上册），上海辞书出版社2003年版，第137页。

代个体品德培育中的作用等相关问题的专著尚未找到。除徐少锦、陈延斌著《中国家训史》（陕西人民出版社2003年版），朱明勋著《中国家训史论稿》（巴蜀书社2008年版）和王长金著《传统家训思想通论》（吉林人民出版社2006年版）研究了中国传统家训产生和发展的社会条件、历史脉络和思想体系外，其余著述基本上都集中在对单篇或多篇传统家训的注释、解读或汇编等普适推广介绍方面，如邹博主编的《中华传世家训（全四册）》（线装书局2011年版）、檀作文主编的《颜氏家训》（中华书局2009年版）、张泰著的《颜氏家训解读》（贵州人民出版社2009年版）、《郦波评说曾国藩家训（上册）》（中国民主法制出版社2011年版）等。家训如何成功培育人的个体品德及其运行模式方面的研究当不多见。

利用中国知网（CNKI学术总库）检索全部文献主题为"家训"的搜索结果共有1108条，其中文献篇名包含"家训"的有891条；检索文献主题为"家训文化"的搜索结果共有185条，文献篇名包含"家训文化"的有111条；检索文献主题为"家庭教育"的搜索结果共有27445条，检索文献主题为"家庭德育"的有500条，检索文献主题为"传统家庭教育"的搜索结果450条。其中，对家训的相关研究主要集中在：①综论性家训研究，主要对家训进行综述和评析，此类研究最为多见，但未能就家训是如何成功培育人的个体品德进行深入研究。②传统家训思想和家庭教育实践研究，通过对家庭德育环境的特征分析，指出家庭德育环境对孩子品德形成的影响。③经典家训个案研究，这方面的论述主要集中在对《颜氏家训》《袁氏世范》《郑氏规范》和《曾国藩家训》等少数经典家训文本及其思想方面的阐述，展现某些古代家训的全貌及内容，但并没有涉及当代价值，也很少有人专门关注古代家训中的个体品德培育。④中外家训和德育比较研究，将传统家训中隐含的德育思想与国内外某些教育家的教育思想进行比较研究，期望为当今家庭教育提供借鉴。⑤对传统家训文化的研究，侧重儒家文化和家族文化框架内的家训价值及其功能，如徐州教育学院的陈延斌认为："中国传统家训文化实际上是吸收占统治地位的儒家文化的基本内核，在农业—宗法社会的沃土中生长出来的伦理型文化，这种植根于中国血缘宗法式的农业社会里的特有文化现象，对中国古代社会的影响既有积极的一面，也有消极的一面。"①分析了传统家训文化的形成和作用，解读传统家训文化的内容。也有对特定家训及其文化价值研究，如江南大学陈天旻通过对《颜氏家训》与颜氏家族文化研究，提出"《颜氏家训》是颜氏家族文化的文本体现，在颜氏家族文化史中处于承上启下的特殊地位。它不仅是颜氏家族族训的成熟之作，也是颜氏家族文化的阶段性总结"②。⑥中外家训和德育比较研究，如武汉大学黄钊提出《德育的创新与发展应当从中外德育比较研究中吸取营养》，搞好中外德育比较研究，可以"从异中求同"，推进"洋为中用"；可以"从同中求异"，保持中华民族特色；可以放眼全球、通观全局，作出正确德育抉择。③这些论著有的推介已有家训文本或对照注释解读中国传统家训，有的研究传统家训文化思想，有的分析经典家训个案，有的考察中国传统家庭教育，也有专注于中外家训和德育比较的，虽然涉及了家训及其实践发展演变问题，但在探明家训作用机理的基础上，为非正式（教育）制度育人提供理论和实践支持的专门研究却十分鲜见。

二 有关传统仪式的研究

（一）国内对传统仪式的研究

中国是礼仪之邦，国人对传统仪式和礼仪的理解与秉持绵延不绝，对传统仪式和礼仪的诠释与传承也历久弥新。纵观历史，中国古人不仅认真遵从和演绎着各类繁杂严苛的仪式规范，而且从理论阐释和经验总结的角度，对各类仪式特别是流行于民间的仪式自圆其说、阐发提升为非常详尽和丰富的礼仪文化。事实上，自古以来，各类仪式是受社会信仰和道德观念支配的一种行为或活动，就个体而言，仪式通常包括仪节和仪表。仪节，主要指人们在社会交往中所持的态度和行为规矩。古代中国是伦理型的社会，各种典章制度或民间规约对仪节的要求非常多，

---

① 陈延斌：《论传统家训文化对中国社会的影响》，《江海学刊》1998年第2期。
② 陈天旻《〈颜氏家训〉与颜氏家族文化研究》，硕士学位论文，江南大学，2010年。
③ 黄钊：《德育的创新与发展应当从中外德育比较研究中吸取营养》，《思想政治教育》2010年第3期。

这在原创儒学经典中就有十分详尽的论述。《孟子·尽心上》曰："恭敬者，币之未将者也。恭敬而无实，君子不可虚拘。"《孟子·万章下》记载："万章问曰：'敢问交际何心也？'孟子曰：'恭也。'"① 可见，孟子认为人与人交往时要恭敬，而且在交际之前就应有恭敬之心。荀子也强调人与人之间的交往要内心诚恳，不能徒有其表。《荀子·修身》曰："体恭敬而心忠信，术礼义而情爱人，横行天下，虽困四夷，人莫不贵。"② 孔子提出了君子人格，划定了为人处事的大节："君子成人之美，不成人之恶。小人反是。"③ 孟子曰："君子所以异于人者，以其存心也。君子以仁存心，以礼存心。仁者爱人，有礼者敬人。爱人者，人恒爱之；敬人者，人恒敬之。有人于此，其待我以横逆，则君子必自反也：我必不仁也，必无礼也，此物奚宜至哉？其自反而仁矣，自反而有礼矣，其横逆由是也，君子必自反也，我必不忠。自反而忠矣，其横逆由是也。"④ 荀子主张对人善良宽容，认为对他人的批评应含蓄，留有余地。《荀子·非相》载："君子贤而能容罢，知而能容愚，博而能容浅，粹而能容杂，夫是之谓兼术。"⑤《礼记》对民间生活交往中的仪节以礼的高度进行范导，是传统仪节规矩之集大成。《礼记·曲礼上》记载了人们之间礼尚往来的传统："太上贵德，其次务施报。礼尚往来，往而不来，非礼也；来而不往，亦非礼也。"⑥ 同时，《礼记·曲礼上》还对遵从风俗习惯做了详述："入境而问禁，入国而问俗，入门而问讳。"从仪表看，中国传统礼仪对人的衣冠、容貌、坐卧、行止、视听、揖让、饮食等，都做了详细的规定。《礼记》开篇即曰："毋不敬，俨若思，安定辞，安民哉！"⑦ 可见仪表在传统礼仪中的重要性。《论语·泰伯》有言："君子所贵乎道者三：动容貌，斯远暴慢矣；正颜色，斯近信矣；出辞气，斯远鄙倍矣。"⑧ 在孔子看来，身为君子在日

---

① 《孟子卷十·万章章句下》。
② 《荀子·修身篇第二》。
③ 《论语·颜渊》。
④ 《孟子卷八·离娄章句下》。
⑤ 《荀子·非相篇第五》。
⑥ 《礼记·曲礼上》。
⑦ 同上。
⑧ 《论语卷四·泰伯第八》。

常交往中要从三方面重视的自己的仪表：一是严肃规划自己的形象，要远离粗暴和怠慢；二是要端正自己的面容神色，让人觉得可信；三是要注意谈吐和言辞，防止出现粗鄙和错误。如何做到这些，关键在于在"礼"规制下立身做人。《诗经·庸风·相鼠》曰："人而无礼！胡不遄死？"《论语·季氏》云："不学礼，无以立。"《荀子·修身》云："礼者，所以正身也……无礼何以正身。"[1] 在中国传统文化中，礼是个体安身立命、为人处世的基础。礼既可以调节人的内心情感，也能够创设文明和谐的人际关系。如果没有礼的规约，人心秩序和社会秩序就会紊乱，离经叛道的事情自然也会发生。而礼的习得，离不开个体日常的生产生活交往实践。

中国古代专门规制和阐释礼仪的书籍和文章，最为经典的当属《仪礼》。《仪礼》又称为礼经，主要是西周时期王室生活及上流社会礼仪的论著。关于《仪礼》一书的作者及其年代，以孔颖达、班固为代表的古文经学家认为是周公（姬旦）所作，成书于"周之衰"之前[2]；以皮锡瑞为代表的今文学派认为"《仪礼》十七篇"为孔子所纂。最早为《仪礼》全书作注的是郑玄。胡培翚的《仪礼正义》是清代《仪礼》研究的代表性著作。《仪礼》记载了君臣礼、朝觐礼、宴礼、冠礼、飨礼、婚礼等礼仪流程和规范，是一部全方位指导贵族政治文化、社交生活的人生礼仪典籍，可谓博大精深、细致入微。例如，《仪礼》的《丧服》篇主要内容是规定生者依据与死者的血缘、尊卑关系而为死者服丧的规制。《士丧礼》记古代社会的士人死后，其子（亦为士）为其举办丧事的礼仪规制。《既夕礼》记载了从启殡一直到下葬的礼仪。《士虞礼》指士葬其父母之后，当天中午就在殡宫迎接父母的神灵并加以祭祀，使神灵得以安抚之礼。后来，《周礼》将"五礼"系统化为吉、凶、宾、军、嘉五礼。《周礼》规定："以吉礼事邦国之神，以凶礼哀邦国之忧，以丧礼哀死亡，以荒礼哀凶札，以吊礼哀祸灾，以禬礼哀围败，以恤礼哀寇乱，以宾礼

---

[1] 《荀子·修身篇第二》。
[2] 孔颖达在《礼记正义·序》中说："《礼记·明堂位》云：'周公（姬旦）摄政六年，制礼作乐，颁度量于天下。'但所制之礼，则《周官》、《仪礼》也。"

亲邦国。"① 至此，西周宗法制度便把尚德重孝的精神与死亡禁忌混融一体。再如，谥号本源自鬼魂恐惧，但在周礼中却有了新的意义，据《周礼·春官·大史》记载："大师，抱天时，与大师同车；大迁国，抱法以前；大丧，执法以莅劝防。遣之日，读诔，凡丧事考焉。小丧，赐谥。凡射事，饰中，舍筭，执其礼事。"正如郑樵所说："周人以讳事神，谥法之所山起也。"②

《礼记》是战国秦汉之际诠释《仪礼》文章的辑录，属儒家五经之一，系西汉戴圣对秦汉以前汉族礼仪著作加以辑录编纂而成的，全书共49篇。其中对丧祭礼的记述最多，后来人们把戴德85篇本称为《大戴礼记》，把戴圣49篇本称为《小戴礼记》。东汉末年，郑玄为《小戴礼记》作注，将49篇分为通论、制度、祭祀、丧服、吉事等八类，使《礼记》一书地位上升，摆脱了"经"的附属地位，被立为官学，"到唐代，礼有周礼、仪礼、礼记，春秋有左传、公羊、谷梁，加上论语、尔雅、孝经，这样是十二经；宋明又增加入孟子，于是定型为十三经"③，成了一般士人必读书籍。当然，对礼仪制度的规范和推广意义更加重大。其中，《曲礼》主要讲居丧之礼，《檀弓》主要讲了三年之丧、致丧、居丧、哀戚等礼仪，《王制》讲了丧祭，《曾子问》讲了丧事的等级规定，《文王世子》谈到了丧服的排序，《丧服小记》详细阐述了穿着丧服的礼仪，《杂记》讲了丧服、哭丧、丧食等礼仪规制，《丧大记》讲了小殓、大殓。此外还有《奔丧》《问丧》《服问》《间传》《三年问》《丧服四制》等丧礼仪规制，似乎有些繁文缛节了。

不仅如此，中国古代经典如《论语》《孟子》《左传》《墨子》《孝经》《朱子家礼》等传统经典中也不乏对仪式的阐述。《论语》有云："生，事之以礼；死，葬之以礼，祭之以礼。"④《孟子》对"三年之丧"做了论述。《孝经》则云："孝子之丧亲也，哭不偯，礼无容，言不文，服美不安，闻乐不乐，食旨不甘，此哀戚之情也。三日而食，教民无以

---

① 《周礼·春官宗伯》。
② 《通志·总序》。
③ 《十三经注疏》整理委员会：《十三经注疏·礼记正义》，北京大学出版社2000年版。
④ 《论语卷一·为政第二》。

死伤生。毁不灭性，此圣人之政也。丧不过三年，示民有终也。为之棺椁衣衾而举之，陈其簠簋而哀戚之；辟踊①哭泣，哀以送之；卜其宅兆，而安厝之；为之宗庙，以鬼享之；春秋祭祀，以时思之。生事爱敬，死事哀戚，生民之本尽矣，死生之义备矣，孝子之事亲终矣。"②宋代理学的集大成者朱熹在《仪礼经传通解·丧礼》中以《仪礼》为经，以《礼记》为传，以《周礼》为纲，重新整合丧礼的思想，汇集了至宋为止的礼学成果，对《丧礼》文本的恢复做出了巨大贡献。

近代以来，学术界关于仪式研究颇多，较为著名的著述包括：1947年出版的林耀华教授（1910—2000）的人类学著作 The GoldenWing: A Sociological Study of Chinese Family（London, Routledge, Kegan Paul）（中文版《金翼——中国家族制度的社会学研究》，庄孔韶、林宗成译，生活·读书·新知三联书店2000年再版），在探明中国南方汉族农村宗族与家族生活传统的同时，剖析丧葬仪式调节家庭和社会关系网失衡状态的功能。同时，林耀华在其燕京大学社会学系硕士毕业论文《义序的宗族研究》（生活·读书·新知三联书店2000年版）中，论及礼的社会功能时，注意到父权制的宗族结构和作为上层文化的儒家思想的制度性关联。1967年，许烺光教授（1909—1999）《祖荫下——中国乡村的亲属、人格与社会流动》（纽约双日出版社发行），在肯定葬礼对于家族平安和血族绵延的意义的同时，阐发了文化传统对人格养成的作用。1967年，杨庆堃教授的《中国社会中的宗教——宗教的现代社会功能与其历史因素之研究》认为，中国家庭生活中最重要的宗教内容——祭祖是一种有助于中国社会基本单位家庭的整合和延续的仪式。"祖先崇拜及其相关的仪式完全超越了阶层限制。尽管儒家始终反对宗教异端，但还是不断提倡祭祖并将之吸纳为儒家正统的一部分，而儒家正统则决定并影响了中国传

---

① 踊（yǒng）：悲痛极时的跳跃跺脚，以表示伤心到极处。《说文·足部》："踊，跳也。"孔颖达疏《礼记·檀弓上》云："跳跃为踊，每一踊三跳，三踊九跳是也。"《汉书·礼乐志》："哀有踊之节，乐有歌舞之容。"颜师古注："哀甚则踊。"踊有辟踊、拾踊、爵踊之别。辟，通"擗"，捶胸；辟踊，即捶胸跺脚，表示哀痛更甚。拾，更迭；拾踊，指哭丧之人轮番跳跃顿足。爵，通"雀"；爵踊，像雀鸟跳跃，即双脚一齐跳。《礼记·问丧》："妇人不宜袒，故发胸击心爵踊。"郑玄注："爵踊，足不绝地。"孔颖达疏："爵踊，似爵（雀）之跳。"另外，哭踊表示哀痛至极，顿足跳跃而哭。

② 《孝经·丧亲章第十八》。

统政治和社会秩序。"①

（二）国外对传统仪式的研究

受宗教学和人类学的影响，对仪式及其运行机制的研究在国外很受关注，一些著名学者对仪式的研究非常独到，奠定了仪式研究领域的诸多重要理论。

爱德华·泰勒被称为人类学奠基之父，他在英美人类学界享有盛誉。1871年，泰勒的《原始文化》是欧洲文化学诞生的标志和开山之作，也是仪式原初生发和施行的机理学说。他认为文化的每一个发展阶段都是前一阶段的必然产物，并影响着未来发展的进程，原始人的精神世界在很大程度上受到超自然力的支配。为此，他提出了"万物有灵观"："文化或文明，从其宽泛的民族志意义上来理解，是指一个复合整体，它包含知识、信仰、艺术、道德、法律、习俗以及作为社会的一个成员的人所习得的其他一切能力和习惯。"② 在泰勒的学说中，习俗获得了空间的地位，它与高雅文化一被列为文化诸要素之一，而大多数习俗都有与之相应的风行仪式。泰勒认为习俗在文化的要素中具有基础性作用，它影响着文化的其他结构，而各种习俗的继承和延续往往以特定的仪式方式出现，且在历史演进过程中始终保持着形式的完整和神圣。1890年，弗雷泽的原始宗教巨著《金枝》问世。弗雷泽认为宗教和巫术是对世界的解释形式之一，原始宗教是理性的，巫术则更多的是以感性方式演绎世界，而弗雷泽却看到了习俗或仪式的理性意义。他认为"相似律"和"接触律"是原始人思维的两个原则。弗雷泽甚至认为人是仪式的动物。当人们对全世界人类的行为和生活进行考察时，会发现除了吸收营养之类的所谓的动物机能外，人还会做出一些具有独特个性的行为，即可以称之为仪式的行为。在古老的仪式中，我们有着高度发达的对手势等肢体语言的运用能力。《金枝》对人类社会演进中文明与野蛮、理性与非理性的行为进行了分析思考，开启了人类对文明本身价值的审视和探究。1962年，埃德加·霍曼认为，弗雷泽解释了人类社会行为的原始基础以

---

① 杨庆堃：《中国社会中的宗教——宗教的现代社会功能与其历史因素之研究》，上海人民出版社2007年版，第62页。

② Edward Tylor, *Primitive Culture*, London, 1913, [1871], Vol. I, p. 1.

及文明进程中的蒙昧因素,从而揭示了人类社会行为的隐喻性质。他将弗雷泽与马克思、达尔文和弗洛伊德并列,认为他们一起构建了现代意识。弗雷泽的作品不仅影响了众多的学者从事人类学研究,而且其持久的影响力已经从人类学转向了人文学科、古典研究和社会学。[1] 1984 年,英国人类学家 G. W. 斯多金指出,弗雷泽通过将文化遗存镶嵌进理性的实用主义之中,赋予人类非理性信仰和习俗以理性意义。[2]

范根内普在《通过仪式》一书中将人的出生、成年、结婚、死亡等所有仪式统称为"过渡仪式"或"通过仪式",指出通过仪式由"分离阶段""过渡或通过阶段""统合或组合阶段"组成。维克多·特纳的《仪式过程:结构与反结构》[3] 以撒哈拉沙漠以南原始部落的信仰为考察对象,区分了生死仪式的分类层次,发展了范根内普的仪式进程分析框架(与日常生活的分离/模拟情形/重新进入日常生活),发现了模拟情形中对日常生活结构的庙宇既进行了阐明,又受到挑战(结构与反结构)。维克多·特纳深刻地阐明了仪式象征在具体、微观事物与抽象、宏大规范的结合过程中的"表达"功用,揭开了仪式象征理论的重要一角,他指出:"恩登布人仪式象征符号使用过程……使不能直接被感觉到的信仰、观念、价值、情感和精神气质变得可见、可听、可触摸……并能为有意图的公众行动所利用。"[4] 爱弥尔·涂尔干的《宗教生活的基本形式》从人类学视角对澳洲土著人的图腾崇拜和信仰、灵魂观念和仪式态度进行了深入分析,该著作对丧葬仪式的分析主要集中在"禳解仪式与神圣观念的模糊性"之中,他分析了哀悼仪式中集体情感形成的机理。在涂尔干看来,社会是具有本体意义的实体,而并非个人。社会创设了仪式情境,集聚了人的情感意志,相对于个体而言,社会是基础,人性是从社会之中逐渐形成的,也随着社会变迁而发生变化,因而不存在所

---

[1] Hyman, Stanley E., *The Tangled Bank: Darwin, Marx, Frazer and Freud as Imaginative Writer*, New York: Atheneum, 1962, pp. 189 – 291.

[2] Stocking, G. W. Ed., *Functionalism Historicized: Essays on British Social Anthropology*, Madison: University of Wisconsin Press, 1984, p. 183.

[3] [英] 维克多·特纳:《仪式过程:结构与反结构》,黄剑波、柳博赟译,中国人民大学出版社 2006 年版。

[4] [英] 维克多·特纳:《象征之林——恩登布人仪式散论》,赵玉燕、欧阳敏、徐洪峰译,商务印书馆 2006 年版,第 48 页。

谓普遍的人性。涂尔干认为，集体意识（collectiveconsciousness）是"社会成员平均具有的信仰和感情的总和"，并不是一种个体心理形式（如人性中的同情或恻隐之心），虽然它是个人意识中的观念和情感，却不依赖于个人意识。因为集体意识"是一种社会心理形式，既有自己的特性，又有自己的生存条件和发展模式"①。对此，吉登斯认为，涂尔干通过对原初社会图腾制度与象征仪式的分析，指出了社会现象与生俱来的制约性特征，进而转向"强调象征（symbols）在使人'积极地'怀有理想方面所具有的重要意义"。

三　有关古代书院的研究

明末清初之际，著名思想家王夫之是最早对书院进行思考和研究的人，他的文集《船山遗书》第三卷《宋论》中有一篇《书院》，专门论述了书院兴起的历史原因和作用。

20世纪20年代国内外学者开始对书院制度进行研究，当时代表性人物有蔡元培、胡适和毛泽东。胡适在《书院制史略》中对古代书院的历史功绩做出了积极中肯的评价。他认为，"一千年以来，书院实在占教育上一个重要位置，国内最高学府和思想渊源，惟书院是赖。盖书院为我国古时最高的教育机关。所可惜的，就是光绪变政，把一千年来书院制完全推翻，而以形式一律的学堂代替教育"②。此外，当时的其他学者也对书院制度做了相关研究。比较有影响的文献有：1926年《民铎杂志》第7卷第12期所载陈东原的《庐山白鹿洞书院沿革考》，1929年12月至1930年1月《中山大学语言历史研究所周刊》第10集第111—114期刊登的曹松叶《宋元明清书院概况》，1931年《学风》杂志第1卷第9期所载《书院史略》，1931年江苏省立国学图书馆年刊第4期刊登的柳诒徵《江苏书院志初稿》，1934中华书局初版的盛朗西的《中国书院制度》，1935年《新民月刊》12月第1卷第7—8期刊登的张君劢《书院制度之

---

① ［法］涂尔干：《社会分工论》，渠东译，生活·读书·新知三联书店2005年版，第43页。

② 胡适：《书院制史略》，陈谷嘉、邓洪波编译，中国书院史资料，浙江教育出版社1998年版。

精神与学海书院之建立》，1939年商务印书馆初版的刘伯骥的《广东书院制度沿革》（1958年国立编译馆重印时改名为《广东书院制度》），1940年《东方杂志》3月第37卷第15期所载杨家骆的《书院制之缘起及其优点》，1941年《贵善半月刊》第2卷第17期所载钱穆的《五代时之书院》，1947年《现代知识》第2卷第2、3期所载邓之诚的《清季书院述略》。傅顺时在1937年的《两宋书院制度》中对书院精神做了概括，梳理出时代思潮、怀疑态度、科学方法、人格精神、自动学习、反对科举为主要的书院精神。

新中国成立到20世纪70年代，内地学者对书院制度的研究还处于起始阶段，研究成果很少，能够查询到的论文有3篇，其余有17篇刊登在《文史资料》的书院资料当中。与之形成鲜明对比的是港台学者的相关研究已经有相当规模。这一时期代表性的著述有，1963年台北政治大学教育研究所孙彦民的《宋代书院制度之研究》，对宋代书院的规制做了详述，在海内外产生了很大影响；1976年《食货月刊》第3、4期刊登的张胜彦的《清代台湾书院制度初探》，介绍了台湾书院200年的制度建设；1978年《建筑师》第6、7、8期刊登的王镇华的《台湾的书院建筑》，1954年12月香港《民主评论》刊登的严耕望的《唐人读书山林寺院之风尚——兼论书院制度起源》，1959年香港《民主评论》第10卷第13期刊登的丁肇怡的《书院制度及其精神》认为书院育人的成功之处在于将制度与精神融为一体。

自20世纪80年代起，内地学者对书院的研究逐渐深入，出现了一批有代表性的研究成果。主要有：1981年上海教育出版社出版的陈元晖的《中国古代的书院制度》，介绍了古代书院从私学发展成为研究与教育相结合的教育机构的历程，以及在此当中书院制度的形成和完善；1981年教育科学出版社出版的章柳泉的《中国书院史话》，以翔实的资料呈现了宋元明清时期书院发展变化的过程；1986年岳麓书社出版的杨慎初等的《岳麓书院史略》，对岳麓书院的创建、鼎盛、延续等时期的经验与贡献做了专门研究；1986年华东师范大学出版社出版的杨金鑫的《朱熹与岳麓书院》，对朱熹在岳麓书院讲学期间的学术思想进行了有益探索。1989年教育科学出版社出版的李才栋的《白鹿洞书院史略》介绍了白鹿洞书院的发展历史，1992年上海教育出版社出版的丁钢等撰写的《书院与中国文化》，1992年湖南教育出版社出版的杨布生等的《中国书院与传统文化》，1993年江西教育出版社出版的《江西古代书院研究》，1994年湖南教育出版社出版的李国钧等的《中国书院史》，1995年天津大学出版社出版的白新良的《中国古代书院发展史》，1996年浙江教育出版社出版的季啸风的《中国书院辞典》搜集了唐代至清代千余年间中国书院的制度、学派、人物、著作等方面的史料；湖南大学出版社出版的朱汉民的《岳麓书院的历史与传统》，以及湖北教育出版社出版的胡青的《书院的社会功能及其文化特色》，1997年浙江教育出版社出版的陈谷嘉等的《中国书院制度研究》分别阐述了书院文化传播、社会教化等方面的作用，以及书院特殊教育的特点、考试制度；1998年浙江教育出版社出版的《中国书院史资料》（全三册），2000年社会科学文献出版社出版的徐梓的《元代书院研究》，湖南大学出版社出版的邓洪波的《中国书院学规》《中国书院章程》，2004年湖北教育出版社出版的《长江流域的书院》，2005年台湾大学出版社出版的李兵的《书院教育与科举关系研究》，2006年中国出版集团东方出版中心出版的《中国书院史》等，对古代书院制度的历史沿革、等级分类、管理制度、教学理念、考试情况以及历代书院名录，做了详尽的记载，可以说从许多方面对书院及其运行制度进行了有益的探究，但就书院培育人的个体品德机制和作用发挥方面鲜有述及者。

这一时期，一些国外学者也对书院研究产生了兴趣，代表性的著作有：日本学者大久保英子1976年在东京国书刊行会刊登的《明清时代书院的研究》，韩国学者丁淳睦1990年在汉城（今首尔）文音社出版的《中国书院制度》，美国学者John Meskill 的《明代书院——历史散论》（*Academies in Ming China：A Historical Essay*）（Tucson：The University of Arizona Press，1982）等，上述海外研究成果极大丰富书院学术影响，但对书院如何培育人的个体品德的问题少有述及。

近年来，古代书院在道德教育方面的成果开始受到学界的重视，现有的研究论文涉及的内容比较全面。有的研究书院建筑环境对人的影响，有的专注于书院制度的教育价值，有的探索书院起源与规章制度，有的提出书院教育对现代教育的启示，更多的关注书院道德教育的理念与方法。其中有代表性的论文有：许志红在《论书院道德教化及其现实意义》一文中，对书院在择师、德行考核和环境营造等方面的工作进行了考察。

南开大学2009届博士刘立松的学位论文《宋代学校伦理道德教育研究》中，通过对比宋代学校教育和书院教育的人才培养观念与方法，发现了学校教育中存在的不足，指出了书院教育对学校伦理道德教育的借鉴意义。邱小云、黄梅珍的《古代书院文化蕴含的德育思想及其当代价值》强调了古代书院在发挥学生的主体性、榜样示范性、道德实践等方面的成功经验。湖南师范大学2006届博士唐亚阳的学位论文《中国书院德育研究》梳理了书院办学的宗旨和人才培养模式，详述了书院道德教育的具体内容与操作方法。孙玉杰的《中国古代伦理道德教育机制初探》介绍了古代书院将家庭教育、学校教育和社会教育结合起来的成功经验。陈谷嘉、黄沅玲的《论中国古代书院的教育理论及人文精神》一文认为，古代书院将教育理念、培养目标贯穿于教材内容和学规制度之中，起到良好的育人作用。此外，王海明、扈中平、吕耀怀、张世友等强调道德内化的作用，认为学校教育、社会教化只有融入到个体的道德内化过程之中，才能对个体产生影响，提升人的道德认知和道德修养。

四 有关士绅道德楷模的研究

古代士绅制度是中国传统宗法社会一种重要文化现象。士绅介于政府与民众之间，有一定的经济基础和社会声望，在乡村经济、文化、社会事务中发挥着重要影响，是中国传统乡村社会一个独特的群体。士绅居于民间社会中心并拥有影响公共事务的特殊权力，通常作为统治阶层的代言人，维护着封建礼教文化，同时又主持民间生活中的重大事件，是传统基层社会中有威望、有魅力的头面人物。士绅身份的获得与其家庭出身和经济地位密切相关，士绅阶层的成员往往是"富而贵"。在相对落后的中国古代民间社会，"富"代表了有实力，充其量称之为"员外"。"贵"显示了社会威望，普通老百姓或只是"富"的人难以进入这个阶层。这是因为在中国传统社会中，政治权力的影响力要远远超过经济实力，"学而优则仕"在传统观念里是理所当然的。即使学而不优未能进入官宦阶层，也可以凭借现有的身份在乡村社会产生影响。"二者巧妙地运用使中央和地方都能受统一阶层的支配。"[①] 士绅阶层是名副其实的地方

[①] 吴晗、费孝通：《皇权与绅权》，天津人民出版社1988年版，第167页。

权威，上到承接政治事务，下到号召平民百姓，颇具社会活动能力，许多官方政策的执行都离不开士绅的支持。士绅家族的影响更是广泛，数代传承的大家族通常左右着他们所在乡村的政治社会生活，所谓"强龙难压地头蛇"，一些外来的势力都不得不与士绅接触交往。历史的现实表明，士绅阶层已成为封建统治的社会基础。家庭史专家W.古德认为："在帝国统治下，行政机构的管理还没有渗透到乡村一级，而宗族特有的势力却维护着乡村的安定和秩序。"①杨力伟的《士绅的产生、衰落与消亡——一个宏观的透视》一文明确指出，士绅集团"曾在中国明清社会中起着重要作用，处于中国社会结构中关键的一环上"②。著名的中国史研究学者费正清认为，"在过去1000年，士绅越来越多地主宰了中国人的生活，以致一些社会学家称中国为士绅之国"③。费正清教授认识到士绅阶层事实上已经成为中国传统社会的统治阶级。

　　国内外学者对中国士绅阶层的研究始于20世纪40年代，自此士绅现象作为一个学术问题引起了学界的重视，并出现了一批学术著作。简单地讲，国内外对士绅的研究有三类情况：

　　一是日美学者对士绅问题的研究。1940年，木村正一发表了《清代社会绅士的存在》一文，比较系统地分析了绅士的构成及其经济地位、政治立场；1947年，根岸佶的《中国社会指导层——耆老绅士的研究》一书问世，与此同时，佐野学的《清朝社会史》出版；另外还有市古宇三的《士绅在辛亥革命中的作用——一个假说》④，等等。其中，美国学者费士彬认为，教育、法权和经济地位是晚期中华帝国阶层划分的标准。他指出："一般而言，'精英'和'大众'是指一对在经济地位、文化和权力上互不相同的社群。他们之间的各种联系又将其组合在一个比上述概念更为复杂的社会系统之中。这些阶层的两极分别是受过良好教育、

---

　　① ［英］威廉·J. 古德：《家庭》，魏章玲译，社会科学文献出版社1986年版，第166页。
　　② 杨力伟：《士绅的产生、衰落与消亡——一个宏观的透视》，《社会学与社会调查》1991年第5期，第9页。
　　③ ［美］费正清：《美国与中国》（第四版），张理京译，世界知识出版社1998年版，第33页。
　　④ 《国外辛亥革命史研究动态》（第六辑）；寺田隆信的《关于"乡绅"》，载《明清史国际学术讨论会论文集》，天津人民出版社1981年版。

具有特权并处于主导地位的精英和目不识丁、处于依附地位的普通人；在这两极之间则是受过一点教育但程度各异的人群。这三种群体又可以细分为九种不同的文化集团。"[1] 照此说法，由退休官吏或社会名流构成的士绅阶层既有经济地位，又接受过良好的教育，还拥有一定的社会权力，应该属于地方社会精英。马克斯·韦伯对阶级和阶层做了区别，他认为："阶级分层依据他们对于产品和物质获取的关系，而阶层分层是依据代表其生活方式的物质消费原则。"[2] 研究的视角与观点主要集中在士绅阶层对当时社会治理的政治经济和文化作用方面。

二是中国学者在国外利用国内外占有的资料展开的士绅研究，主要有费孝通的《中国士绅》，张仲礼的《中国绅士》和《中国绅士的收入》，周荣德的《中国社会的阶层与流动——一个社区中士绅身份的研究》等等。在已有的研究成果中，费孝通的《中国士绅》（China's Gentry）、周荣德的《中国社会的阶层与流动——一个社区中士绅身份的研究》、张仲礼的《中国绅士》和《中国绅士的收入》、王先明博士的《近代绅士——一个封建阶层的历史命运》等著作因其来源准确、数据翔实而成为中国士绅研究的经典之作。1946年，美国极有影响的《美国社会学学刊》（American Journal of Sociology）曾刊登了当时在云南大学任教授的费孝通先生的题为"农民与士绅：中国社会结构及其变迁的一种解释"的论文。这是随后英文版的《中国士绅》的节选本，也是我国学者研究士绅的最初优秀成果。此外，张仲礼先生是中国士绅文化研究的最有影响的继承者。在他的视野中，士绅阶层被看作一种职业，他以独特的视角对古代士绅制度做了系统研究，并推出一系列有分量的专门学术著作。继费孝通先生的《中国士绅》问世之后，张仲礼先生出版了《中国绅士——关于其在19世纪中国社会中作用的研究》和《中国绅士的收入——〈中国绅士〉续篇》。他的著作不仅考察了19世纪中国绅士这一独特的社会阶层的基本状况，还运用数量化的分析方法对5000多名绅士

---

[1] 转引自王笛《大众文化研究与近代中国社会——对近年美国有关研究的述评》，《历史研究》1999年第5期。

[2] Berth Berberoglu, *Class Structure and Social Transformation*, Greenword Pub-lishing Group, 1994, p. 7.

的职业生涯、各种收入（包括公共服务和教学收入）状况做了研究。通过广泛而深入的调查研究，张仲礼先生认为，在19世纪中国绅士的收入状况远远超出了当时的国民平均收入，而且他们在政府拥有广泛的人脉资源，在民间社会拥有特殊地位，可以称得上是当时的特权集团或社会中间阶层。但在这些既有的研究成果当中，研究的关注点仍然集中在士绅阶层对当时社会运行和乡村生产生活秩序的维护作用方面。

三是20世纪80年代后国内士绅研究的兴起。典型著作有王先明的《近代绅士——一个封建阶层的历史命运》，徐茂明的《江南士绅与江南社会》。此外还有1987年《社会科学战线》第3期载王先明的《近代中国绅士阶层的分化》，2001年《历史研究》第2期载谢放的《"绅商"词义考析》，2001年11月13日《光明日报》（理论版）载沈葵的《近代中国乡绅阶层及其社会地位》。研究的热点集中在士绅阶层的形成发展和消亡方面，对其作为民间社会独特的道德楷模，影响和塑造乡民的人格、传承民风和维护社会秩序等方面涉及较少。

综观以上有关古代非正式（教育）制度的研究情况，我们清楚地看到，学界对于个体品德培育作用的研究大多散见于相关的论著中，特别是对于古代非正式（教育）制度培育个体品德的运行机制还没有进行过较为系统的研究，因此，中国古代社会的非正式（教育）制度的德育很值得深入研究和挖掘。

个体道德品质的培育作为培养人的重要组成部分，是一个涉及社会政治制度、社会共同的价值观念、个体的自我修养和自觉的道德践履等因素的复杂体系，而这些因素对个体道德品质的培育无疑都起到了相当重要的作用。当然，我们探究个体道德品质的培育机制，并不是要从整体上对这些因素的作用进行全面的宏观考察，而是侧重于探讨在既定的社会政治制度、社会普遍价值观念的背景之下，社会共同价值观念是借助于什么样的载体、通过什么途径、以怎样的运行模式内化为个体的道德品质的。在中国古代个体道德品质的培育过程中，除了正式制度等作为载体和途径起了重要的作用之外，非正式（教育）制度包括民间教育机构、民间规约、民间道德楷模、民间仪式等作为载体和途径发挥着更为重要的作用，其作用甚至远远超过了正式制度的发挥。

第三节 研究的理论和实践价值

思想品德培育就是塑造人的灵魂,是思想政治教育工作的重中之重。应该说,揭示个体人的思想品德形成的秘密,总结思想品德形成发展的规律,是思想道德建设普遍面临的重点和难点。探究个体道德品质培育机制,主要研究社会普遍的价值观念是如何内化为个体的道德品质和行为准则的。因为一个人的思想品质的培养就其本质而言,是社会普遍的价值观内化为个体的道德品质的过程,历史史实告诉我们,中国古代确实建立起了一个相对完整和有效的个体品德培育机制,非正式(教育)制度长期构筑了一个巨大而复杂的"灰箱",这个"灰箱"蕴含着丰富的文化宝藏和精神能量。显然,打开这个"灰箱"本身具有不可估量的理集结和实践价值。

一是民间规约训诫对个体品德培育具有广泛而深入的约束。

中国古代社会是以家庭和家族为本位的社会。在长期的以家庭和家族为本位的社会发展过程中,从社会的治理方式来看,除了有最高层面的国家法律和社会普遍的价值原则等正式制度和规则之外,家训、族规、乡约等民间规约作为非正式(教育)制度和规则也发挥着极为重要的作用。在中国古代个体品德培育过程中,民间规约之所以能够起到比官方教育更直接、更有效、更深远、更长久的影响,究其原因:其一,是因为当生命个体进入生存世界后,就处于一个受乡约、族规、家训等直接熏陶的生活世界之中,在生命个体进入官学意义上的蒙学教育之前,它们就已经做了奠基性工作,并为生命个体提供了世界观、人生观的前理解。尤其对那些没有资格和能力进入官方教育系统当中的个体,民间规约实际上就成为他们终其一生用以理解和打开世界的观念标本,而这些观念标本所起到的直接性影响和渗透,也就直接塑造着个体的精神观念和道德品格。其二,民间规约具有很强的地域性、具体性和持续性特点,它能够根据个体存在的生存处境和精神追求适时调整便于个体理解和适用的基本内容,其内容往往直接具体,表达也平易缜密,易于突破官学教育结构下的空洞而玄虚的抽象形式,直接对个体的言行产生作用,而且在教育形式上追求言行合一,在个体是否道德达标的内在衡量上,也往往是直接从个体的一言一行当中迅速透视出来的。其三，民间规约具有权威性，也就是说个体行为不仅受到乡约、族规、家训等民间规约形式的直接规定，而且受到其他个体的比照和监督，这种软性的道德衡量空间，更能在日常生活世界和非公共性习作状态中塑造个体良好的生活言行和道德品性。因此，作为没有经过古代官方正统教育系统纳入的，但对个体人格及道德品格培育具有积极影响和渗透的一种民间教育活动——民间规约事实上经过上千年的历史传统的遗传和接续，已经潜移默化地上升为可以有效塑造个体道德品性的非正式教育机制。而且，作为民间规约内容的乡约、族规、家训等历经挖掘和完善，已经成为古代宗法世系传统下塑造个体人格和道德品性的典范性力量，有些已经成为经典的传世文本，如《颜氏家训》等，不断被纳入官方教育体制当中。批判地继承古代家训文化，剔除其封建性糟粕，吸收其科学性精华，把古代家训中科学合理的个体品德培育理念和方法，继承到我们今天的家庭教育当中，并借鉴推广到整个思想政治教育领域，为当今家庭道德教育、个体品德培育乃至整个公民道德建设提供有益的启示，是时代赋予我们的责任。

二是民间仪式对个体品德培育具有直接而持久的影响。

中国古代曾以"礼仪之邦"闻名于世，根本原因就在于形成了一套完整的礼乐制度和礼乐仪式，其中既有官方层面的又有民间层面的。从二者的关系来看，官方层面的礼乐仪式是国家意识形态和以儒家为代表的社会普遍价值原则的集中体现，也是正式制度和正统符号的象征。但是由于官方层面的礼乐仪式只限于宫廷官府，影响范围极小，同时由于官方层面的礼乐仪式过于繁琐，远离社会生活实际，也很难起到普遍的教化作用。与官方仪式相比较，民间仪式大多基于习俗，存在于血缘家庭或者社交群际之间，具有具体性、生动性和鲜活性。同时由于民间仪式作为预约性社会规范和象征性文化规制，既反映国家意志又直接发轫于日常生活世界，总体上说来具有"超稳定结构特征"，[①] 因而对日常生活世界和每一个个体有着广泛而深入的影响，对个体品德的培育也有着直接而持久的影响。中国古代民间仪式主要有民间祭祀、婚、丧、嫁、

[①] 王列生：《论民间仪式的文艺承载》，《深圳大学学报》2006年第6期，第89页。

娶、迎生、成人、迁居、庙会，等等。民间仪式内容驳杂、丰富，仪式活动定期举办，而且规模固成，不轻易变更，仪式举行的过程性、规范性、参与性及稳定性都极强。这些民间仪式的存在和举行，往往不是官方直接参与的结果，相反政府官员也往往是以非政府性身份进行这些民间仪式，可见其影响力之大、渗透力之强。时至今日，作为一种独特的教育载体，民间仪式仍然在个体道德品质培育过程中发挥着积极的作用，每一个仪式的参与者都可以在仪式所框定的系统内对自身做出适合自身状态的道德接受或道德调整，从而潜移默化地塑造自己完善的道德品质。

三是民间道德楷模对个体品德培育具有生动而鲜明的范导。

中国古代民间道德楷模主要有乡绅、士绅等，他们之所以可以称为道德楷模，是因为他们在接受道德教育的主动性和对道德标准的适用和理解上，比起其他生存个体更鲜明、更具代表性，也更具影响力。乡绅本身就是民间产生的，而士绅大多具有接受过官方正规教育的背景，在他们身上事实上承载着中国传统教育制度对他们进行塑造后的良好品质和人格魅力，他们一旦卸任归乡，就已经不以官方正统代表的身份展示其已有的道德言行和精神品格了，而是以民间道德楷模或代表的姿态出现在特定的生存地域当中。乡绅、士绅往往积极而庄重地出现在群众面前，既因为他们身上凝聚着的特殊背景和德性演示，而受到周围群体的尊重和仿效，又因为在他们身上散发着相对完善的精神气质和道德力量，从而又使那种来自普通群众方面的效仿和尊重得到持续。在传统中国，士绅阶层是乡村社会的治理的主导者，上到政府政策，下到民情民意，具体落实时都离不开士绅的支持。同时士绅也是传统伦理道德的坚定维护者，在捍卫正统思想、抵御外来文化中发挥着重要作用，士绅道德信条与处世原则影响着乡村社会道德秩序的建构。当然，厚实的经济实力，良好的儒家教育，特别是为人正直、公道办事的品质，是赢得民间的信任和声望的基本条件。这些民间道德楷模之所以能够起到道德教育和德性塑造的积极意义，一方面，他们出入于民间各种与传统道德精神相关的重大活动当中，往往能够通过鲜活的道德话语和个体事例，直接影响周围的群众；另一方面，他们又通过严格的个体日常作习和言行，将内心深处固有的道德力量形象化地展示到具体的生活当中，甚至就是他们往往启用前款所说的乡约、族规、家训等民间规约，既以自身具体的实践活动表达出对这些民间规约的尊重和恪守，又成为民间规约实际的监督者和执行者，从而具体、形象而又生动地将优良的个体精神品质和道德气息影响并播植到他们所在的生活世界当中。这对于今天我们通过树立典型、塑造榜样来教育人，意义何其明显！

四是民间教育机构对个体品德培育具有传统而全面的涵泳。

不论是私塾还是书院，作为古代非官方教育机构，在个体品德培育过程中起到了甚至比官方教育机构还要重要的作用，究其原因，是因为在中国古代，具有道德教育典范意义的制度和文本，事实上离不开具有非正统意义的私塾和书院等私学机构的挖掘、理解和阐释，正是私学的这种基础性工作，扩大了中国古代道德培育制度和道德文本在整个社会、整个时代，甚至跨时代的影响和渗透。相对于官学来说，民间教育机构一方面要贯彻官方意识形态，所以能够起到与官学相近的个体道德品质培育的作用。但与此同时，由于私学的特殊性，从而使其个体道德品质培育中有着官学所难以企及的优势。私塾和书院等私学模式之所以能够在个体道德培育中起到重要而又直接的作用，一方面，是因为私学本身是在克服官学教育的固有缺陷中兴起的，古代官学往往将受教群体限定到了特殊但又狭小的范围当中，而且教育内容固定化、抽象化，教育形式单一化、程式化；私学恰恰允让由于受身份、地位、处境等因素所限未能进入官学的民间群体作为学习成员，其教育范围和影响自然比官学大得多，而且私学在教育形式上也往往别开生面，多领域、多系统、多学科地对个体展开教育活动，教育形式灵活、多样，内容丰富，私学群体进出也相对自由，没有过于严肃的社会价值或责任担负的压力，从而在受学方面，受教群体也显得更积极、更主动、更自觉。另一方面，私学秉承民间教育传统，往往自觉肩负着为天下培养英才的神圣职责。在私学教育系统内，受教个体一旦成为私学成员，就要受到私学教育传统的逐级培养，从具体所授的道德科目，到最终道德目标的实现和落实，私学成员往往终生都在私学教育的目标层次下培养自己、完善自身。同时，私学的受教群体虽然比官学自由得多，但在教育要求的设定上甚至比官学还要严格，而在这一点上私学更能以个体道德性的完善和提高作为检验其教育成果的试金石。当前，进行社会主义核心价值体系建设是我国思想品质教育的重要任务，如何将社会主义核心价值体系内化为个体的道德品质,是教育界一个必须解决的理论和实践课题,古代民间教育机构特别是书院涵泳个体品德的成就与经验,对于解决这一问题具有十分重要的启发和借鉴意义。

第四节 相关概念界定

一 家庭—家族—宗族

人是社会历史的产物,认识人所依凭的家庭当然得从历史的网眼中观察。家庭是原始社会发展到一定阶段才出现的生产生活单位,是特定社会最基本的细胞,一般是以血缘关系、夫妻关系、亲子女关系构成的最小的社会生活共同体。据《吕氏春秋·恃君览》记载:"昔太古尝无君矣,其民聚生群处,知母不知父,无亲戚兄弟夫妻男女之别,无上下长幼之道,无进退揖让之礼,无衣服履带宫室蓄积之便,无器械舟车城郭险阻之备。"[①] 就是说,原始人群处于杂婚状况。《管子·君臣下》这样描述家庭诞生之俞的人类生活,"古者未有君臣上下之别,未有夫妇妃匹之合,兽处群居,以力相征。"《列子·汤问》也指陈当时"男女杂游,不媒不聘"的生活状态。总之,人类没有完全从动物界分化出来,还没有家庭。

从传说中的燧人氏到伏羲时期,母权制家庭逐渐产生。东汉学者郑玄(127—200)在《昏礼注》中说:"天地初分之后,隧皇之时,则有夫妇。"据《古史考》载,到距今约18000年的山顶洞人时期,"伏羲制嫁娶,以俪皮为礼"。用成对的鹿皮作为聘礼,说明这时有了嫁娶的礼仪制度,已有婚姻家庭初现。由于这一时期还不是一夫一妻的固定婚制,一母所生的子女属于多个父亲,所以"人但知其母,不知其父",家庭不过仅仅是个雏形。但是,有谁不认为这恰恰正是中华大家庭的开端性架构呢?

先秦时期的家庭主要有:一是贵族家庭。它源自士族或者部落首领与其妻妾、儿女们组成的大家庭。如黄帝共娶有四个妃子,生有二十五子。"其中十四人共得十二姓。所谓得姓,大概是子孙繁衍,建立起新的

[①] 《吕氏春秋·恃君览》。

氏族来。"① 二是依附性家庭。就是众多依附卿大夫或宗族性大家庭的小家庭，主要是农民、牧民、农奴的家庭。三是自由民家庭。自由民家庭作为不同于依附性家庭的独立小家庭，主要是指能够自主从事农业、手工业、商业等职业的自主家庭。

战国时期商鞅推行家庭改革，父子两代或者祖孙三代男耕女织式的小家庭大量涌现，也促进了农业经济和农耕文化的发展。汉承秦制，为增加人口、发展生产、增加赋税，国家继续推行小家庭制度。两晋至隋唐时期，大多数家庭属祖孙三代的小家庭，其规模从两汉时的户均5人增加到唐代时的7人。有关资料显示，在安史之乱中，小家庭大量亡散，故唐肃宗乾元三年（760年），全国有"户1933174，口16990386，户均增加到8.79人"。② 自此以降，虽然历经沧桑，中国这个农业化历史古国的社会基本构造单元——家庭的变化不是很大。

历史上的小家庭，一般是指夫妻及其双亲和未婚、已婚子女组成的数口人之家，包括两到三代人。大家庭一般指从兄弟、再从兄弟共财合爨的四代以上同居的家庭。大家庭人口也多寡不一，少者十余人、数十人，多者几百人甚至上千人。无一例外的是，小家庭和大家庭都是以个体婚姻为纽带结合而成的个体家庭，都以同居、共财为特征。

在古代中国，家庭不仅是以自给自足的自然经济为基础的农业社会的基本生产单位，还是家庭伦理和社会道德的起源地。西周时期，宗族势力日益强盛，"宗"之地位的提升，最终完成了宗法制建构。宗是亲族中奉一人为主，族则指全体有血缘关系的人。《诗·大雅·公刘》有言："君之宗之。"因为有功于众，人们不仅把公刘拥戴为君王，还让他当族长。《毛传》也说："为之君，为之大宗也。"《郑笺》则指出："宗，尊也。"又《礼记·丧服传》："大宗者，尊之统也。"《丧服小记》："尊祖故敬宗。"班固总述其义云："宗者，何谓也？尊也。为先祖主者，宗人之所尊也。《礼》曰：'宗人将有事，族人皆侍。'古者所以必有宗，何也？所以长和睦也。大宗能率小宗，小宗能率群弟，通其有无，所以纪

---

① 范文澜：《中国通史》第1卷，人民出版社1996年版，第17页。
② 《简明中国人口史》，中国广播电视出版社1989年版，第84页。

理族人者也。"① 尊祖是重其统绪，敬宗则为现实内容，宗子主掌理族治家（治国）要务。血缘关系是传统宗法社会的纽带，宗法制度从父系氏族社会的家长、家族制变化起，在演进之中从宗法分封制到宗法君主制，构成了家国同构的血缘伦理政治社会构造体系。

那么，什么是家族？古人曾解释说，族是凑、聚的意思，同姓子孙，生相亲爱，死相哀痛，时常聚会，所以叫族。从字面上讲，族是一个假借字，原指盛箭矢的袋子，把许多支矢装在一起叫族（后来写作"簇"），也叫束。用它来命名家族的族，就是许多家庭聚集在一起的意思。所以，家族是以家庭为基础的，是指同一个男性祖先的子孙，虽然已经分居、异财，成了许多个体家庭，但是还世代相聚在一起（比如共住一个村落之中），按照一定的规范，以血缘关系为纽带结合成为一种特殊的社会组织形式，包括同一血统的好多代人。

需要特别指出的是，借用"簇"命名家族，不单单是读音延续变化，更主要的在于"束"，在于收族，当然在于规范族人。纵观历史，中国的家族制度，从原始社会末期产生，到20世纪50年代初基本消亡，共经历了先后承继、递相蝉联的四种不同形式：原始社会末期的父家长制家族、殷周时期的宗法式家族、魏晋至唐代的世家大族式家族、宋以后的近代封建家族。这四种家族组织形式，虽有继承关系，但后一种形式又不是前一种形式的直接延续，而各有其自己的产生、发展和瓦解的过程。一般说来，父家长制家族是原始社会末期的家族制度，宗法式家族同奴隶制社会相始终，而世家大族式家族和近代封建家族，则大体上相当于封建社会的前期、中期和后期。三国时魏明帝（226—239年在位）曹睿下令废"除异于之科，使父子无异财"②，是大家族家庭被确立的标志。《管子·小匡》："公修公族，家修家族，使相连以事，相及以禄。"③ 南朝宋鲍照《数诗》："一身仕关西，家族满山东。二年从车驾，斋祭甘泉宫。"宋曾巩《徐孺子祠堂记》："当是之时，天下闻其风、慕其义者，人

---

① 班固：《白虎通义·德论》。
② 《晋书·刑法志》。
③ 《管子·小匡》。

人感慨奋激；至于解印绶，弃家族，骨肉相勉，趋死而不避。"① 清代吴伟业的《毛子晋斋中读〈西台恸哭记〉》诗："龚生夭天年，翟公湛家族。"这些文辞都是对家族演变存续活动的真实写照。

从一般意义上讲，家庭和家族的关系，主要表现为个体和群体、局部和整体的关系，在以血缘关系为纽带结合而成的这类社会组织中，家庭是个体，是基础，家族则是群体，是家庭的上一级组织形式。正如前面说到的族字的意义，就是将许多个体家庭"束"在一起的意思。家庭和家族的主要区别在于是否同居、共财，家庭是同居、共财的单位，而家族则一般表现为别籍、异财的许多个体家庭集合成的群落。在一般情况下，家庭是家庭，家族是家族，二者是可以区分开来的。只有当一个大家庭发展到几百、几千口人，聚居于一个村落，没有分家别籍时，家庭和家族才合而为一，一个大家庭，同时也就是一个家族。而这种情况，在历史上是比较少见的。较小的大家庭，一般地都和同村同宗的个体小家庭合组成一个家族。

同居共财的家族印象：山西祁县乔家堡村城堡式建筑群——乔家大院，建筑面积4175平方米，分6个大院，20个小院，共313间房屋，可以容纳数百人生活

家庭和家族作为一种带阶级性的历史现象，是在一定的历史条件下产生、发展的，因而它们在历史上的作用和反作用，只有放在一定的历史条件下和阶级斗争中才能看清楚。我国历史上的父家长制家族和宗法式家族，对于原始社会的瓦解和阶级社会的产生，对于巩固和发展奴隶

---

① 《唐宋文醇·卷五十六·南丰曾巩文三·论记》。

制度，曾经起过推动作用。中世纪的世家大族式家族，对于保持社会安定，稳定社会秩序，发展社会生产力，也曾起过某些积极作用。即使宋以后的近代封建家族制度，虽然在主要方面阻滞了社会生产的发展，延缓了中国封建社会的进步，但它在当时的历史条件下，在保持和提高传统生产技术，坚持和继承传统美德特别是治家教子等方面起过的作用，也应当实事求是地加以肯定。

自周分封建国到清帝制消亡的历史长河中，中国家族制始终贯穿政治文化的主流。在数千年的演变进程中，国与家相互依存，相互影响，形成"家国同构"的特殊社会现象。在家的基础之上，聚族而居，集族为国，家族与国家关系紧密一体，故在治国认识上亦同治家，家族的伦理规范也成为国家正式制度的重要补充。这是因为，作为传统社会中的个体，总是处在家国复杂的人际网络关系中，如梁漱溟先生所言，中国人整个是一团关系。人一生下来就在这个社会关系网中，而且一生也无法离却这种社会和社会关系。而且，中国传统社会的关系人情伦理化而演变为一种义务和依附关系，任何人无从逃遁。关系一旦发生并确定，便终生不得离绝。在家庭中，父子、兄弟、夫妇关系纵横交错；在国家中，君民、君臣、臣民、民民人际关系混杂繁复。加之人有情欲，天生而然；物有归主，制度而定；天降灾祸，人所难料。人们如何对待情欲、义利、公私、灾祸、去留等问题，每个人的认识和行为不尽相同，因而就会出现种种有害于秩序、有伤于大雅的不孝、不悌、不和等行为。为了禁止和规制这些行为，解决国家正式制度实际供给的不足，非正式（教育）制度充当了它理想的社会化功能角色，较好地处理了人在修身、财货、尊祖、继承、丧葬等方面的偏差和错失言行。著名哲学家黑格尔说过："中国文化的特质是家族精神。"社会学家马克斯·韦伯也认为，中国社会是"家族结构式的社会"。

二 制度—正式制度—非正式（教育）制度

"制度"在古代中国的文化解释比较多。《周易》有言："天地节，而四时成。节以制度，不伤财，不害民。"① 王安石《取材》篇解释制度

---

① 《周易·第六十卦》。

说："所谓诸生者，不独取训习句读而已，必也习典礼，明制度"；孙中山在《军人精神教育》中提出："创制权，由人民以公意创制一种法律，此则异于专制时代，非天子不议礼，不制度也。"古人对"制度"的意义所指往往偏向于自然尺度、社会惯例或旧有规矩。现代产权理论代表诺斯对制度做出了比较全面的解释："一个社会的游戏规则，或更正式地说是人类设计的构建人们相互行为的约束条件，它们是正式规则（成文法、普通法、规章）、非正式规则（习俗、行为、规则和自我约束的行为规范）以及两者执行的特征组成。"[①] 美国社会学家萨姆纳明确肯定了非正式制度的存在和作用，他提出社会制度是由民俗和民德所交织形成的社会行为体系。这里所说的"民俗""民德"主要指内化为约束人们社会行动的思维模式或行为习惯，即"非正式（教育）制度"。

一般来说，正式制度是人们根据社会生活管理的需要，明确制定且往往依靠国家强制力保证效力的一系列政策法规和制度。正式制度主要包括政治、经济和文化生活等领域确定性的法律制度规范，其对人的约束往往依靠国家机器的强力保障，因而外在的规范力量很强；非正式（教育）制度是人们在长期的社会生活和交往中形成的彼此认同但却没有上升到国家制度层面的规约习俗。非正式（教育）制度来源于传统文化，反映着民间大众生活信奉的观念，其对人的约束往往依靠社会舆论、家庭家族规制和乡规民约组织的强制，因而表现为对个体内在的规范力量较强。对于古代乡土中国社会而言，正式制度与非正式（教育）制度是密切联系的，二者反映了特定时代官方意识形态的大一统与民间生活大传统之间的互动互补关系。非正式（教育）制度通常是正式制度产生的前提和基础，一定的正式制度常常依据一定的社会价值观念、民族心理和群体的意识形态建立。当然，非正式（教育）制度的有效发挥也离不开甚至有赖于正式制度的认可和支持，因为非正式（教育）制度的实现是非强制性的，所以只有依靠强制性的正式制度的支持才能真正有效地发挥其约束力。

正式制度与非正式（教育）制度作为社会制度体系的两个组成部分，具体作用于培养新人的教育领域，则更显得相得益彰，二者相互依存、

---

① ［美］诺斯：《制度、制度变迁与经济绩效》，格致出版社2008年版。

相互补充。在中国古代社会，正式制度是指由官方以某种明确的形式确定下来，借助于官府行政强制力量组织实施并通过层级监督以保证德育活动施为的强制性规范模式；而非正式（教育）制度是指人们在长期的社会生产与交往活动中，从个体或小我的角度出发，经由家庭家族推及村落、乡野和国家的关涉日常起居、声色言动、处己修身、待人接物、公私内外等生产生活的一系列非官方、非正式、非强制性道德教育规范模式的总和，虽然大多是自发形成，但往往得到大家的普遍认可与遵从，因而能够相对容易地借助于家庭教育、乡规民约、道德楷模和各种民间仪式等形式来规范人们的言行、传递道德信条、维护社会秩序，最终规训培育出合乎社会标准的新人。

从微观角度分析，古代非正式（教育）制度的许多成分往往源于某个家庭或家族（民族）内部的民间传统，因而非正式（教育）制度与民间传统的性质特征比较趋同。因为民间传统来源于生活习惯，具有文化遗传功能，所以对传统（制度的、文化的）的传承是人们从日常生活习得接受而来，而不用太多的理性分析和学理证明。当然，民间传统属于社会道德生活的范畴，不具有特别严厉的强制性，其作用的发挥主要依靠人的道德良知良能和行为习惯来维持。正式制度是以国家或团体的明文规定来推行，对体制内的所有成员都具有强制约束性，大多对违反规定的人及其言行设有惩罚措施。从调节的范围看，源于民间传统的非正式（教育）制度一般渗透到个体或族群日常生活的方方面面，大到对国家观念的认同，小到对家庭内部事务的设定，溯及力可以到先辈先贤，约束力及于襁褓孩童，调节的广度和深度都要比正式制度大得多。不仅如此，较之于正式制度的纷繁更迭，民间传统往往具有稳定性，因为传统一经形成就会在代际间不断延续下去，继承传统、延续旧制是个体社会化的第一站内容，并伴随着个体的情感认同而成为合乎规范的社会成员。一般地，个体在后来的社会实践中接受的价值观念可能会对其产生影响，但一个人对传统观念认同的回归却是精神的诉求使然。从对人的教育教化作用发挥而言，以保持传统为主要内容的非正式（教育）制度对个体的信念结构起到了奠基性作用，它对个体生活态度和行为方式的影响是潜移默化的，是深远的；而正式制度大多是对特定社会确立的利益秩序和对特定时期社会公共事务的统一规定，具有间断性和应时性的特点，那些从事学理性提炼和著书立说的智者，他们提出并宣扬的各种理论和学说之所以能够经世致用，分明是看到了也抓住了时代所需的规范性营养。在这个意义上讲，中国传统儒家所提出的儒学及其德育思想就很好地适应了传统中国社会的政治伦理和利益诉求，巧妙地让伦理政治化和政治伦理化相伴而行，有效地促进了正式制度和非正式（教育）制度的互补与融合，从而让国家的政治生活伦理规范与民间风俗习惯都可以纳入儒家伦理道德体系之中，风行千年而薪炎相传。正是因为儒家礼制对中国古代社会的民间秩序做出了合宜的安排，契合了国家主流意识刑态的需要，也嵌入了民间社会文化传统的框架，与正式制度交叉融通并行不悖的非正式（教育）制度，才能对个体道德情感意志的培养、道德行为的养成，对社会道德规范体系和社会生活秩序的建构，发挥如此重要作用。

三 品德—个体品德—品德培育

根据《现代汉语词典》的解释，"品德"就是指品质道德。[①] 也有学者认为品德即道德品质，也称德性或品性，"是个体依据一家的道德行为准则行动时所表现出来的稳固的倾向与特征。"无论是品质道德还是道德品质，"品德"这一道德范畴都突出强调人所具有的德性品质，所以往往与品格、品质、品性、德性等通称，是社会普遍价值和道德规范在个体身上的内在和外显。

有关个体品德的含义，学界的讨论和理解都比较充分。首先，中国人朴素地认为，作为天地化生之才，人之为人的根本在于有德，所以，人的本质不在于单个个体无差别的生物性，而在于其内在的社会道德特性。"天生烝民，有物有则。民之秉彝，好是懿德"[②]。因之人第一要做的就是"习以成性"或"化性起伪"，通过存养扩充人的天然善性或改良人的混沌天性而养成优良道德品质。其次，正是因为人生而有德，作为实践主体，每个人在依据普遍的社会准则和道德规范行动时，对社会、对

[①] 中国社会科学院语言研究所词典编辑室：《现代汉语词典》，商务印书馆1996年版，第976页。

[②] 《毛诗·大雅》。

他人以及对周围事物便自然表现出稳定的善性心理倾向，其行为方式往往惯常地显示着"人类为了幸福、为了兴旺发达、生活美好所需要的特性品质"①。这是一种遵从人所处居的社会和文化规则，经由主体理性思考和判断，最终得到的决定个体何以做出恰当行为时的道德心理。再次，品德不只体现在个体始终做出正确的行动，而且表现在个体能够正确地认识自我及外部世界，是有德性的人理解和反映外部关系的一面镜子。换句话说，个体品德不仅反映在主体稳定践履社会规范的行为方式，而且表现在主体道德内化后形成的的道德意志和人格修养。最后，个体品德之所以是一个人所具有的品质道德，还是指个体一贯遵守社会道德规范行动以及与其行为相一致所表现出来的稳定心理倾向，是个体一以贯之的道德行为需要与为满足这种需要而固有的稳定行为方式的统一体。

"培育"最初是一个生物学概念，意指培养幼小生物，使其发育成长。将这一理念引入心理学或教育学等社会科学领域，借指使人的某种情感得到发展或对人的某些素质进行培养教育。如邓小平同志曾经指出的"毛泽东思想培育了我们整整一代人"②就是培养教育人的意思。

关于"品德培育"概念，按照中国传统哲学理念，人的德性是内在于心的"良知"，故而培育个体品德的重点不在于将道德原则和道德规范作为知识向人传授，一个人遍读经典和熟悉所有道德规范并不意味着他就可以成为德性人格；相反，个体品德的修养需要借助于道德实践的力量，才能达到儒家提出的"知者不惑，仁者不忧，勇者不惧"③而"从心所欲，不逾矩"④的至高境界。所以，中国古代的传统德育，主张立足于宏观品德修养，找到了通过一以贯之的道德践履而"习以成性"或"化性起伪"的个体品德培育之路。

西方文化将品德主要归结为人的心理活动范畴，品德及其培育是社会心理学研究的对象，认为个体品德是由多种心理成分共同构成的一个复杂整体。其中的主要心理成分或共同内涵基本上可以归纳为道德认识、

---

① 高国希：《论个人品德》，《探索与争鸣》2009年第2期，第11页。
② 中共中央文献编辑委员会：《邓小平文选（1975—1982年）》，人民出版社1983年版，第138页。
③ 《论语卷五·子罕第九》。
④ 《论语卷一·为政第二》。

道德情感、道德意志和道德行为。在个体品德培育方面，他们坚持在微观剖析的基础上实施分层分阶段诱导化育的个体品德培育之路。如古希腊的教育就分为德行教育和技能教育，古希腊的哲学还把践行"德性"和追求"快乐"结合起来，使德性现实地造福于有德之行动者，教育人们特别是教育孩子选择从事好的行为，追求善的生活，这样人们就会更倾向于"很好地行动"，通过反复和强化这些善行，便能自然地培养出一个人良好的德性与高贵的性情。由此可见，不论是中国的道德理性，还是西方的思辨理性，关于人的终极价值均共同指向人的善性发挥，注重通过人本身的生命与生活实践培育每个人良好的品德。因此，说道德实际上具体表现为一种行为方式，还不如说道德就是生活的一种实践智慧，是人所当为之善性实践活动的真实反映，而不是言行规范系统的汇集或总和，它以稳定的行为倾向和对现实世界理性的把握为统一体，具有明显而强烈的践履性。故而当樊迟"问崇德、修慝、辨惑"于孔子时，子曰："先事后得，非崇德欤？攻其恶，无攻人之恶，非修慝欤？一朝之忿，忘其身，以及其亲，非惑欤？"[①] 人的本质力量就在于首先要付诸善意的实践，然后收获善性心得，如此往复不就是提高了自己的品德吗？诚所谓"为所当为而不计其功，则德日积而不自知矣；专于治己而不责人，则己之恶无所慝矣；知一朝之忿为甚微，而祸及其亲为甚大，则有以辨惑而惩其忿矣"[②]。2000多年前的圣哲——孔子分明是早已觉察到，个体品德培育其实就是人们在生活实践中通过不断的道德践履而养成惯常心理倾向的功夫所在。

与此同时，按照融合中西的现代心理学理论，个体品德培育其实是一个包含知、情、意、行四个主要方面的德行修养建构过程。所谓"知"，是善性之知，指主体对一般品德知识的学习和把握。既然培育个体品德是发展人的善性，是推动人类文明特别是精神文明发展的重要内容，那么我们通常所讲的道德认知就侧重于对道德行为规范及其社会意义的认识。一个人只有通过学习和掌握社会道德规范及其所体现的普遍价值原则，在自己的主观领域基于感知而形成一定的道德认识，为个体

---

① 《论语卷六·颜渊第十二》。
② 《四书章句集注·论语集注卷六·先进第十一》。

品德培育的后续道德情感与道德意志的形成创设发端，进而为主体遵从一定社会道德规范做出恰当的道德行为创造前提和基础。所谓"情"，即道德情感，系指一个人品性情感的培养。道德情感是实践主体的道德追求是否得到实现以及由此所引发的一种主观内心体验，具体表现为一个人在心理上所产生的对某种道德义务（道德规范）的爱憎好恶等情感体验。因为道德或品德情感是人们按照一定社会的价值原则和道德规范去评价周围的人和事时自然产生的一种情愫，它对个体品德的形成和发展起着催生作用，是主体强化道德认识、坚定道德信念、磨练道德意志的内在动力，也是基于这种道德性情从事道德行为的推动力量。所谓"意"，即道德意志和修德自制力，个体品德的培育绝不能一蹴而就，而且从功效上讲并不能片面推崇外在的强制灌输，关键在于主体内心对修德实践的坚守。个体品德培育是一个人自觉地调节德性行为，克服可能存在的困难与偏误，力争实现既定道德追求目标的心理过程。在这一过程中，道德意志具体表现在人们惯常地践履道德规范时自觉克服困难和排除一切影响因素的意志力或定力。因为顽强的道德意志是促使人的品德行为一以贯之的精神力量，只有在顽强道德意志的控制下，一个人的道德行为才能呈现出恒常不变的特性。所谓"行"，即道德行为，是个体品德培育的德行外显与修养践履。道德行为不仅表现为主体在一定道德意识支配之下所采取的各种合宜的行动，而且表现为实践主体通过内敛消化德行认知而转识成智[①]、转识成德。因为人的德行本来就表现为实践主体的生活智慧，道德行为一方面是人们在一定的品德认识、品德情感

[①] 关于认识论的转识成智说，冯契不同意金岳霖用"划界"的方式，将认识论仅仅局限于知识的理论，而主张认识论也应研究关于智慧的学说，讨论"元学如何可能"和"理想人格如何培养"等具体真理的问题。注重于把握性与天道的智慧学说，注重于理想人格的培养，这无疑是中国传统哲学的特色。在此前提下强调广义认识论要以实践唯物主义辩证法为基础，转识成智而走语言意义内在逻辑思维和外在求真务实的统一之路。（陈晓龙：《转识成智——冯契对时代问题的哲学沉思》，《哲学研究》1999年第2期，第14—22页。）华南师范大学博士生郭颖提出：道德教育要突破长期以来知性德育的做法，从传授道德知识转向培养道德智慧，实际上也就是要寻求人生的智慧，以把握形而上的人生意义。道德教育提升道德智慧、实现"转识成智"，要扎根于现实生活，在真实的生活中体验、理解生活。同时，重视受教育者幸福生活能力的养成。（郭颖：《论道德教育的"转识成智"》，《教育评论（福州）》2008年第5期，第45—49页。）

和品德意志的支配下，在实践活动中稳定遵从既定价值原则和道德规范的实际行为方式；另一方面道德行为作为实现道德诉求的手段，是实践主体业已形成的道德认识和其他道德心理成分的外在形态和现实表现。所以，道德行为是个体品德的客观内容与外部表现，当道德行为在不断的社会实践中积淀为道德习惯时，就外化和表现为一个人的品德。

四 仪式—礼仪

仪式发端于人类的早期生活，是古老传统文化的一部分。仪式是人类精神生活中重大事件的写照，反映了特定时代的社会文化心理。仪式通过特殊的情境影响人们的观念和行为，通过符号—象征手段表达社会或群体信念。仪式伴随着人类的生活而来，既有社会整体对自身生死攸关的重大事件的关切，也有家庭或个人对某种信仰或重要关系的关注，从古至今，仪式已经融入了国家政治活动和平民日常生活。仪式的内容比较宽泛，通常有特定的事件、群体性的参拜等活动，内容涉及人们的言语、服饰、动作、表情和场景等。所有的信息都拥有一种共同的基调，表达着群体共同的信念。仪式中的动作姿势常常具有象征性、表演性，仪式行为既是一种文化形式，同时也是对传统的恪守。从仪式种类看，凡是表达人与神之间关系的都被看作是神圣的，表达人与人之间关系的可以看作是凡俗的，但两者并不是截然分开的，其中具有人神转化的机制。仪式活动既可以浸染个体心灵，也能够强化社会秩序，加深人们对既有关系和规范的认同。国内研究者对仪式的概念的理解比较宽泛，通常认为"它可以是特殊场合情境下庄严神圣的典礼，也可以是世俗功利性的礼仪、做法。或者亦可将其理解为被传统所规范的一套约定俗成的生存技术或由国家意识形态所运作的一套权力技术"[①]。

在中国古代社会，先民们对仪式和礼仪的承袭，与其说是一种文化传统的认同归属需要，倒不如说就是其现实生活本身的需求。因为在人类文明演进的历史长河中，仪式已经融入到社会或个体的生活诸环节中，仪式的文化底蕴与时代情境的交融也在推动着仪式内容形式的细化，也为当时社会的知识分子或精英所洞察和阐释。然而，儒家传统思想对

---

① 郭于华主编：《仪式与社会变迁》，社会科学文献出版社2000年版，第1—3页。

"礼"和"仪"的理解是有区别的,礼一般指"礼义",仪通常是"仪式"。"礼"和"仪"的区分与当时的社会特征是密切相关的,春秋时代周王室的日渐衰落,各地诸侯雄起称霸,王室权威与诸侯势力的消长使原有的礼制不再那么有约束力,僭越礼仪现象时有发生。如孔子谓季氏:"八佾舞于庭,是可忍也,孰不可忍也?"[①] 春秋末期,礼已经名实不相称了。但礼作为划分社会等级、规范社会秩序的功能还未完全消失,在此情况下,礼义与仪式的分离便是自然而然的。此后,仪式重视的是行为的一致,"礼"讲求的是为人处世的道理。当然,这里主要指是传统人生仪式,而不是人类早期生活中流传下来的仪式。有关传统人生仪式的论述,集中见诸古代三礼等儒学经典之中。

---

① 《论语卷二·八佾第三》。

第二章

源远流长的中国古代非正式（教育）制度

纵观历史，中国古代的确形成了一个相对完整的个体品德培育机制，在这个机制中非正式（教育）制度起到了相当重要的作用。事实上，在个体品德培育过程中，人们在长期的社会生产与交往中，逐步形成并得到人们普遍认可的一系列民间规约、民间仪式、私学教育和民间道德楷模等非正式（教育）制度发挥的作用远远超过了正式制度，并为时下我们进行民间化的道德教育提供了诸多值得借鉴的思想资源。

第一节 非正式（教育）制度的起源

非正式（教育）制度起源于原始先民的社会文化生活，是早期群体生活经验的累积和凝结。在远古时代，人们在长期的耕作、祭祀、部落内外乃至家庭生产生活中，日积月累形成了一些约定俗成的信条和规矩，虽然它们还未上升到制度的层面，却凝聚着人们的精神信念，指导和规范着人们的日常生活。在中国古代非正式（教育）制度中，仪式是最早的社会交往形式之一，反映了先民们的精神生活状态；家训是家庭出现之后在其内部进行道德教育的普遍形式；书院是古代中国局限于较小范围内的社会化专业教育机构；士绅楷模则是融合了官方与民间意识的德育榜样示范形式。

一 古代家训的形成

家训及其训育实践在我国已有 3000 多年历史,传承纷繁复杂,留存浩如烟海,形式、内容和思想十分丰富,既有家庭伦理规范,也有社会道德规范,几乎涉及古人社会生活中的各个方面,启蒙明理、安身立命、求学成人、天地阴阳、育儿闺训、谋事和人、忠孝仁爱……修齐治平不一而足①。其生活化的演绎形式往往表现为家长或家族长辈对子孙后辈立身处世、持家治业的教诲,它包含着丰富深刻的人生哲理及中国人固有的尊德崇礼、孝亲友爱的可贵精神。因此,家训作为我国传统文化的重要组成部分,无论是鸿篇巨制、片纸短章,抑或口传心授、临终遗言,都已经成为家庭教育的思想结晶,成为人们整齐门风、理家教子的治家良策,是古代个体为人处己、轨物范世的箴规宝鉴。家训一词及其异名在汉代就已见于典籍。《史记·货殖列传》载:"然任公家约,非田畜所出,弗衣食;公事不毕,则不得饮酒食肉。"此"家约"就是家训的异名。另,《后汉书·边让传》载:"陈留边让字文礼,天授逸才,聪明贤智,髫龀夙孤,不尽家训。及就学庐,便受大典。"②

中国传统家训的平实理性与心理——养不教,父之过

---

① 《史记》卷一二九,《货殖列传》第六十九,岳麓书社 1988 年版,第 939 页。
② 《后汉书》卷八〇下,列传第七〇下。

追根溯源，中国传统家训的起源时间当在上古尧舜之时，且归根到底是源于上古之时人们父子相传、口耳相授的生产生活实践。不仅如此，家训是随着家庭的产生而出现的一种重要的教育形式，它以家庭的存在为前提和基础，我国古代的家与族具有相当程度的重叠性，族约也就有了家范的意义。"古者未有君臣上下之别，未有夫妇妃匹之合，兽处杂居，不媒不娶。"① 远古时期的人类没有完全从动物界分化出来，说明我国古代先民在群居杂处时并无家庭，当然也无家训，"昔太古尝无君矣，无亲戚兄弟夫妻男女之别，无上下长幼之道，无进揖让之礼，无衣服履带宫室积蓄之便，无器械舟车城郭险阻之备"②。由于社会劳动采取采集果蔬的方式，所以生产能力很低，家庭结构也极不稳定，"人但知其母，而不知其父"。这种母系氏族只不过是一个家庭雏形，在这种原始家庭中，自然地存续着幼小子女跟随母亲学习和接受传统习俗、掌握简单生产劳动的教育，但还不能将其归结为完全意义上的家训。我国具有相对独立和完整意义的家庭是父权制家庭，这种父权制家庭产生于黄帝时期，那时开始有了"君臣上下之义，父子兄弟之礼，夫妇匹配之合"③。从此有了正式的家庭教育。这种家庭教育同当时的社会制度有着密切的联系，其中源远流长的中国传统家训，正是在帝位禅让制度中初现端倪的④，因为家庭本来是"一切社会之中最古老的而又唯一自然的社会"⑤，将皇权传位于谁，用一个什么样的选择标准确定继位者，是上古时期禅让制的关键与核心，也是帝王们用心训导培养接班人的目标指向。

据《史记·五帝本纪》记载："黄帝崩，葬桥山。其孙昌意之子高阳立，是为帝颛顼也。"⑥ 选立高阳，因其"静渊以有谋，疏通而知事，养材以任地，载时以象天，依鬼神以制义，治气以教化，在絜诚以祭

---

① 《管子·君臣》。
② 《吕氏春秋·恃览》。
③ 徐少锦、陈延斌：《中国家训史》，陕西人民出版社2003年版，第44—45页。
④ 颜师古注《汉书》中之"夫妻之际，王事纲纪，安危之机，圣王所致慎也。昔舜饬正二女，以崇至德；楚庄忍绝丹姬，以成伯功"所引"昔舜饬正二女，以崇至德"典故时，颜师古曰："《虞书·尧典》云'釐降二女于妫汭，嫔于虞'。谓尧以二女妻舜，观其治家，欲使治国，而舜谨敕正躬以待二女，其德益崇，遂受尧禅也。"见《汉书卷八五·列传第五五·谷永》。
⑤ 卢梭：《社会契约论》，何兆武译，商务印书馆2003年版，第5页。
⑥ 《史记卷一·本纪第一·五帝》。

祀。……颛顼崩，而玄嚣之孙高辛立，是为帝喾。帝喾高辛者，黄帝之曾孙也"①。传位于高辛是因为他能"普施利物，不于其身。聪以知远，明以察微，顺天之义，知民之急。仁而威，惠而信，修身而天下服。取地之财而节用之，抚教万民而利诲之，历日月而迎送之，明鬼神而敬事之。其色郁郁，其德嶷嶷。日月所照，风雨所至，莫不从服"②。可见，所谓的禅让，实际上就是在位的皇帝或皇族在本家族人员中选择那些德行高尚并经过考验的杰出后代来继承帝位，而不是简单的代际相承。接下来"帝喾崩，而（长子）挚代立。帝挚立，不善，而弟放勋立，是为帝尧"③。不传不善之兄而选立弟，是因"其仁如天，其知如神。就之如日，望之如云。富而不骄，贵而不舒。黄收纯衣，彤车乘白马，能明驯德，以亲九族。九族既睦，便章百姓。百姓昭明，合和万国"④。而当尧考虑传位大事时，对其子丹朱的态度却是"吁！顽凶，不用"。而对举荐于贵戚及疏远隐匿者虞舜，则曰："吾其试哉。"接着便将他的两个女儿嫁给舜，观察他怎样治家；又派九个儿子与他共处，考察他怎样处世。"乃使舜慎和五典，五典能从。乃遍入百官，百官时序。宾于四门，四门穆穆。诸侯远方宾客皆敬。尧使舜入山林川泽，暴风雷雨，舜行不迷。尧以为圣，召舜曰：'女谋事至而言可绩，三年矣。女登帝位。'"⑤ 不论从黄帝传位其孙的慎重选择，还是尧对舜的深度考察，不仅对外昭示着圣王治理天下所要具备的德行，也反映出上古时期贵族社会家庭中长辈对后代的期望、教诫与栽培。

家训常见的异称包括家令、家诫（戒）、家教、家法、家规、家订、家范、家政、家约、家仪、家语、劝言、杂议、世范、族规、药言、遗训、庭训、女诫、女训等。家训的表现形式既有书面家训，也有口头家训。这些家训，有的写成家信，有的留为遗训，有的编作故事，有的著为专书。家训的作者既有帝王将相，也有平民百姓，有社会贤达、政府官吏，也有名人学士、地主乡绅和能工巧匠，不论其社会地位、政治态

---

① 《史记卷一·本纪第一·五帝》。
② 同上。
③ 同上。
④ 同上。
⑤ 同上。

度、宗教信仰和贫富差别如何，中国古代先贤和黎民百姓同样重视家庭教育，大多积极制作家训来教诲子弟，使家训成为传播中国传统文化的一条重要途径。"正欲其浅而易知，简而易能，故语多朴直。使愚夫赤子，皆晓然无疑"①。因而很多家训通俗易懂，明白晓畅，妇孺皆知，家喻户晓，深受社会各界群众欢迎，在民众中广泛流传，成为古代个体品德培育和社会教化的教科书。早在西周初年，周文王（姬昌）、周公（姬旦）就有家训留传于世，其中第一篇完全意义上的家训，当推《尚书》中的《无逸》篇，②其言切于日常实用，是周公（姬旦）告诫侄子周成王（姬诵）不要贪图安逸享乐、不要荒废政事、要"知稼穑之艰难"③以安定民心的一篇诰辞。《尚书·舜典》也记载，舜在位时因"百姓不亲，五品不逊"，于是命契做司徒，"敬敷五教"（父义、母慈、兄友、弟恭、子孝），对百姓普施教化。后世的《颜氏家训》被称为"篇篇药石，言言龟鉴"的家训专书，以儒家教育思想为主导，以夹叙夹议的形式，全面阐述立身治家之道，内容丰富，体例详备，是我国封建社会流传最广、影响最深的家训之一。《朱子家训》读起来琅琅上口，长者总结提炼家训一般出于生活经验，为了便于孙孙后代记诵领会便力戒生僻、艰涩高深，简洁明快，对仗工整，言简意赅，自问世以来流传甚广，被尊为"治家之经"，一度成为童蒙读本。

二 传统仪式的形成

"仪式"主要指以"活"的形式展现的具有象征意义的社会群体活动。在中国传统文化中，仪式大多情况下表现为"习俗""礼""规矩"等。可以说，礼之"文"属于仪式，但仪式不限于礼的范畴。"文"是礼的外在形式的总称。《礼记·乐记》讲："升降上下周旋裼袭，礼之文也。"《小雅·菁菁者莪》一章："既见君子，乐且有仪。"仪式广泛存在于古代中国国家事务和人们的日常交往活动之中，但以"仪式"二字表述相关活动的却不多。《国语·周语下》："所以宣布哲人之令德，示民轨

---

① 庞尚鹏：《庞氏家训》，古籍出版社1985年版，第1页。
② 朱明勋：《中国家训史论稿》，四川出版集团、巴蜀书社2008年版，第18页。
③ 杨萍译著：《尚书·无逸》，北京出版社1996年版，第84页。

仪也。"《诗经·周颂·我将》："仪式（这里指效法）刑文王之典，日靖四方。"朱熹《集传》："仪、式、刑，皆法也。"苏辙《皇太后答书》："将仪式（这里指效法）于文考，以教孝于诸侯。"《后汉书·律历志中》："及用《四分》，亦于建武，施于元和，讫于永元，七十余年，然后仪式（这里指法规）备立，司候有准。"在西方，"仪式"的含义，从伦理学视角看，是处理人神关系的各种规范化的宗教活动方式的总称，其本质上是处理社会关系的世俗礼仪的宗教化。宗教仪式的类型可分为巫术仪式、禁忌仪式、献祭仪式、祈祷仪式等。

仪式的概念在中国传统文化中有多种解释。仪式最早指国家重要活动所举行的典礼。儒家礼制的思想在典籍《尚书》中就有表达。"天叙有典，敕我五典五敦哉。天秩有礼，自我五礼有庸哉。"① 《仪礼》侧重于周王室的重大仪式，对士大夫阶层和民间仪式做了详细规定，《周礼》记载了"五礼"（吉、凶、宾、军、嘉）的仪式规定。以傩祭为例，要在国门旁分裂牲体以祭神，制作泥牛送寒气，祭祀一切天神、地神。《礼记》载："命有司大难，旁磔，出土牛以送寒气。征鸟厉疾。乃毕山川之祀，及帝之大臣，天之神祇。"② 从内容上看，仪式包括了祭祀、交际、婚丧嫁娶等日常事务。从西周时起，传统仪式基本的结构、流程、规矩已经固定下来，后世变化不大。仪式还通常指典礼的流程规制和秩序形式。唐代韩愈曰："水陆之品，狼藉笾豆；荐裸兴俯，不中仪式。"③ 宋代欧阳修云："不暇讲求三王之制度，苟取一时世俗所用吉凶仪式，略整齐之，固不足为后世法矣。"④ 有时，仪式还特指人的言谈举止、音容笑貌。《诗·邶风·柏舟》："威仪棣棣。"《诗·大雅·烝民》："令仪令色，小心翼翼。"《毛传》："君子，望之俨然可畏，礼容俯仰，各有威仪耳。"汉代王粲《玛瑙勒赋》："御世嗣之骏服兮，表马录骥之仪式。"《孝经》有云："孝子之丧亲也，哭不偯，礼无容，言不文，服美不安，闻乐不乐，食旨不甘，此哀戚之情也。三日而食，教民无以死伤生。毁不灭性，

---

① 《尚书·皋陶谟》。
② 《礼记·月令》。
③ 《南海神庙碑》。
④ 《欧阳修集·卷一二七·归田录卷二〈九射格附〉》。

此圣人之政也。丧不过三年，示民有终也。为之棺椁衣衾而举之，陈其簠簋而哀戚之；辟踊哭泣，哀以送之；卜其宅兆，而安厝之；为之宗庙，以鬼享之；春秋祭祀，以时思之。生事爱敬，死事哀戚，生民之本尽矣，死生之义备矣，孝子之事亲终矣。"① 又如"承信身长八尺，美仪表，善持论，且多艺能"②。

当仪式获得权威并被人们认同之后，就具有了法度、准则、规矩的内涵。朱熹《集传》云："仪、式、刑，皆法也。"《国语·周语下》云："所以宣布哲人之令德，示民轨仪也。"《诗经·周颂·我将》："仪式（这里指效法）刑文王之典，日靖四方。"《管子·形势解》云："法度者，万民之仪表也。"《史记·秦始皇本纪》云："普施明法，经纬天下，永为仪则。"《淮南子·修务训》云："设仪立度，可以为法则。"《后汉书·律历志中》："及用《四分》，亦于建武，施于元和，讫于永元，七十余年，然后仪式（这里指法规）备立，司候有准。"宋代苏辙的《皇太后答书》称："将仪式于文考，以教孝于诸侯。"

王国维通过词源学上的考究，认为"礼"起源于祭礼仪式。按照他的看法，礼起源于原始社会时期的祭祀活动，时间相当于父系氏族社会晚期，即龙山文化时期，也就是文化史上的尧舜禹时代。"夫礼之初，始诸饮食，其燔（烧烤）黍捭（分开）豚，污尊而抔饮，蒉桴而土鼓，犹若可以致其敬于鬼神。"③ 杨宽教授经过历史学考证得出人生礼仪仪式起源于周族氏族制末期的结论，他认为："礼的起源很早，远在原始氏族公社中，人们已惯于把重要行动加上特殊的礼仪……这些礼仪，不仅长期成为社会生活的传统习惯，而且常被用作维护社会秩序、巩固社会组织和加强部落之间联系的手段。进入阶级社会后，许多礼仪仍旧被大家沿用，其中部分礼仪往往被统治阶级所利用和改变，作为巩固统治阶级内部组织和统治人民的一种手段。"所以他明确提出："西周时代贵族所推行的'周礼'，是有其悠久的历史根源的，许多具体的礼文、仪式都是从

---

① 《孝经·丧亲章第十八》。
② 《宋史卷二五二·列传第一一》。
③ 《礼记·礼运》。

周代氏族制末期的礼仪转化出来的。"① 另外，还有学者从政治学角度认为人生礼仪仪式"与原始社会风俗习惯及其仪式有关"②。与祭礼仪式不同的是，风俗仪式产生于母系氏族，相当于半坡氏族社会晚期。《周礼》记载说："俗者习也，上所化曰风，下所习曰俗。"《周书》："既历三纪，世变风移，四方无虞，予一人以宁，道有升降，政由俗革，不臧厥臧，民罔攸劝。"③

传统仪式的作用在于确定人际与万物秩序，满足人们敬畏超然力量实现人神交流的心理需求

在中国传统社会，适用最为广泛的是人生礼仪仪式。对于传统人生礼仪仪式起源，学界主要有四种说法：

一是冠婚说。也就是说人生礼仪仪式是从成年男子的冠、婚礼中发展而来。虽然这些片面，但与中国古代男权社会的特征相吻合。《礼记·婚义》曰："夫礼，始于冠，本于婚，重于丧、祭，尊于朝、聘，和

---

① 杨宽：《古史新探》，中华书局 1965 年版，第 234 页。
② 章全才：《礼的起源和本质》，《学术月刊》1963 年第 8 期，第 49—53 页。
③ 《尚书·毕命》。

于乡、射，此礼之大体也。"在中国古代，冠礼是男子成长过程中的标志性礼仪，自然对个体来说影响较深。陈来教授对冠礼的地位做了解释："就礼在个人生活服务与社会生活的体现而言，二十而冠是个体人生的第一次大礼，故说'始于冠礼'。但冠礼实际上并非是某个个体生命旅程最根本的礼，照《婚义》所说，最根本的礼乃是婚礼，故说'本于婚'。而如果从礼数之隆重庆祝来说，则人之一生所行的丧祭礼最为隆重，故说是'重于丧祭'。就礼的社会生活体现与功能来说，朝聘之礼主于尊，乡射之礼主于和。由此可知，在这里的始于冠的说法并非指礼制的历史发生的起源和次序。"① 此论很有见地。

二是别男女说。男女有别是中国古老的传统观念，借助于人生礼仪仪式来区别男女有利于规范社会秩序。《礼记·内则》载："礼始于谨夫妇、为宫室、辨内外。"对此，陈来经过研究后指出，《内则》之所以强调男女有别为礼之始是因为《内则》的主旨是"记男女居室事父母舅姑之法"，使"闺门之内，轨仪可则"。男女之别在古代中国是有根据的，反映了传统的世界观和思维方式。在传统文化中，男女之别与天地、阴阳、人情是相通的。《礼记·礼运》记载："是故夫礼，必本于太一，分而为天地，转而为阴阳，变而为四时，列而为鬼神……夫礼，必本于天，动而之地，列而之事，变而从时，协于分艺，其居人也曰养，其行之以货力、辞让、饮食、冠、昏、丧、祭、射、御、朝、聘。"② 《礼记·乐记》曰："礼乐之说，管乎人情矣……礼乐负天地之情。"《礼记·坊记》曰："礼者，因人之情，而为之节文，以为民坊者也。"③

三是风俗说。指的是人生礼仪仪式来源于世代流传的风俗习惯。严格地说，仪式要早于风俗，风俗是文明社会的产物。而从人生仪式的产生发展来看，就有一个仪式与风俗融合的过程，在此之中人的观念和意愿是沟通两者的桥梁。人生仪式显然是被人类生活认可并固定下来的文明习惯。李安宅解释道："一切民风都是起源于人群应付生活条件的努

---

① 陈来：《古代宗教与伦理：儒家思想的根源》，生活·读书·新知三联书店1996年版，第245页。

② 《礼记·礼运》。

③ 《礼记·坊记》。

力。某种应付方法显得有效，即被大伙所自然无意识地采用，变成群众现象，那就是变成民风。等到民风得到群众的自觉，以为那是有关全体之福利的时候，它就会变成民仪。"①

四是"交往说"。这种观点认为人生礼仪仪式起源于人类原始交往的需要。荀子从交往规则的产生指出了人生仪式的缘起："礼起于何也？曰：人生而有欲，欲而不得，则不能无求，求而无度量分界，则不能不争。争则乱，乱则穷。先王恶其乱也，故制礼义以分之。以养人之欲，给人之求。使欲必不穷乎物，物必不屈于欲，两者相持而长，是礼之所起也。"② 西方人类学大多认为礼仪起源于原始社会的礼物交换。杨向奎教授认为，我国的礼仪仪式也是起源于原始时期的物品交易关系——所谓"礼尚往来"。③ 在初民社会，囿于物质生活的匮乏，个体的生存发展离不开群体，社会产品赠借挪用便是司空见惯的，只有如此才能保证群体生活正常进行。因为在强大的自然界面前，任何个体都不能保证自己出猎就有所获，所以劳动产品分享既减少了浪费，又为自己一无所获时提供了保障。这种馈赠与接受自然能够得到成员的认同，也成为一种应然的交往规则。而且，早期人类还通过带有浓厚的宗教或巫术色彩典礼活动，来赋予礼物交换以神圣感。杨向奎教授进一步分析指出，能够主持这种交往方式的一定是在群体中有威望的人，通常是经验丰富的长者。而这种经验的获得只能从个体的成长经历中显示出来，因此，原本普通的诞生、婚嫁、死亡等事件便具有了神圣的内涵，这些事件中的言行举止便受到了人们的推崇。天长日久，这些约定俗成的做法就变成了人们共同生活中的人生礼仪仪式。

由此可见，制定人生礼仪的根本目的是规范人们之间的行为，建构稳定的社会秩序和人心秩序。在传统社会，有序性来源于个体的身份、等级、资历以及社会威望。荀子主张"人定胜天"，他认为只要人心安定，各自守其分，世间万物都可以战胜。"定"首先是有秩序，也就是每个人都能定位好自己，不逾礼。只有如此，社会生活才忙而不乱，人的

---

① 李安宅：《仪礼与礼记之社会学的研究》，商务印书馆1933年版。
② 《荀子·礼论》。
③ 杨向奎：《礼的起源》，《孔子研究》1986年创刊号。

心灵才可能安宁。反之，就会像草木禽兽，礼不明难以有序。正如荀子指出的："水火有气而无生，草木有生而无知，禽兽有知而无义；人有气有生有知亦且有义，故最为天下贵也。力不若牛，走不若马，而牛马为用，何也？人能群，彼不能群也。人何以能群？曰：分。分何以能行？曰：以义。故义以分则和，和则一，一则多力，多力则强，强则胜物。故宫室可得而居也。故序四时，裁万物，兼利天下，无它故焉，得之分义也。"① 在荀子看来，等级和规范是群体生活有序的保证，是人类有意识地摆脱原始状态走向文明社会的起点。

礼物交换在原始社会非常盛行，主要原因是生产力不发达，交换的实质是人人自保。随着生产力的发展，私有制的出现，社会阶层日益分化，财富逐渐集中到少数统治阶级手中，统治阶级在社会生活中的话语权日益提升，于是为维护既定的利益，便对社会成员划分了社会等级，从而巩固有利于自身的秩序。而且，还制定了严密的规则体系来强化阶级统治，形成了上尊下卑、各守其分的观念，并通过长期的推行默化成为一种理所当然的事情。这样，君、臣、父、子、兄、弟、夫、妇、长、幼观念就渗透到民众内心，成为天然合理的社会秩序。《礼记·礼运》对每个身份的人应尊崇的品质做了规定："何谓人义？父慈，子孝，兄良，弟悌，夫义，妇听，长惠，幼顺，君仁，臣忠，十者谓之人义。"其中，"仁、忠、慈、孝、良、悌、义、听、惠、顺"，就是指不同身份地位的人所应该保持的道德品质，当然也暗含了一种态度和应当遵守的行为规范，并将其渗透到日常生活之中，成为民众日用而不知的信条。综观传统仪式文化，从国家政治生活重大事件到个体的衣食住行，在礼仪方面都做了详细的规定，个体的生老病死事件都纳入到仪式规矩之中。长此以往，这些观念就得到社会成员的自觉奉行，甚至是誓死捍卫。礼融入个体生活，个体人生需要礼来指导和保障，社会生活的各个层面就变得井然有序了。

李觏从礼的起源对此做了很好的解释："夫礼之初，顺人之性欲而为之节文者也。人之始生……饥渴寒暑，生民之大患也……圣王有作，于是因土地之宜，以殖百谷；因水火之利，以为炮燔烹炙……取材于山，

---

① 《荀子·王制》。

取土于地，以为宫室。手足不能以独成事也，饮食不可以措诸地也，于是范金斫木，或为陶瓦，脂胶丹漆，以为器皿。夫妇不正，则男女无别；父子不亲，则人无所本；长幼不分，则强弱相犯，于是（圣人）为之婚姻，以正夫妇。为之左右奉养，以亲父子。为之伯仲叔季，以分长幼。君臣不辨，则事无统……于是为之朝觐会同，以辨君臣……以列上下。人之心不学则憎也，于是为之库序讲习，以立师友。人之道不接则离，于是为之宴享苞苴，以交宾客。死者人之终也，不可以不厚也，于是为之……以奉死丧。神者，人之本也……于是为之禘尝郊社……以修祭祀。丰杀有等，疏数有度。贵有常奉，贱有常守。贤者不敢过，不肖者不敢及。此礼之大本也。"① 他认为"礼"首先产生于人们在生产生活中不断解决基本的生存需要（衣食住行等）而做出的种种努力与创造发明——尽管归结为"圣王"之作，但人们求生存、求发展的需要始终是"礼"的根基。生存、发展须有章有序地进行，于是需为之"节文"而制定社会规范以疏导、调整与谐和人们的欲望，不使之纷乱，这样一来，原初的"礼"便产生了。随着文明的发展，生活的内容越来越丰富，"节文"的内容也日益繁复，"父子""夫妇""长幼""君臣""库序""祭祀"，这些也都无外乎因人之情、因人之性而为之疏导、调节，"根"还在"百姓日用"。但"节文"一旦成了气候，"制礼作乐"一旦成功，其功能便是全方位、全社会的，甚至穿透到了人们的精神领域，从简单的百姓日用，扩展至政治制度、意识形态领域，直至文化精神生活、伦理道德范畴。

二 古代书院的形成

书院是古代中国相对局限于较小范围内但已社会化的专门教育机构。公元前770年，周平王被迫向东迁都，历史的脚步进入了历时近300年的东周②，此时周朝开始由强转弱，周王室日益衰微，大权旁落，诸侯国之

---

① （宋）李觏：《李觏集》卷二，《礼论第一》，中华书局1981年版，第6页。
② 中国历史上的春秋时期开始于公元前770年（周平王元年），这一年是周平王东迁亦即东周开始的一年，春秋时期止于公元前476年（周敬王四十四年）战国前夕，历时295年。

间互相征伐,战争频繁,在社会上造成了"天子失官,学在四夷"[①]的局面,民间私学成了承载学术和培育新人的主要力量。自此以降,私学便不断发展,使学风下移,教育的目标不再仅限于保社稷安危的贵族武士,而更多地指向培养文质彬彬的君子。"在汉代私人讲学日盛,生徒日增以及一些隐士避乱远世的社会风尚中,逐渐出现了一些随师所在之地而立的名为'精舍''精庐'的较固定的讲学、治学和学习的场所。"[②]可见,在相对固定的场所、承袭特定讲习问学的传统、教学相长而累积出丰富的图书资源,初始小规模为学堂,继而壮大兴起为人人皆知的专门书院。

书院发源于古代私学,又深受官学影响,是介于官学与私学之间的一种独特的文化教育机构。早期的书院往往因有名师大家而为世人所共知,但给书院冠以特定的名称,则始于唐代。据《新唐书·百官志》记载:"唐开元十一年(723年)置丽正书院。十三年(725年)改丽正书院为集贤殿书院。"[③]不仅如此,随着私学的发展,唐代逐渐出现了较为规范的书院建制。这一时期的书院基本是一种"以私人创建或主持为主,收藏一定数量图书,聚徒讲学和研讨学问,高于一般蒙学的特殊教育组织形式"[④]。书院之所以起源于唐代,当然有着特定的历史原因与社会背景:一方面,唐末五代社会动乱造成官学的进一步衰微,这为笃学之士招徒和士子为学创造了条件;另一方面,"科举制的创建和书籍的大量生产,成为书院起源于中唐时期的两个最直接的动因,聚书授徒以应科举成为早期书院的本质特征。"[⑤]

民间书院出现之后,社会影响逐渐扩大,许多家庭将子女送到书院求学。这样,书院就本质上是让原来读书治学的私塾演变为社会基层办学机构,发挥着教书育人的社会职能,所以"移风易俗、教化乡里"就成为所有书院的创办宗旨。以福建龙溪县松洲书院为例,垂拱二年(686年),闽粤之间"蛮苗"暴动平定之后,漳州首任刺史陈元光请求设立漳州州府,同时主张兴办基层学校,以此来化民成俗,维护地方秩序。在

[①] 《春秋左氏传·昭公》。
[②] 丁钢、刘琪:《书院与中国文化》,上海教育出版社1991年版,第13页。
[③] 《新唐书·百官志》。
[④] 李国钧:《中国书院史》,湖南教育出版社1994年版,第2页。
[⑤] 张劲松:《论书院的边界》,《教育评论》2008年第3期。

他之后，其子陈珦"上疏乞归养，使主漳州文学，龙溪尹席宏聘至乡校，乃辟书院于松洲，与士民论说典礼。是时，州治初建，俗固陋，珦开引古义，于风教多所裨益"[①]。从这里可以看出，松洲书院的建立与改善当地风俗、重新建构社会道德秩序有着密切的关系。民间书院的落地生根以及后来发展壮大引起了官府的重视，这种既能减少政府开支，又对教化乡里、发展地方教育发挥良好作用的办学形式得到了中央官府的支持。于是书院自此繁盛起来，许多地方出现了一些有名的书院和大师。在唐代中期，长安和东都洛阳还出现了作为官府学术文化机构的丽正、集贤书院。开元五年（717年），唐玄宗李隆基采纳大臣整理内府藏书的建议，在乾元殿东廊下写四部书置校定官。开元六年（718年）冬天，西还京师长安之时，遂迁书于东宫丽正殿，乾元殿则更名为丽正修书院，这就是位于东宫的丽正书院。随后开元十二年（724年）又在京师长安与东都洛阳明福门外分别设立丽正书院。这样，丽正书院就成为当时最早、规模最大的一所官办书院，承担着整理典籍、撰写国史和习经举贤的职能。开元十三年四月五日（725年5月21日），唐玄宗在集仙殿召集"都知丽正殿修书事"张说等大臣商讨封禅之事，当时唐玄宗认识到举贤荐能对治理国家的重要性，他说，"仙者捕影之流，朕所不取；贤者济治之具，当务其实"，[②] 随后他下诏将丽正书院改称为集贤书院，希望召集天下能人才子建言献策，集贤书院的名称便由此得来。

产生于唐五代的书院，从书院发展的历史上看，虽属萌芽阶段，却为北宋书院的发展奠定了基础。宋代书院批判地继承了传统官学与私学的教育方法和教育制度，在此基础上形成了一种独特的教育组织。以"天下四大书院"为代表的700多所书院，在不断强化教育教学功能，完善藏书、祭祀等功能的过程中，确立了正式的书院制度，为社会发展和士人培养做出了重要贡献。纵观历史，在中国古代教育体系中，与官学、私学鼎足而立的书院自唐代产生之日起，就担负着传授知识、化育人生、

[①] 《陈珦传》，载陈谷嘉、邓洪波《中国书院史资料》（上册），浙江教育出版社1998年版，第5—6页。

[②] （宋）王溥：《集贤院》，载陈谷嘉、邓洪波《中国书院史资料》（上册），浙江教育出版社1998年版，第37页。

安邦治国的重要作用。与此相适应,"四书""五经"等儒家经典文本通常是古代书院的必修课目,此外还辅以历史典籍著作等经典。其中,有的书院还有自己的院本教材,最有名的是朱熹修订的《白鹿洞书院教条》与吕祖谦修订的《丽泽书院学规》。值得特别关注的是,书院在进行知识教育的同时还非常重视教授学子们治世为学、道德修养和待人处事的原则,侧重于对生徒个体的德性培养。如《唐六典》所注集贤书院的主要活动内容和职责是:"掌刊辑古今之经籍,以辨明邦国之大典,而备顾问应对,凡天下图书之遗逸,贤才之隐滞,则承旨而征求焉。"①

庐山白鹿洞书院,南唐升元年间(940年)基本建成,宋仁宗天圣五年(1027年)改称"白鹿洞之书堂",与当时的岳麓书院、应天府书院、嵩阳书院并称为中国"四大书院"

四 士绅的形成

中国古代社会民间道德楷模主要有乡绅、士绅两种。他们之所以可以称为道德楷模,是因为他们在接受道德教育的主动性上和对道德标准

---

① 《唐六典·卷九·中书省集贤院史馆匦使》。

的适用和理解上，比起其他生存个体更鲜明、更具代表性，也更具影响力。事实上，乡绅本身就是民间产生的，而士绅大多具有接受过官方正规教育的背景，在他们身上承载着中国传统教育制度对他们进行塑造后的良好品质和人格魅力，他们一旦卸任归乡，就已经不以官方正统代表的身份展示其已有的道德言行和精神品格了，而是以民间道德楷模或代表的姿态出现在特定的生存地域当中。乡绅、士绅常常以积极而庄重的形象出现在大众面前，既因为他们身上凝聚着的特殊背景和德性演示，而受到周围群体的尊重和仿效，又因为在他们身上散发着相对完善的精神气质和道德力量，从而使那种来自普通群众方面的效仿和尊重得到持续。这些民间道德楷模之所以能够起到道德教育和德性塑造的积极意义，一方面，由于他们经常出入于民间各种与传统道德精神相关的重大活动当中，往往能够通过鲜活的道德话语和个体事例，直接影响周围的群众；另一方面，他们能够通过严格的个体日常作习和言行，将内心深处固有的道德力量形象化地展示到具体的生活当中，甚至就是他们往往启用乡约、族规、家训等民间规约，既以自身具体的实践活动表达出对这些民间规约的尊重和恪守，又成为民间规约的实际的监督者和执行者，从而具体、形象而又生动地将优良的个体精神品质和道德气息影响并播植到他们所在的生活世界当中。

根据史料记载，宋代已经出现了"乡绅"的称谓①，但"在明代文献中出现的同类用语中，绝大多数场合用的是'缙绅'"②。缙绅，又作搢绅、荐绅，其名起源于汉代，本义是"搢绅而垂绅带也"。"绅"指的是古代仕宦者和儒者束在腰际的衣外大带。搢绅代指做过官员的人。据清代嘉道年间的梁章钜考证：汉代用得较多的是搢绅、荐绅的本义，"搢"指的是插，"绅"指绅带，"二字意不平列"；只是到后来，"缙"和"绅"二字才合成一词，以官员特有的装饰借代其身份。明清时期，"缙绅"又用来通称"乡宦之家居者"③。既然特指居乡的官宦，就与普

---

① ［日］重田德：《乡绅支配的成立与结构》，载《日本学者研究中国史论著选译》第2卷，中华书局1993年版，第214页。

② ［日］寺田隆信：《关于"乡绅"》，载《明清史国际学术讨论会论文集》，天津人民出版社1982年版，第113页。

③ 梁章钜：《称谓录》卷25，台北：宗青图书出版公司1985年版。

通士子在特权、地位、声望、影响等方面有很大的区别,而不是一个群体。明末清初时颜茂猷对乡绅的功业给予了充分肯定:"乡绅,国之望也,家居而为善,可以感郡县,可以风州里,可以培后进,其为功化比士人百倍。"① 可见乡绅在当时的社会感劝和道德影响力。清代初期,上海人叶梦珠认为,"绅"与"士"不可混淆,否则可能有伤风化:"前朝缙绅大老之丧,但有行状……行述、行略之刻,自顺治中始,其初缙绅大老家间用之,其后凡属缙绅皆用。今则士流亦效之。恐日后滥觞,流及市井舆隶之温饱者,从风而靡耳。"② 近代苏州著名绅士冯桂芬对"绅"与"衿"(士)做了严格区分,并在咸丰三年(1853年)写过专门作品《均赋说劝绅》和《均赋说劝衿》来区分两者。

"绅士"的称呼也出现在宋代。③ 大明宣德七年(1432年),苏州知府况钟即曾发布过《绅士约束子弟示》④。有别于乡宦"缙绅",这里的"绅士"指的是士大夫阶层,但在明代使用不是很广泛。清代以后,接待地方绅士已经成为官员的日常事务,"绅士"一词就大量出现在官书牍中。康熙年间孙铉《为政第一篇》、黄六鸿《福惠全书》,以及雍正年间田文镜、李卫奉旨拟定的《钦颁州县事宜》中,都专门论述了"接(待)绅士"事务。这一时期,"绅士"含义已经发生了变化,实际指的是乡绅与士人。《钦颁州县事宜·待绅士》载:"绅为一邑之望,士为四民之首。"⑤《福惠全书·待绅士》也是将乡绅与学校士子并立分论。⑥ 这一时期,虽然"绅士"一词用来称谓士大夫阶层,但还主要限于书面用语,见于官府文牍以及皇帝上谕中,记述时常常与官职相连。但在日常生活中很少称呼某某"绅士",而且基层社会中的绅士既可以是退休官员,也可以是地方上有威望的头面人物。清光绪十五年(1889年),湖州长兴县学教谕孙祖德的《拟请宪奖监工绅士禀》奏称:"查有本县绅士监生杨春荣、理问杨步蟾、

---

① 颜茂猷:《官鉴》,转引自陈宏谋《从政遗规》,谢文艺斋刊本,第41页。
② 叶梦珠:《阅世编》卷2,上海古籍出版社1981年版,第39页。
③ [日]重田德:《乡绅支配的成立与结构》,载《日本学者研究中国史论著选译》第2卷,中华书局1993年版,第214页。
④ 况钟:《况太守集》卷13,江苏人民出版社1983年版,第139页。
⑤ 田文镜、李卫:《钦颁州县事宜·待绅士》,同治十二年羊城书局重刊本,第32页。
⑥ 黄六鸿:《福惠全书》卷4,康熙三十三年刻本,第9页。

附生吴师洵,好义急功,实事求是,延采众论,委令监工。"① 可见在清朝时期,"绅士"一词已经成为广泛称谓特定的社会群体的名称。经"二十五史全文检索系统"检索,"绅士"(特指社会群体)在二十五史中共出现25条,其中《明史》有2条,《清史稿》有23条。②

民国以后,封建社会的科举制度已经不复存在,传统儒学也丧失了原来的独尊为大的地位,这使得绅士从制度和理论层面都失去了支撑。这一时期,现代意识逐渐兴起,家庭财富和公共影响力成为判断一个人成功的重要标志,这也成为绅士阶层必备的特征。可以说,"在民国的政治秩序中,大地主和地主政客取代了旧式学者做政府与人民的中间人。替代旧士绅(entry)位置的新兴统治群体,在意识形态组成上的一致性较之前者少得多,而且他们在社会地位的划分上也没有很好的界限,但是那种传统的统治者与被统治者两极分化的局面却并未因此而有所改变"③。虽然不同时代评价声望的标准不尽相同,但社会知名度、影响力等指标却没有发生变化,说到底士绅阶层属于社会的中上阶层,而不是寻常百姓。不同时期,士绅阶层身上都展现了当时官方和民间普遍认同的文化,这种文化能够在处理地方事务中具有很强的话语权。知识和政治特权使士绅阶层充当着道德文化权威的角色,通过这种话语霸权维护着既定的民间社会秩序并以知行合一的践履率先垂范成为当地普遍认同的道德楷模。19世纪美国传教士何天爵(Holcombe Chester)将中国的"乡绅士大夫阶层"译为literati(意即"文人"),他解释道:"这一阶层的人都是在他们所居住的地区受过教育的读书人,他们一般都完成了读书人所必读的内容,而且已经通过了一两级通向仕途的科举考试。如果把这一类人用西方社会的各阶层作比较的话,他们非常近似于我们西方国家不在政府中任职的大学毕业生。"④

考查汉语文字可知,"楷"和"模"最初都是树木之名。楷树,就是

---

① 孙德祖:《长兴县学文牍》,光绪刻本,第16页。
② 天津市永川软件技术有限公司开发研制:《二十五史全文检索阅读系统》,天津电子出版社2000年版。
③ 周荣德:《中国社会的阶层与流动——一个社区中士绅身份的研究》,学林出版社2000年版,第5页。
④ [美]何天爵:《真正的中国佬》,鞠方安译,光明日报出版社1998年版,第168页。

今天的黄连树。这种树，枝干疏而不屈，刚直挺拔。相传生长于古代大教育家、思想家孔子的坟头。孔子死后，他的三千弟子在坟墓边守灵三年。唯独子贡，在孔子生病时因外出经商而未能前来探视，他便给自己规定要为孔子守灵六年。子贡在前来奔丧时，顺手折下路边的一根粗树枝做哭丧棒，并顺手将其插入墓旁潮湿的泥土中。后来，这根树枝竟萌芽生根，长成叶茂枝疏的大楷树。据传，西周初年的政治家、贤明君王，主张"明德慎罚""礼贤下士"的周公（姬旦），他的坟上生长着模树。模树属珍稀树种，此树四季常青，枝繁叶茂，它的树叶能随季节的变化而变化——春天青绿，夏天赤红，秋天洁白，冬天就变成了黑褐色。楷树和模树都因为生长在伟大圣贤的墓地，其姿态和形质又为人们所喜爱、钦敬，所以，后人便把那些品德高尚、受人尊敬、可为人师表的榜样、模范人物称为"楷模"。士绅因其学识、声望、德行卓然出众，以官方选树和民间选择中脱颖而出，承担起成风化人的道德楷模职责与使命。

现存孔林相传为子贡手植的楷树遗木

第二节 非正式(教育)制度的流变

非正式（教育）制度产生以后，其发展除了有自身流传沿袭的轨迹之外，伴随着一定社会生产方式和社会制度的变迁，其内容、形式、作用往往会发生很大的变化。有些非正式（教育）制度发展演变成为禁锢人们日常生活行为的陈规陋习，有些则生发蔓延甚至上升为国家意志，成为古代官府强制推行的正式制度。毋庸置疑的是，中国古代社会非正式（教育）制度的变化与个体德行的养成是密切相关的。因为在任何时代任何时期，个体的成长都离不开社会文化的影响，正如中国古代王权的无常一样，官府确立的正式制度通常随着朝代交替和政治变化而更迭频繁，但非正式（教育）制度却因为根植民间化风成俗而变化较小。在新旧思想观念、文化的融合演进中，人的主体性的确立，道德人格的养成与文化的认同中，特定时期社会非正式（教育）制度的流变往往能够更细微真实地反映个体的心灵世界和社会行为方式。

一　家训的演进变化

根据有文字记载的上古经典，随着"夏传子，家天下"，造就了家国一体的国情，"普天之下，莫非王土；率土之滨，莫非王臣"[①]。皇帝与官宦等在当时作为最有条件和资格教诫子弟而制定家训的人，其制定和施教的家训实为国教，因而历史地使家训植根于家庭这一自然沃土，成长于国教这一人为的社会环境之中，这便为家训后来的发扬光大和对古代个体品德培育作用的发挥创造了极好的条件。特别是小邦周灭亡大邦殷的历史变故，给西周统治者以诸多的经验教训。其中，最主要的一条就是统治天下不能单靠天命的"郁穆不已"，而要依靠德行的"假以溢我"。"皇天无亲，唯德是辅。民心无常，唯惠是怀。"[②] 要享有天命，做到长治久安，就要以德配天，要讲德行，更要对王嗣进行德训。因此，当时许多贵族也以前人的国破、家亡、身丧为鉴，加强了对子弟的"臣德"教

[①] 《毛诗·小雅》。

[②] 《尚书·蔡仲之命》。

育。在这方面，周公（姬旦）的贡献最大，开启了帝王将相与仕宦家训的先河。先秦时期儒学元典中的圣贤言论和德行成为家训的根本遵循，涉及个体、家庭和社会生活的方方面面，符合正统伦理纲常，适用民间生活要求，凝炼积淀为影响几千年的道德信条。后世的家训无不是在一定程度上对其进行的注释和运用，虽然王朝更替频繁，但先秦时期家训的思想观念和行为原则在2000多年的历史长河中并没有发生多大变化，甚至在有的时期更加强化。后世民众在对世间事务的处理中，很多时候都是引经据典，以正视听。换言之，先秦时期社会思想的开放活跃非但没有造成道德规范的凌乱，反倒是这种环境中产生的家训及其训教模式更能适应于后世的境况。以"易子而教"为例，其实在孟子那里已经意识到这个家庭教育的困境："公孙丑曰：'君子之不教子，何也？'孟子曰：'势不行也。教者必以正，以正不行，继之以怒。继之以怒，则反相夷矣。夫子教我以正，夫子未出于正也，则是父子相夷也。父子相夷，则恶矣。古者易子而教之，父子之间不责善。责善则离，离则不详莫大焉。"① 但是，在讲究君臣父子关系的中国古代，"易子而教"不失为私学或家教者的明智之举。

　　汉魏六朝时期，对子女进行多方面的教诫虽然也依循先秦家训的范式，但却把教育的重点放在子弟品德修养上，并不仅仅注重个体道德行为的养成。自刘邦《手敕太子书》开始，经汉武帝"罢黜百家，独尊儒术"，在全国范围内尊孔读经，成为不可阻挡的潮流。用儒家纲常名教训导子弟修齐治平、孝悌力田、忠君报国、清正严慎、宽仁恤民、谦谨勤劳、节俭和顺，制作家训范家教子、进德修身，纠正或防范他们可能存在的骄奢淫逸等不良倾向，便蔚然成风。这一时期人们对子女进行品德教育比较推崇，汉孔臧《与子琳书》记载："侍中子国，明达渊博，雅学绝伦。言不及利，行不欺名。动遵礼法，少小及长，操行如故。虽与群臣并居近侍，颇见崇礼，不供亵事，独得掌御唾壶。朝廷之士，莫不荣之。此汝所亲见。《诗》不云乎：'毋念尔祖，幸修厥德。'又曰：'操斧伐柯，其则不远。'远则尼父，近则子国，于以立身，其庶矣乎！"② 在这

---

① 《孟子·离娄上》。
② 《太平御览·卷七百三》。

里通过树立人人共知的道德榜样，目的使子女见贤思齐而自觉提升自身的道德素养。

隋唐时期，我国古代的传统家训已经比较成熟。其中，最具代表性的当是北齐颜之推制定的《颜氏家训》，这部书作家训的内容几乎涉及了我国传统家训内容应定的所有方面，全书共有二十篇，分别为：《序致第一》《教子第二》《兄弟第三》《后娶第四》《治家第五》《风操第六》《慕贤第七》《勉学第八》《文章第九》《名实第十》《涉务第十一》《省事第十二》《止足第十三》《诫兵第十四》《养生第十五》《归心第十六》《书证第十七》《音辞第十八》《杂艺第十九》《终制第二十》，训教范围和思想体系都非常全面。其他较有影响的家训专著有：李世民的《帝范》（《旧唐书·经籍志》），狄仁杰的《家范》，李恕的《诫子拾遗》，苏瑞的《中枢龟镜》，卢撰的《卢公家范》，姚崇的《六诫》，《宋史·艺文志》中记述的柳郑的《柳氏家学》、柳砒的《柳氏序训》，"史部·仪注类"中记述的李商隐的《家范》，"子部·儒家类"中记述的黄呐的《家戒》、无名氏的《先贤诫子书》，等等。所不同的是，隋唐时期，"忠"与"孝"的观念在家训中被经常提及，可见其时人们对忠孝品质培育的重视。如李世民《诫吴王悟书》记载："外为君臣之忠，内有父子之孝。"姚崇的《遗令诫子孙文》记载："咸以奢厚为忠孝，以俭薄为悭惜。"杜正伦《百行章》载："立身之道，莫过忠孝。……但以学而为存念，得获忠孝。……存忠须尽节，立孝追远。……在家能孝，于君则忠。"《太公家教》载："孝子不隐情于父，忠臣不隐情于君""事君尽忠，事父尽孝"。刘禹锡《名子说》记载："夫忠孝之于人，如食与衣，不可斯须离也，岂侯余易哉。"

宋代以前，全社会只有少数有知识、有身份、有地位的世家大族、社会名流编制本门的家训，普通老百姓由于终生忙于生计，很少有人家专门制作家训，其训家教子大多以口头形式进行。自宋以降，随着社会生产力水平的逐步提升，我国传统的文献家训也逐渐走出了由个别少数人或少数家庭垄断的时代，即由贵族士大夫家训时代转向了社会大众家训时代。不仅如此，这一时期大量族规的出现，推动了家训和家训文化的社会化，因为家族制定家训（族规）往往具有超越人的身份与地位，超越核心家庭控制而多点成面的社会普及性，所以传统家训一时间在全社会得以普及开来。

宋元明清时期是古代家训的鼎盛期。家训文本及其德育实践不论从数量还是社会普及影响力上都是空前的，这一时期有代表性的主要家训文献和著作有陆游的《放翁家训》、朱熹《家礼》与《朱子训子帖》、司马光《居家杂仪》与《家范》、袁采的《袁氏世范》、涠宪王的《有墩家训》、周是修的《家训》、曹端的《家规辑略》、杨荣的《训子编》、孙植的《孙氏家训》、纪大奎的《敬义堂家训》、汪正的《先正遗规》、王士俊的《闲家编》、孟超然的《家诫录》、方孝孺的《宗仪》一卷所附《家人篇》、曾国藩的《曾文正公家训》、廖冀亨的《求可堂家训》、丁大椿的《来复堂家规》一卷、许汝霖的《德星堂家订》、张廷玉的《澄怀园语》、王师晋的《资敬堂家训》，等等。其中，家训的卷册、著述与唐以前的家训相比有了明显的区别，随着封建专制思想和文化的深化提升，宋元明清时期出现了强制约束性的家训，对家庭成员的行为规范做了很多严格要求，极端的表现为家法族规类。这类家训在当时的家（族）谱中非常普遍，突出了礼教对人的管制。家（族）谱中的家训通常以"家范""家（祖）训""家（族）法""家（族）规""家（族）约""规条""家戒"等名目出现。当然，宋元明清时期的家训不仅仅侧重强制约束，而且较之前代而言还对我国传统道德的基本意义做了理论上的探索和通俗化的、切于日常实用的表达，如曾国藩在《致四弟》中说："为人子者，若使父母见得我好些，谓诸兄弟俱不及我，这便是不孝。……何也？盖使父母心中有贤愚之分，使族党中有贤愚之分，则必其平日有讨好底意思，暗用机计，使自己得好名声，而使其兄弟得坏名声，必其后日之嫌隙由此而生也。"

值得注意的是，随着历史的变迁和家族势力的不断增强，家训的作用范围超出核心家庭而用于规范同姓家族，家训便历史性地演变为族规。族规是同姓家族为了维护本宗族的生存和发展所制定的公约，性质相当于我国古代宗法制度下的家族法规，它是用宗族组织的强制力来约束本家族成员，以家族为单元并借助于家族力量教育族众，旨在建立家族血缘关系的尊卑伦理，维护家族内部长期和平共处、聚族而居的习惯性、自律性秩序。所以，族规作为家族对其成员进行教化的"传世宝典"，一方面是随着社会发展和家庭人口数量增加、家庭规模增大，由传统家训演变而来；另一方面是对国法的家族化。族规的这一显著特点主要表现在：第一，族规的制定是家庭发展的结果。人类学和历史学研究表明，父权制家庭的产生使家庭成员身份和关系得以确定，当家庭成员的数量和辈分层次增加到一定限量时，分家便成必然。这些新分离组成的家庭有的迁居新地独立生活，有的新家分而不离，以核心家庭为中心异居分处、聚族共居，在同一地区演化为宗族。从《尚书》有30多处提到"王家""邦家"和"大夫之家"等说法看，我国先秦时期就已经有了宗族，与此相适应，族规也当形成。第二，制定族规是管理族人的现实需要。如果说家族是家庭的发展和族人兴旺的结果，那么家族实际上还是一种松散的大家庭，那些以孝悌原则和血缘关系构建起来的我国古代家庭，一般都是包含有两代以上血亲关系的生活共同体，与西方国家只有父母—子女两代血缘关系构成的家庭相比，我国传统的家庭就是家族，更何况是合族共居的大家族。因此，族规的制定不是为了"治国、平天下"，而是为了使子孙们能世世代代"修身、齐家"，从而不至于在艰难的世道中沉沦甚至灭绝，并能在维持香火的基础上兴盛发达，光耀祖宗。[①] 这说明族规制定的目的更趋实际，更加关注族人的生命和生活现实，与每个族众个体的成长发展休戚相关。第三，制定族规是为了"收族"。汉王朝建立以来相对稳定的社会秩序和相对宽松的儒学环境，给宗族的强大和族规的发展注入了活力，出现了"连栋数百，膏田满野，奴婢千群，徒附万计"的大户，形成"或百室合户，或千丁共籍"的局面。[②] 在家族人口众多、血缘关系疏远的情况下，要管理这样一个超级大户，没有规矩和权威是不可能的；加之有大批的佃农、奴仆和异姓百姓依附加入，不遵守家规、犯上作乱、不服从家长命令的行为时有发生，制定族规实为"收族"之制度和依据。第四，族规是对国法的家族化。宗族的发展延续得到统治阶级的认可乃至获得褒奖表彰，族规的存续是与当时的国法基本相适应的，有的族规还是通过了地方政府官吏的审核后颁行的。其实，族规在治理宗族、惩罚过错等方面所具有的组织结构和发挥作用的方式，与国法十分类似。宗祠是拘问审理和照章处罚的场

[①] 费成康主编：《中国的家法族规》，上海社会科学院出版社1998年版，第205页。
[②] 房玄龄等：《晋书》卷127，中华书局1974年版，第161页。

所，宗长（宗子、族长、族正）就是法官，族众是陪审员和旁听群众，族规是成文或不成文的规条，合乎情理与维护宗族是裁判和执行的目的。在官府治理鞭长莫及或不能有效地对地方控制的历史条件下，古代族规是对国法的家族化。因此，家训的制作意图、训导目标、作用范围、教化方式等与原初意义上的要求均发生了根本的转变，由立意训诫子弟，发展为规训范导一地之风俗。如南宋地方官吏袁采于南宋淳熙五年（1178年）任乐清县令时制作的《袁氏世范》，在书成之时便取名为《俗训》，明确表达了该书"厚人伦而美习俗"的宗旨。后来，袁采请他的同窗好友、权通判隆兴军府事刘镇为该家训作序时，刘镇在序言中谈到袁采的这部《俗训》，"其言精确而详尽，其意则敦厚而委屈，习而行之，诚可以为孝悌、为忠恕、为善良而有士君子之行矣"[①]。他认为这部家训不仅可以施之于袁采当时任职的乐清一县，而且可以"远诸四海"；不仅可以行之一时，而且可以"垂诸后世""兼善天下"，成为"世之范模"，因而建议更名为《袁氏世范》。

与传统中国由己及人、由近及远、由内及外推及思维逻辑相一致，家训不仅扩展成为族规，而且在官府提携褒奖下进一步推广普及为治理乡民的乡规民约。在中国古代历史上发挥着重要作用的乡规民约，是古代先民为了处理人与人之间的关系，维护民间社会秩序而达成的行为准则。"德业相劝，过失相规，礼俗相交，患难相恤"[②] 是乡规民约的治世理想。乡规民约的制定需要获得民众的广泛参与，有威望的人综合各方的意见，最后以集体的认可推行。乡规民约在民间事务处理中事无巨细，覆盖到民间公共甚至个体生活的方方面面，在一定程度上成为乡村社会的自治法，对于建立在血缘亲缘基础上的家国同构社会来说作用更为明显。"我国聚族而居的传统，往往一村一乡就是一个家族，这样地域关系便转化成了血缘关系，乡约也就有了家范的意义。"[③] 比较而言，乡约是通过民众参与制定、充分表达了各自意见之后施行的，而家训和族规则是自上而下的，偏重于长者对子女的教诫训化。因此，两者在效果上明

[①] 刘镇：《袁氏世范序》，丛书集成初编，中华书局1985年版，第1页。
[②] （宋）吕大钧等：《蓝田吕氏乡约》，光绪甲辰武昌吕氏刊刻，新悔盦校刊本。
[③] 徐梓：《家范志》，上海人民出版社1998年版，第276页。

显不同，乡规民约的逻辑是化民成俗，家训的理念是训导成规；一个靠生活经验达成共识，一个靠家庭情感保障执行；乡约依靠公共监督，家训依靠家长权威；乡约侧重于公共道德的建构，家训侧重于个体德性的培育。两者的结合对民间社会治理发挥着重要作用。较言之，乡约更贴近民间生活，对改善社会道德文化单有成效。明代著名的思想家、文学家王阳明认为："昔人有言，蓬生麻中，不扶而直；白沙在涅，不染而黑。展俗之善恶，岂不由积习使然哉"；"故今特为乡约，以协和尔民。自今凡尔等同约之民，皆宜孝尔父母，敬尔兄长，教训尔子孙，和顺尔乡里。死丧相助，患难相恤，善相劝勉，恶相告诫，息讼罢争，讲信修睦。务为良善之民，共成仁厚之俗"。① 简短数语，道明了乡约"移风易俗"的社会功能，突出了社会道德对个体品质养成的重要作用。家训的内容虽然以规制家庭伦理为主，适于在家庭或家族内部普遍流传，对其成员的人身塑造和家庭伦理的规范起到明显的作用，而且可以推而广之施行于家族之外更大的范围如刘镇认为《袁氏世范》"岂唯可以施之乐清，达诸四海可也；岂唯可以行之一时，垂之后世可也"②。简直是可以放之四海而皆准的"全民公约"了。如果说家训随着分家合居而发展成为族规，是老百姓自发而为的结果，那么将家训推延扩展越出家族范围而成为四海世范和乡规民约，在很大程度上是那些胸怀天下的士大夫们借助于官府力量传布的结果。

二 仪式的演进变化

我国传统人生礼仪仪式覆盖个体从生到死的全过程，类型多样，规矩详尽，成为古代中国源远流长的德行文化。据现有历史文献考证，我国早在 2000 多年前，就有了完备的人生礼仪仪式制度体系，这在世界历史上是罕见的。有学者认为，古代中国德性观念与实践体系的很早成型，与其生存环境和社会生产方式的影响是分不开的。在人生礼仪仪式漫长的传承、发展过程中，人生礼仪仪式逐渐褪去了宗教与迷信色彩，原始的血腥的成分不断被剔除，文明有礼的色彩不断

---

① 牛铭实：《中国历代乡约》，中国社会出版社 2005 年版，第 3 页。
② 刘镇：《袁氏世范序》，丛书集成初编，中华书局 1985 年版，第 1 页。

增加，最终形成了与古代文明中国相符合的儒雅的仪式文化体系。仪式内容与正统思想的融合，与现实生活和人情世界贴近，使得人生礼仪仪式得到了全社会的尊崇，成为个体一生下来就须习得的一般规则。从诞生、成人、婚姻直到丧葬，人生的每个过程都有相应的仪式安排，这样，在个体层面塑造了合乎统治需要的行为模式，在群体层面构建了相对稳定的人文秩序，进而成为代承接续的文化传承机制。达尔文说："人的一切种族都是从一个单一的原始的祖系传下来的。"[①] 英国文化人类学家爱德华·泰勒对人类意识的原始基底和神话起源做了分析。泰勒提出，受万物有灵的影响，世间万物在原始人看来都有人格化的特征，人类早期活动中的"文化中的遗留物"像化石一样残存于人脑之中，"外部事件对于内在心灵的作用，不仅导致事实的陈述，而且导致神话的形成"[②]。不仅是文化人类学家坚信文化遗传，法国文学评论家丹纳对此也非常认同："你们不妨把一些大的民族，从他们出现到现在，逐一考察；它们必有某些本能才具，非革命、衰落、文明所能影响。这些本能与才具是在血里，和血统一同传下来的……在最初的祖先身上显露的心情与精神本质，在最后的子孙身上照样出现。""这便是原始的花岗石，寿命与民族一样长久，那是一个底层，让以后的时代把以后的岩层铺上去。"[③]

传统人生礼仪仪式是在人类的群体生活中自然形成的，在此当中，首先是人类对相比自身强大的自然界的敬畏，对未知领域的恐惧而产生的膜拜和禁忌体系；其次是对共同劳作和生活活动的规定，这其中既有敬畏自然、生命的考量，也有对族群切身利益的维护。后来，随着社会文明进程的加快，逐渐形成了一些井然有序的交往规范。仪式反映了群体成员共同信奉的观念和行为模式，能最大限度地得到群体成员的普遍认同和自觉履行。在自然环境差异较大，社会信息相对闭塞的古代社会，各地的仪式千姿百态。造成这种现象的原因通常有：一是生活环境的差

---

① ［英］达尔文：《人类的由来》，潘光旦等译，商务印书馆1983年版，第274页。
② ［英］泰勒：《原始文化》第2卷，伦敦，1871年版，第404页。
③ ［法］伊波特里·丹纳：《艺术哲学》，人民文学出版社1963年版，第353—356页。

异。不同的生活环境对人的性格、气质和行为会产生影响,人总是为适应环境而生存的。中国传统思想认为,不论是地上的人还是想象中的"天"都具有生命意志,整个宇宙弥漫着万物的生命意志,生命意志是万物与生俱来的特征。《周易》认为宇宙本体的创生力量就是生命意志,生命是自然界大化流行的结果。《坤·彖传》云:"万物资生,乃顺承天。"《易传·系辞上传》亦云:"生生之谓易,成象之谓乾,效法之谓坤。"马克思主义认为,意识是人脑的特殊机能和属性,是人自觉的认识、体验和意志等心理活动的总和。人的意识包括感性的反映形式(感觉、知觉、表象等)和理性的反映形式(概念、判断、推理等),意识是对自身、环境及其相互关系的自觉把握。马克思与恩格斯第一次科学地解决了意识的起源和本质问题。他认为:"物质从自身中发展出了能思维的人脑。"[1]"意识在任何时候都只能是被意识到了的存在,而人们的存在就是他们的实际生活过程。"[2] 意识不仅是自然界长期发展的产物,而且是社会劳动的产物,离开社会,就不可能有作为社会的人的存在,也就不可能有作为社会的人的意识。二是民族的不同,生活习俗和民间信仰的多样。英国著名哲学家约翰·洛克认为,习俗性的社会决定了人的生活方式和道德价值观,建立在社会普遍一致基础上的社会习俗性道德是特定社会的人们根据意见法得出的道德判断和道德知识,国家法律必须稳固地建立在道德规范之上。休谟强调,习俗表现为一种确定性的信念(belief)。他将确定性(certainty)的寻求看作人性中神秘的性质,确定性表现为恒常性和一贯性,最初体现于人类早期信仰(习俗或仪式)之中,信念是人本性的一种感性活动而非认知部分的活动。"由于一些对象和目前印象的习惯性联系,我们不能不再以一种更加强烈更加充分的眼光来看待一些确定的对象。"[3] 我国民族众多,不同民族的传统观念,生活方式差异较大。《礼记·王制》云:"广谷大川异制,民生其间者异俗。刚柔、轻重、迟速异齐,五味异和,器械异制,衣服异宜。修其教,不易其俗。齐其政,不易其宜。"由于各地的气候、物产、民间信仰的不尽相同,在人生

---

[1] 《马克思恩格斯全集》第20卷,人民出版社1971年版,第550页。
[2] 《马克思恩格斯选集》第1卷,人民出版社1995年版,第72页。
[3] [英]休谟:《人性论》,张同铸译,陕西人民出版社2007年版,第85页。

礼仪仪式中的许多具体枝节方面，比如耕作时间、日用器物、服饰打扮、礼拜仪式等就不相同，表现出明显的民族性的特征。但总的趋向是走向文明有序。这也正如马克斯·韦伯的观点，习俗伴随着人类生活的进步而不断地改变自身，习俗本身具有扬弃重生的特征。而且，即便是单个民族仪式的种类也是繁多的，如古有"经礼三百、曲礼三千"之说。虽然仪式规范的复杂繁多，由于其已经渗透到族群文化和行动结构之中，在民众看来，样样都不能缺省。在现实生活中我们也经常会看到，有些民族的信仰者不管生意生活多忙，也要定期定时地做仪式。孔子曰："礼不可不省也，礼不同，不丰，不杀。此之谓也，盖言称也。"[1] 在他看来，人生仪式不容混同，不能随意增加或减少。美国哈佛大学文化人类学教授华琛（James L. Watson）的《中国丧葬仪式的结构》中展示了中华帝国晚期丧葬仪式的一致性结构，认为在这些仪式中，有一个非常重要的准则去判断参与者是不是一个完全的"中国人"，这就是：参与者是否在认可的次序下进行恰当的动作。三是由于个体在不同成长阶段扮演角色的不同，遵行的人生礼仪仪式规范自然也不相同。不同的角色赋予了不同的社会职责，也反映了不同的气质特征，角色转换造成了人生礼仪仪式的多样性。

春秋时期的儒家是传统礼仪文化的倡导者和践行者，对仪式的建制规范发挥了很大作用。儒家礼仪最早产生于对上天的礼敬与对祖宗的膜拜，祭祀是古代中国极为重要的国家大事。《礼记·祭统》曰："国之大事，唯祀与戎。"《周礼·春官·肆师》曰："若国有大故，则令国人祭。"《礼记·祭法》曰："夫圣王之制祭祀也：法施于民，则祀之；以死勤事，则祀之；以劳定国，则祀之；能御大灾，则祀之；能捍大患，则祀之。"周制规定祭祀分为大、中、小三种：对昊天、上帝、先王等的祭祀称大祭；对四望、山川、先公等的祭祀称中祭；对山林、川泽、风师、雨师等的祭祀称小祭。先秦时期的宗庙祭祀活动很多，有"月祭"、"四时之祭"和"殷祭"等。夏、殷两代"四时之祭"的名称是："春曰礿，夏曰禘，秋曰尝，冬曰烝"[2]，周代时"春曰祠，夏曰礿"。唐宋以后，

---

[1] 《礼记·礼器》。
[2] 《礼记·王制》。

祭祖活动通常分为：常祭①、专祭②、特祭③、大祭④等，祭祀仪节亦更趋制度化。"三礼"（《仪礼》《礼记》《周礼》）的出现标志着礼仪的成熟。到了汉武帝时期，儒家思想的垄断地位得以确立，礼仪作为个体道德行为的标准被提高到了前所未有的高度。宋代之后，礼仪与封建伦理道德说教相融合，成为人人不得不遵守甚至是捍卫的礼教。这与传统思想从身心两个方面培育人是分不开的。中国古代思想一开始就从"身心合一"角度考察人的经验。"身"的本义是躯体、形体。《尔雅·释诂下》曰："身，我也。"孔子曰："弗爱不亲；弗敬不正。爱与敬，其政之本与？"⑤只有在爱与敬的基础上，外在的神圣规约对个体而言才是一种理应如此的"道德命令"，进而成为一种超乎个体功利考量的道德情感，并经由惯习的践履成为个体自身的自觉意志。这种意志结构一旦确立，便不再是"他律"的，而像是出自"本心"了，即"自诚明，谓之性"。关于"心"，徐复观的总结较恰当："从心向上推一步即是性；从心向下落一步即是情；情中涵有向外实现的冲动、能力，即是'才'。性、心、情、才都是围绕着心的不同的层次。"⑥

古代中国人生活中仪式繁多，人生主要礼仪有五种，分别是诞生礼（"三朝""满月""百日""周岁"等）、成年礼（也称之为冠礼，是男子跨入成年之时必须施行的加冠礼仪。冠礼源起于氏族社会时期青年男女发育成熟时的成丁礼。西周时期确立了冠礼制度，汉代基本沿袭周制。魏晋时期加冠需要有音乐来伴奏。唐宋元明时期都沿用冠礼仪式，到清代时废止执行）、飨燕礼（飨指的是烹太牢以饮宾客，飨在太庙举行，注重于人们之间的礼仪往来而不看重饮食安排；燕即宴，燕礼通常在寝宫举行，非常注重饮食之礼，此礼中主宾叵以廾怀畅饮）、宾礼（指的是接待客人的礼仪。上大夫相见时要以羔为贽，下大夫相见时要以雁为贽，

---

① 常祭：日常祭祀，每月进行两次，分别在朔日（初一）与望日（十五）。
② 专祭：指对特定的祖宗进行的祭祀，如冬至日祭始祖，高、曾、祖、父忌辰之祭等。
③ 特祭：指遇有亲征、凯旋、婚嫁、诞育等大事而祭祖。
④ 大祭：指一年之中通常要举行的数次规模最大的祭祀，时间多在岁时节令，如旦日、上元、春分、清明、端午、中秋、重阳、秋分、中元、除夕等。
⑤ 《礼记·哀公问》。
⑥ 徐复观：《中国人性论史·先秦篇》，上海三联书店2001年版，第151页。

士相见、宾见主人时要以雉为贽,此礼中馈赠的物品和仪式安排体现了明显的社会等级观念)、傩仪(源于史前社会,商周时非常盛行。周时,原始思维尚未消除,时人认为自然现象与人事吉凶密切相关,四季寒暑变化、自然灾害都是鬼怪作祟,举行傩仪目的是驱邪逐疫。傩仪中有方相氏和十二神兽角色)。

  婚丧嫁娶是中国传统社会生活中的重大事件,古人对婚丧嫁娶的重视从仪式的繁杂细致中可以得到明证。古人对婚姻礼仪非常重视,一般来说从议婚至完婚要经过六个礼节,分别是:纳采、问名、纳吉、纳征、请期、亲迎。《礼记·昏义》:"昏礼者,将合二姓之好,上以事宗庙,而下以继后世也,故君子重之。是以昏礼纳采、问名、纳吉、纳征、请期,皆主人筵几于庙,而拜迎于门外,入,揖让而升,听命于庙,所以敬慎重正昏礼也。""纳采"为六礼之首礼。通常是男方向女方提亲,需要请媒妁前往女方家中表达结亲愿望,得到女方家人同意(有时也要征得女方本人意见)之后,再通过媒妁正式向女方家人提交"采择之礼"。《仪礼·士昏礼》:"昏礼,下达纳采。用雁。"古纳采礼的礼物只用雁。古人认为奠雁礼意思是,男女婚姻就如雁南往北来顺乎阴阳,忠贞专一。"问名"说的是生辰八字的讲究,通常是男方遣媒人到女家询问姓名,取回女方的庚帖之后,请人卜吉合八字。《仪礼·士昏礼》:"宾执雁,请问名;主人许,宾入授。"郑玄注:"问名者,将归卜其吉凶。"贾公彦疏:"问名者,问女之姓氏。""纳吉"指的是男方在问名、合八字之后,请人将卜婚的吉兆告知女方,同时送女方礼品表达订婚的事宜。郑玄注曰:"归卜于庙,得吉兆,复使使者往告,婚姻之事于是定。""纳征"是男方向女方送聘礼。与纳吉行奠雁礼区别的是,行纳征礼不用雁,这也是六礼唯一不用雁的礼仪。《礼记·昏义》孔颖达疏:"纳征者,纳聘财也。征,成也。先纳聘财而后婚成。"《仪礼·士昏礼》:"请期用雁,主人辞,宾许告期,如纳征礼。""亲迎"指的是新郎亲自前往女方家中迎娶新娘的礼仪。《诗经·大雅·大明》:"大邦有子,天之妹,女定厥祥,亲迎于渭。""议婚"指男方从派人到女家提亲,经过换帖、卜吉、合婚、相亲、订婚等全部程序。"问肯"指的是求亲。"合婚"也称为八字相合,古称卜吉。"压庚"又称为压帖,指男方经过对合双方的八字帖之后,男方订制礼盒装入庚帖,在礼盒上放置钗钏和如意派人送往女家。"相亲"也称为相门户,指的是在议婚阶段换过庚帖之后,由媒人安排双方长亲见面商议亲事。"订婚"指的是订立婚约,宣示双方正式定下婚事,订婚时男方持雁礼去女方家商定,婚礼中雁成为男女的信物。"议聘"指的是双方同意结婚时,请媒人往来于男女双方商议聘金和嫁妆的种类、数量等事宜。"下插定"指的是送双方约定婚姻信物的仪式,通常是男方请人将女子插戴的首饰送到女方家中,作为订立婚约信物。"下财礼"指的是男方向女方送财礼。通常是男方奉上聘礼,女方收下之后根据现行的规矩给予一定的回礼。"良辰"指的是商定成婚的具体日期。"随礼"指的是亲友们按照规程拿出钱物,作为贺礼。"三请""三邀"指婚前女家请未成礼的女婿上门宴饮,程序是敬谢、再请、再谢,三请之后,男方方能前赴女方家中,这样表示持重和客套。男方迎娶之时,也要经过三请三邀帖的程序。后世多沿袭周礼,汉平帝元始三年曾命刘歆制定婚仪。东汉至东晋时由于社会动荡仅行拜时(拜公婆)之礼。隋唐时恢复了行亲迎礼。宋代官宦贵族仍依六礼,民间仅行四礼,省去问名和请期。《朱子家礼》中去掉了纳吉,仅规定三礼。明代通行三礼。清代仅重视纳采、亲迎二礼,增加了女家铺房礼,清末后逐渐衰落。古代女子在出嫁前要接受侍奉夫家的教育。《礼记·昏义》:"是以古者妇人先嫁三月,祖庙未毁,教于公宫;祖庙既毁,教于宗室;教以妇德、妇言、妇容、妇功。教成祭之,牲用鱼,芼之以苹藻,所以成妇顺也。"婚礼被看作是人生礼仪的根本。《礼记·昏义》:"昏礼者,礼之本也。夫礼始于冠,本于昏,重于丧祭,尊于朝聘,和于射乡,此礼之大体也。"

丧祭是人生礼仪仪式中最为隆重的场景,。西周时期已经形成了一整套繁杂而严谨的丧礼仪式,《仪礼》《礼记》《周礼》对治丧活动做了详尽的记载。《仪礼·士丧礼》规定的士人丧礼仪式有:始死奠、楔齿、缀足、莫帷堂、使人赴君、哭位、为铭、沐浴、饭含、陈小殓衣、大殓、殡、大殓奠、成服、朝夕哭奠、筮宅兆、视椁、视器、卜葬日、柩车发行、窆柩、祭后土、回灵、初虞、再虞、三虞、行祔祭礼、服丧中的小祥祭、大祥祭、禫祭、除服仪式。《礼记》详细记载了周制丧礼仪式,基本流程可以概述为:人病重即将去世时,家人要将其迁至正寝;初终时,用新棉放在口鼻之上,判断其是否绝气,这称作"属纩";随之登上屋顶为之招魂;人刚死后,用角栖(古礼器,角制,妆如匙)楔入死者齿间,使其张着嘴,以便浴尸后为其"饭含",同时用燕几将脚拘住,此称"缀足";"沐浴"后给尸体穿衣服称为"袭";确认人死亡后,要"立丧主"并派人"讣告"于死者的亲属和朋友;随后得知丧事的前来"吊丧",在外地的亲戚赶回"奔丧";人死后,家人亲戚穿着相应的丧服,此为"成服",随后"治棺"待殓;"小殓"即给死者穿上衣衾,"大殓"就是将尸体入棺;入殓后,停丧待葬称作"殡";此前,还要请巫卜选定墓地和下葬的日期,然后是出殡送葬;下葬后,还要将死者的神主安放在祖庙中相应的位置;此后便是祭礼,主要仪式有三虞、卒哭、祔祭、小祥、大祥、禫祭。

唐代基本沿袭了西周时期的丧葬礼仪,唐《开元礼》的丧礼仪式与三礼基本相同,但不再区分夏祝①和商祝②的职责。据《开元礼》和杜佑《通典》记载,三品以上、四品以下至庶人的丧葬仪式大致是:初终、复、设床、奠、沐浴、袭、饭含、赴阙、吊、铭、重、陈小殓衣、奠、小殓、殓发、奠、陈大殓衣、奠、大殓、奠、庐次、成服、朝夕哭奠、宾吊、亲故哭、朔望殷奠、卜宅兆、卜葬日、启殡、赠谥、亲宾致奠、陈车位、陈器用、进引、引辇、辇在庭位、祖奠、辇出升车、遣奠、遣车、诸孝乘车、宿止、宿处哭位、行次奠、亲宾致赗、茔次、到墓、陈明器、下柩哭、入墓、墓中祭器、掩圹、祭后土、反哭、虞祭、卒哭祭、小祥祭、大祥祭、禫祭、祔庙,等等。唐德宗初年礼仪使颜真卿为代宗丧礼撰写的《元陵仪注》对《开元礼》中所缺皇帝葬礼做了补充:"将复于太极殿内,高品五人皆常服,以大行皇帝衮冕服左荷之,(外)[升]自前东溜,当屋履危,北面西上,三呼而止,以衣投于前;承之以箧,自阼阶入,以覆大行皇帝之上。复者彻殿西北(扉)[扆],降自后西溜。其复衣不以袭殓,浴则去之。既复,乃设御床于殿内楹间,去脚,舒单簟,置枕。迁大行皇帝于床,南首,以衣覆体,去死衣。楔齿用角柶,缀足以燕几,校在南。其殿内东西哭位,嗣皇帝以下舒草荐焉。奠用酒

---

① 夏祝:郑玄注《仪礼》曰:祝习夏礼者也,夏人教以忠,其于养宜。《仪礼·士丧礼》规定职责是:掌淅米、鬻(yù)馀饭、进奠、撤奠。

② 商祝:郑玄注《仪礼》曰:祝习商礼者,商人教之以敬,于接神宜。《仪礼·士丧礼》规定其职责是:掌袭、含、大小殓、拂柩。

脯醢，器用吉器，如常仪。三日释服。节度观察团练使、刺史并斩缞绖杖，诸文武官吏服斩缞，无绖杖。大小祥、释服，并准遗诏。其有敕书，使者宣告如常礼。"

北宋《政和礼》记载的丧礼仪式为：初终、复、易服、讣告、沐浴、饭含、袭、小殓、大殓、成服、朝夕奠、朔望奠、卜宅兆葬日、启殡、朝祖、亲宾奠赗赠[①]、陈器、祖奠、遣奠、在途、及墓、下棺、祭后土、题虞主、反哭、虞祭、卒哭、祔、小祥、大祥、禫祭。北宋司马光的《书仪·丧礼》记载的民间丧礼仪式有：初终、复、易服、讣告、沐浴、小殓、大殓、成服（朝夕奠）、卜宅兆、启殡、朝祖、亲宾奠赗赠、陈器、遣奠、在途、及墓、下棺、祭后土、题虞主、反哭、虞祭、卒哭、小祥、大祥、禫祭。《书仪》不再将饭含、袭、朔望奠、祖奠、祔等丧仪独立列举。《书仪》中的丧祭礼对《朱子家礼》产生了直接影响，但整体还比较推崇古礼，可以说是周制礼书的简明易行本。如时人大多不知卜筮之法，司马光仍仿《仪礼》的规定将其列出。[②]

南宋时，朱熹在《书仪》基础上撰写了《朱子家礼》，在体例上以通礼、冠、婚、丧、祭为主体，在丧祭礼中增加了祠后土仪式、茅沙降神仪式、制练服等。朱熹认为古礼繁缛难行，今时制礼只需"令有节文、制数、等威足矣"。与先秦礼仪书籍"礼不下庶人"的规定不同，《朱子家礼》是一部简明适用的庶民之礼，《朱子家礼》在秉持正统的儒家理念的同时，使礼从主要规范贵族生活走向坊间平民，而且随着《朱子家礼》的普及，民间丧祭文化的儒学色彩将更加浓厚。《朱子家礼》不仅成为元明清时期中国推行儒家礼仪范本，而且对朝鲜和日本也产生了广泛而持久的影响。

明朝以国家礼制的形式正式规定了包括庶人阶层在内的覆盖全民的丧祭礼，开始以国家权力将儒家丧祭精神推行于天下。明朝简化了国家礼典的丧礼内容，按照人的身份的不同将丧礼分为五等，大丧礼规定了皇帝的丧礼仪式，丧礼二规定了皇太后的丧礼仪式，丧礼三规定了皇后

---

① 赗（fù）：吊唁者送给丧家的衣物币帛，总称赗赠。
② 参见（宋）司马光《书仪·丧仪三·卜宅兆葬日》，《景印文渊阁四库全书》142 册，第 500—502 页。

的丧礼仪式，丧礼四规定了品官的丧礼仪式，丧礼五规定了庶人的丧礼仪式。洪武三年（1370年）徐一夔等奉敕纂《大明集礼》规定的品官和庶人丧礼仪式流程基本相同：初终、小殓、大殓、成服、吊奠赗、择地、祭后土、葬、虞、卒哭、祔、小祥、大祥、禫、闻丧、奔丧、改葬。不同之处在于，品官的丧仪中有方相、始死奠、小殓奠、大殓奠、朝夕奠、朔望奠、祖奠、遣奠等，而庶人没有。另外，品官的棺有椁，庶人没有。正德四年（1509年）李东阳等奉敕撰《大明会典》记载的庶人丧礼仪式中未将"闻丧"单列出来。

三 书院的演进与变化

书院始设于唐代，到北宋时期，已经发展成为比较完备的教化体系。江西庐山的白鹿洞书院，河南商丘的应天府书院，湖南衡阳的石鼓书院，长沙的岳麓书院，是北宋著名的四大书院，号称"天下四大书院"。北宋书院的崛起首先赓续了古代中国私人讲学的传统，并把这种"赓续"自然地嫁接在唐、五代新萌芽的民间私立大学——唐、五代的书院上面。在北宋时期，中国南方经济增长迅速，人口数量持续增加，文化氛围逐渐浓厚，出现了一些有影响的文化大师，这时国家的经济文化重心也开始南移。随着书院在南方的兴起，社会影响的扩大，对当地文化教育事业起到了很大的推动作用。周敦颐是当时比较有名的人物，从他创办"歌咏先王之道"的书院开始，北宋书院的发展正式开始与理学结合在一起。作为一个书院（学校）教育家、大思想家，他每到一地为官，都将建书院（或恢复官学）讲学以教化一方、奖掖后学作为自己最重要的使命："可仕可止，古人无所必。束发为学，将有以设施，可泽于斯民者。必不得已，止未晚也。此镰溪者，异日与子相从于其上，歌咏先王之道，足矣。"[1] 周敦颐继承了儒家"中正仁义"价值理念，吸收了佛道二宗的思维方法，创建了较为系统的儒家道德伦理的形而上体系，并结合"宇宙与心性合一"思想提升道德修养，从而促进了书院教育哲学思想的形成。

---

[1]（宋）潘兴俐：《周敦颐墓志铭》，转引自周文英主编《周敦颐全书》，江西教育出版社1993年版，第21页。

南宋是书院发展的极盛时期。因为此时书院数量之多、规模之大、组织之严密和制度之完善都是空前的。据史料统计，南宋共建有书院136所。南宋学者吴泳称，宋初岳麓、石鼓、白鹿洞等书院"皆由上方表赐敕额，盖所以揭圣范崇道规也"。南宋学者王应麟也认为，正是由于宋初诸帝"崇右儒术"，才对书院宠绥有加，"分之官书，命之禄秩，赐之匾榜"①。南宋时期，理宗对书院赐额甚多，关注有加。而这又是与他对于儒学的推崇、认同紧密相关的。据《续资治通鉴》记载，宋理宗对理学所阐扬的修齐治平之学颇感兴趣，认为理学"有补于治道"，他读朱熹《四书集注》等著作，自称"读之不释手，恨不与之同时尔"，仰慕之情跃然可见。

书院在宋开始盛行，自然有其社会、政治、经济、文化的生存原因。汉唐时期，官学始终是儒家正统思想传播的主要教育机构，但已经出现了僵化沦落的态势，办学方法与教授内容也因循守旧，未能与当时的社会需要有效结合起来。而且功利化倾向特别明显，中央官学沉迷于科举，以猎取功名利禄为办学目标；地方州县官学则有过之无不及，"文具胜而利禄之意多，老师宿儒尽向之"。其实不只是官方的推崇，民间普通大众也是极力崇拜的。试想，一考成名可以脱胎换骨，鸡犬升天，这种诱惑力对哪个家庭或个人而言都是难以抗拒的。② 对此，朱熹尖锐地批评道："所谓太学者，但为声利之场，而掌其教事者，不过取其善为科举之文，而尝得隽于场屋者耳。士之有志于义理者，既无所求于学，其奔趋辐辏而来者，不过为解额无耻之滥，舍选之私而已。师生相视，漠然如行路之人。间相与言，亦未尝开之以德行道艺之实。而月书季考者，又只以促其嗜利苟得冒昧之心，殊非国家之所以立学教人之本意也。"③ 官员的大行其道使得学术和教育政治化色彩非常浓厚，偏离了教书育人的宗旨。

当然，也有一些有识之士没有沉湎于这种功利化的教育，而是回归教育本身，注重于学生品德、学识和经国之才的培育。他们以私学书院

---

① （宋）王应麟：《宋朝四书院》，玉海影印文渊阁四库全书本，上海古籍出版社1987年版。

② （宋）陈傅良：《潭州重修岳麓书院记》，《止斋集》卷39，文渊阁四库全书，第1150册，第806页。

③ 转引自白新良《中国古代书院发展史》，天津大学出版社1995年版，第18页。

为场所,提高民间教育水平。"理学集大成者"朱熹说:"郡县之学,官置博士弟子员,皆未尝考其德行道艺之素,其所受授,又皆世俗之书,进取之业,使人见利而不见义,士之有志于为己者,盖羞言之。是以常欲别求燕闲清旷之地,以共讲其所闻。"① 南宋建炎四年(1130年),胡安国在衡山创立碧泉书堂,后又在南岳创建文定书堂。此后其子胡宏扩建碧泉书堂为碧泉书院。乾道元年(1165年),潭州知州兼湖南安抚使刘珙重建岳麓书院。乾道三年(1167年),朱熹与张栻在长沙进行书院会讲,此时书院的社会影响已经很大。淳熙十二年(1185年),石鼓书院筹建,历时两年完成。淳熙六年(1179年),朱熹主持修复白鹿洞书院,并在公元1181年得到了宋孝宗的批准赐书赐额。皇帝御批赐书赐额的新举,意味着书院这种办学模式得到了封建王朝最高统治者的首肯,此后士人投身书院教育的热情开始高涨,书院的办学规模和社会影响进一步扩大。

  旨在"为往圣继绝学"的书院,在官府特别是皇帝的褒奖扶持下得以快速成长,最终走上了与官学教育的结合之路。它一方面推动了教育文化事业的发展,另一方面也自投于科举取士的教育樊篱。由于科举对世人影响非常大,科考得中不论在家庭(家族)还是在地方政府看来都是本家族或本地的荣耀。所以在这种情况下,书院很难摆脱科举的影响,科举的确是当时普通人家光宗耀祖和人生成功的重要标志。曾德昭认为科举高中在穷读书人心目中无比神圣,它会带来前所未有的巨大荣耀及以后的尊贵和利益。"这些人一旦获得学位,变得伟大、尊贵,极受崇敬;同时,我不知道他们怎么会突然富有起来。"反之,"没有权势的人不会得到尊崇、欢呼和接待,不管这是出自热诚,或是阿谀和奉承"。② 而且,国家"科举"取士的政治导向选定模式,也使得书院最终偏离了"传道济民"的办学初衷。从另一个视角来看,科举的确是国家取才、市民阶层向上流动的成功模式,正是如此,一些理学家也不盲目排斥科举,

---

① (宋)朱熹:《衡州石鼓书院记》,《晦庵集》卷79,文渊阁四库全书,第1145册,第650—651页。

② 李双璧:《入仕之途——中外选官制度比较研究》,贵州人民出版社2000年版,第203—204页。

而是自觉不自觉地将书院讲学与人才培养结合起来,并通过书院弥补科举的不足,实现着书院"讲道""传道"的历史责任。据《朱子语类》记载,先生(朱熹)至岳麓书院,抽签子,请两士人讲《大学》,语意皆不分明。先生遽止之,乃谕诸生曰:"前人建书院,本以待四方士友,相与讲学,非止为科举计。某自到官,甚欲与诸公相与讲明。一江之隔,又多不暇,意谓诸公必皆留意。今日所说,反不如州学,又安用此赘疣?若只如此不留心,听其所之,学校本是来者不拒,去者不追,岂有固而留之之理?且学问自是人合理会底事。"① 可见朱子旨趣自在"道问学"之间。

到了元代时,书院已经完全适应了当时的社会现实,逐渐与官学融合。办学的务实性为书院赢得了经费,也使办学者有了一定的社会身份和地位,书院官学化是这一时期主要特征。书院与官府政治的迎合也获得了元朝统治者的保护与扶持,保证了书院的正常运行与发展。另外,元初三四十年间没有进行科举考试,这在客观上也减少了科举功利化的影响。元朝时,书院山长被国家正式列为学官,生徒与官学学生享受同等待遇。1313年,元仁宗下诏恢复科举,并于1315年第一次开科取士,以后三年一次。元代政府重开科举之后,扩大了北方的科举取士名额,并通过建立书院申报制度、山长任免考核制度、书院钱粮控制措施,加强了书院与官学的紧密融合。虽然这一时期的书院已经难以独立于元政府的控制之外,但在文化和心理认同上,宋遗民与元朝新政府之间仍然保持着一定的距离。所以,"遗民兴学造就了元初书院的独立性格"。②

明代是书院发展的转折时期。明初,由于朝廷大办官学,实行八股取士,提倡"治国以教化为先,教化以学校为本",科举考试已经严重危害人的身心健康,加之战火原因许多书院处于荒废或半荒废的状态。有感于当时书院的"落寞",柳诒徵认为:"宋、元之间,书院最盛,至明而浸衰。"③ 后来,朝廷取消设立书院的禁令,重新向书院赐额,

---

① (宋)黎靖德编:《外任·潭州》,《朱子语类》第106卷,中华书局1994年版,第2640页。
② 邓洪波:《中国书院史》,中国出版集团、东方出版中心2006年版,第203页。
③ 柳诒徵:《中国文化史》,吉林人民出版社2013年版,第673页。

复建岳麓书院、白鹿洞书院等著名书院，书院又在各地纷纷兴起。明中后期，王守仁、湛若水之学说使得书院又重新散发出思想的光芒与学术的风采。"国学之制渐坠，科举之弊孔炽，士大夫复倡讲学之法，而书院又因之以兴。"① 书院读书、会讲、论道活动波及全国，云南、甘肃和辽东地区首次出现了书院。据统计，明朝时全国共有书院1962所，数量比其之前历代书院的总和还要多。而且，有的书院还走出国门，移植到朝鲜等地。

清代是书院真正依靠自身自由发展的时期，全国各地书院数量达到了5000多所。在西方文化大举涌入、传统文化备受挤压的形势下，书院的发展也呈现了多元化倾向。清代既有传统书院，也有教会书院、皇家书院、华侨书院。书院的教学内容也不尽相同，有儒学、新学和西学之分。事实上，清代有些书院已经变成了学堂，远离了原有的"传道济民"教学理念。光绪二十七年（1901年），朝廷诏令天下"除京师已设大学堂，应行切实整顿外，着各省所有书院，于省城均改设大学堂，各府及直隶州均改设中学堂，各州县均改设小学堂，并多设蒙养学堂"。②

四　士绅的演进与变化

在古代中国，一个人要成为士绅必须先获得特定的身份。而且，士绅阶层在社会历史的发展过程中身份来源发生了许多变化，根据士绅身份获得的途径的不同，社会科学学者张仲礼先生将士绅（绅士）的身份获得分为"正途"（考试）和"异途"（捐纳）两种。③ 张仲礼的《中国绅士——关于其在十九世纪中国社会中作用的研究》对绅士身份的获得做了详细解释："在整个绅士阶层中，下层绅士所占比例远大于上层绅士，并且上层绅士也来自下层绅士。因此，获得下层绅士的地位是跨越平民百姓与绅士间主要分界线的决定性的一步。"但是，他认为："进入

---

① 陈元晖、尹德新、王炳照编著：《中国古代的书院制度》，上海教育出版社1981年版，第63页。

② 《改书院为学堂上谕》，载陈谷嘉、邓洪波《中国书院史资料》（下册），浙江教育出版社1998年版，第2489页。

③ 张仲礼：《中国绅士——关于其在十九世纪中国社会中作用的研究》，李荣昌译，上海社会科学院出版社1991年版，第4—5页。

下层绅士集团的主要途径是考试和捐纳。其中考试是跻身绅士的更重要的途径。经此途而为绅士的要多于捐纳，由考试而成为'正途'绅士所享有的威望也高于由捐功名而成为'异途'的绅士。"① 周荣德先生、王先明博士也谈到了中国士绅身份获得的途径。周荣德先生也对绅士做了"正统"和"非正统"之分："通过科举成为士绅的人可以称为'正统'部分。但科举的名衔也可以花钱买来，虽然购买科举名衔的人一般也识字，受过一些教育，不过未经考试证实其教育水准，这样成为士绅的人可以被称为'非正统'部分。"② 王先明采用分类列举的方法来划分："近代社会常将'绅界'与官界、学界、商界并称，把它划分为最基本的社会集团。在清末户口统计项目中，绅士也是同官、农、工、商并存的一项。但是，作为一个独特的社会集团，绅士比之其他社会群体，其内部构成则更为复杂一些。检阅近代官私文献资料，我们发现所谓绅士者，大约有以下几类成分：（一）具有生员以上的科举功名者；（二）由捐纳而获得身份者；（三）乡居退职官员；（四）具有军功的退职人员；（五）具有武科功名出身者。"③ 他还强调："显然，以上五种出身并非绅士成分的全部，但它却是基本的构成因素。"

士绅身份的取得，一般要经过特定的选拔程序。根据张仲礼的考察，"取得绅士地位的入门考试称为'童试'意即初等学生的考试，这些学生称为'童生'。通过了童试就是生员，即受过教育的下层绅士，在日常口语中被称为'秀才'"④。"上层绅士由那些学历较深者以及有官职者组成。不过，如前面曾说明过，并不是所有的官吏均来自官学的学生，经捐纳而出身'异途'者或有军功者也可为官。故上层绅士地位的获得，主要通过科举正途的递升，自然也可通过仕宦生涯。"⑤ 王先明对上绅身

---

① 张仲礼：《中国绅士——关于其在十九世纪中国社会中作用的研究》，李荣昌译，上海社会科学院出版社1991年版，第7页。

② 周荣德：《中国社会的阶层与流动——一个社区中士绅身份的研究》，学林出版社2000年版，第3页。

③ 王先明：《近代绅士——一个封建阶层的历史命运》，天津人民出版社1997年版，第8—11页。

④ 张仲礼：《中国绅士——关于其在十九世纪中国社会中作用的研究》，李荣昌译，上海社会科学院出版社1991年版，第7页。

⑤ 同上书，第18页。

份与封建等级身份、士绅集团与知识分子阶层、士绅集团与官僚集团、士绅集团与地主阶级等进行比较分析，指出："绅士也不纯然是一个封建等级，封建等级身份一般具有世袭性……而绅士身份或顶戴事实上只荣其一身而已。"① 他认为："知识分子是指有一定文化知识，并从事脑力劳动的人；而士绅则不同，因为其中捐纳、军功、保举出身者，并不必然具有知识分子的特征。"② 相比较而言，地主阶级的取得途径完全不同，"地主阶级必须通常占有相当数量的土地，并以剥削农民为生……绅士之所以为绅士，并不是由于其必然的占有多少土地，而是由于其具有独特的政治地位和社会地位，而这种地位的获得主要是由于其功名顶戴所致"③。

由此可见，中国古代社会的士绅或绅士除了具备一定的学识外，还拥有一种特殊的身份。他们往往因为有着较高的社会或政治地位，而在广大的中国农村和市民社会中拥有较高的社会威望，对治理社会或保持一方安定、教育和影响一方民众有着十分重要的榜样作用。在中国封建社会，取得一定的"功名"身份，就可以获得不同于庶人的社会地位，事实上，士绅在封建社会尤其是明清时期的社会地位是很高的。士绅在古代中国是有身份的人，在社会事务中享有很多的特权："绅士一般被视为与地方官平起平坐的。""故有人说：绅为一邑之望，士为四民之首。在绅士与州县官吏之间，既不若农工商贾，势分悬殊，不敢往来。"④ 有研究表明，"19世纪中国绅士显然享有一定范围的特权，这使他们不同于社会的其他阶层。所以人人都羡慕和渴求绅士地位"⑤。张仲礼先生还认为士绅的社会地位是有相应的制度保障的，"法律还特别保护绅士免受平民百姓的冒犯，如有冒犯，法律将予以严惩，以保护绅士的社会声望"。⑥ 由于士绅有家庭财富的保障和很好的社会政治关系，所以在地方上具有

---

① 王先明：《近代绅士——一个封建阶层的历史命运》，天津人民出版社1997年版，第13页。
② 同上。
③ 同上书，第16—18页。
④ 张仲礼：《中国绅士——关于其在十九世纪中国社会中作用的研究》，李荣昌译，上海社会科学院出版社1991年版，第30页。
⑤ 同上。
⑥ 同上书，第32页。

较高的政治地位，享有较大的话语权。"士绅的成员可能是学者，也可能是在职或退休的大官。传统士绅的资格是有明确规定的，至少必须是低级科举及第的人才能有进县和省官衙去见官的特权，这就赋予他作为官府与平民中间人的地位和权利。""所以士绅很接近官僚，也就是由于如此接近而使士绅具有特别重要的政治地位。"①

第三节　非正式（教育）制度的德育理念

儒家文化是中国传统文化的主脉，塑造"内圣外王"德性人格是其个体品德培育的理想价值目标。儒学的宗旨，就是以人格修养为首义，所以，大学之道首先在于"明明德"。在这样的理想昭示下，古往今来，一代代中国人就是在人生实践中塑造人格，在塑造人格中探索人生，从而演绎出华夏民族光辉灿烂的历史，也提炼出了内涵丰富而充满活力的人生修养境界——"内圣而外王"。值得指出的是，儒家教育思想和德育伦理不管过去得到过什么样的褒贬评价，但它实际所发挥的作用和影响却经久不衰，有些甚至焕发出历久弥新的普世价值，其内圣而外王的个体品德培育价值目标，曾经激励着一代又一代的中国人怀着"天将降大任于斯人也"的历史使命感，秉持格致诚正和修齐治平的学思治世理路，"苦其心志，劳其筋骨，饿其体肤，空乏其身，行拂乱其所为，所以动心忍性，曾益其所不能"②，而努力成就自己的德行并教化世人。

古代非正式（教育）制度之中包含着丰富的德育理念。这些理念来源于百姓生活，又在生活之中得到了验证，而且在家国一体的模式之下也融进了国家的意志。说到底，个体品德培育的根本目的就是塑造健全的道德人格，使人能够树立正确的抑或当时社会所期许的人生观、世界观和价值观，把握人生的价值与意义。按照传统的教育理论，教育者和受教育者之间思想交流是双向互动的，受教育者既是思想观念的接受者，也是具有自我意识的认知主体。在个体品德培育实践活动中，古代非正

---

① 周荣德：《中国社会的阶层与流动——一个社区中士绅身份的研究》，学林出版社2000年版，第5—6页。

② 《孟子卷十二·告子章句下》。

式（教育）制度完全适合建立在血缘、地缘基础上的宗法社会架构，融合贯通人的生活及其需求的社会情感，将家国情怀自然而然地印记在个体心灵之中，将社会普遍的道德原则和价值规范，经由"学而时习之"的反复道德与生活实践，最终成功地塑造出了个体的理想人格。

个体品德培育是社会普遍的道德规范和价值原则内化为个体道德品质的过程，是一个以精神传播和精神再生产为活动内容的德性人格生成过程。为了实现这一育人目标，中国古代先哲们提出了许多规范人格修养的道德范畴，仅一部《论语》就提出了仁、义、礼、智、信、勇、忠、孝、悌、宽、恕、惠、敏、温、良、恭、敬、谨、让、友、爱、正、聪、勤、俭、节、和、谦、善等道德规范。其中，仁、义、礼、智、信是中华传统美德的核心范畴，是中国人为人处世的基本道德观念，是人们在共同生活中应当遵守的行为准则，也是人们进行物质生产活动和自身生存发展所要遵循的基本道德规范，它正确反映了人类社会发展的客观要求，是人类社会道德关系中极具科学性的优秀遗产。在数千年中华民族的发展史上，仁、义、礼、智、信一以贯之地起着文化规范和精神导向的作用。在德育实践方面，儒家一直把"仁""义""礼""乐"背景下的修身养性作为实现自己价值理想的主要手段。所以《礼记·大学》断言："自天子以至庶人，一是皆以修身为本。"《礼记·学记》析理："古之欲明明德于天下者，先治其国；欲治其国者，先齐其家；欲齐其家者，先修其身。"传统儒家认为，"性"指人性即人的本性或本质，情指人的喜、怒、哀、惧、爱、恶、欲等多种情感，而使个体道德理想不被迷失的根本路径在于修身养性，保持德行和情操。因为人"性相近也，习相远也"[1]，"惟仁者，能好人，能恶人"[2]，故而"君子坦荡荡，小人长戚戚"[3]。孟子提出人天生就有恻隐、羞恶、辞让、是非之心，"养心莫善于寡欲"[4]。他认为德性修养就是要把失去的善良本性找回来。"尽其心者，知其性也。知其性，则知天矣。存其心，养其性，所以事天也。"[5] 老子

---

[1] 《论语·阳货》。
[2] 《论语·里仁》。
[3] 《论语·述而》。
[4] 《孟子·尽心下》。
[5] 杨伯峻：《孟子译注》，中华书局1960年版，第301页。

主张"见素抱朴、少私寡欲"①。庄子把仁义和情欲排除在性之外,主张任其自然就能保持本性,达到"天地与我并生,万物与我为一"的道德境界。因为"彼民有常性,织而衣,耕而食,是谓同德。……同乎无欲,是谓素朴。素朴而民性得矣"②。"且夫得者时也,失者顺也;安时而处顺,哀乐不能入也,此古之所谓悬解也。"③ 朱熹则主张"心统性情",认为"性者心之理,情者心之动,才便是那情之会恁地者"④。王守仁提出,"喜怒哀惧爱恶欲,谓之七情。七者俱是人心合有的,但要认得良知明白。……七情顺其自然之流行,皆是良知之用,不可分别善恶,但不可有所著。七情有著,俱谓之欲,俱为良知之蔽。然才有著时良知亦自会觉,觉即蔽去,复其体矣"⑤。

具体而言,"仁"是中国古代社会一种含义极广的道德范畴,本指人与人之间基于内在的关怀和尊重而相互亲爱。在中华传统美德中,"仁"居于核心地位,是万物共生的根基和包罗万象的"本心之全德"⑥,是"统摄诸德完成人格之名"⑦。"义"与"仁"同为最重要的伦理道德规范,早已以中国古代社会中的主导性价值观念形态,沉积并烙印在了中国人的心灵深处,是千百年来人们应当遵循的最高道德原则和应该依凭的人间正义,成为中国传统社会中具有普遍而崇高意义的价值追求和人间正道。义是由仁派生出来的,把仁的原则从血缘家族中推广到非血缘关系的人群中、推广到社会范围就是义。

中国人向来把"礼"放在十分重要的位置,"礼"的作用在于"经国家,定社稷,序人民,利后嗣者也"⑧。"礼"不仅是中华传统美德之一,更是人们立身处世的行为规范。所以《礼记》明确指出:"凡人之所以为人者,礼义也。礼义之始,在于正容体、齐颜色、顺辞令。容体正、颜色齐、辞令顺,而后礼义备。以正君臣、亲父子、和长幼。君臣止、

---

① 《老子·十九章》。
② 《庄子·马蹄》。
③ 《庄子·大宗师》。
④ 《朱子语类·卷五》。
⑤ 《传习录》。
⑥ 《四书章句集注·孟子卷七·离娄章句上》。
⑦ 蔡元培:《中国伦理学史》,江苏文艺出版社2007年版,第12页。
⑧ 《资治通鉴·卷第一百四十七》。

父子亲、长幼和,而后礼义立。"① 可见,"礼"不仅是中国古代社会的通行道德规范,而且体现着封建社会的政治制度,是维护社会上层建筑以及与之相适应的社会关系的典章制度和礼节仪式,早已深深扎根于中国人的文化血脉之中。

"智"也是最基本的道德规范之一,被视为"君子三达德"(智、仁、勇)之一。由于中国文化是一种道德本位的文化,因此,在以儒家为代表的中国传统文化中,总是把道德智慧看作是高于对一般具体事物的认知能力的"大智"。在中国人眼里,这种"智"不是把握自然科学之知,而是一种人事之智或知人之明,所以,知或认知的任务便是正确认识和处理人与人之间的伦理关系,因而具有鲜明的政治和道德意味,如"智慧""理智""智谋""智育""智能""明智""才智""机智";"知人""知言""知政""知德""知道",等等。"智"的含义,古今基本相同,而且中国人崇智贵德的传统,自古以来始终绵延不绝,不仅得到人们的广泛认同,而且已内化为中华民族的一种基本精神品格。

"信"是中华传统美德中的重要道德规范之一,意为诚实、守信、不虚伪、说到做到。在中国古代社会,"信"既是儒家实现仁道的重要条件,又是其塑造和培养个体道德品质的主要内容与实践方式之一。《春秋左传》有言:"信,国之宝也,民之所庇也。"② 随着社会分化和阶层对立的出现,信逐渐扩展渗透到社会生活的各个领域,特别是春秋战国时代,天下纷争、礼崩乐坏,国家间以及人们之间的诚信不在,导致过去已有的道德水平滑坡,急需讲信修睦,重新整顿社会秩序,所以"信"被统治者广泛采用并社会秩序的重要标志和个体品德的主要标准,从而上升成为一个重要的传统道德规范。

我们之所以关注中国古代社会民间培育个体品德的问题,就在于中国古代乡土社会基于血缘关系而建立的自然组织现实,决定了在古代皇权官府治理之外的广袤农村,众多的非官方正式组织和自发兴盛起来的民间教育与管理制度不仅深刻影响着古代社会的政治、经济和文化特质,在一定意义上还决定着人的成长和人格追求。其中,最初也是最有决定

---

① 《礼记·冠义》。
② 《春秋左氏传·僖公》。

性意义的人格塑形环节，当数家庭教育或家训，与此相适应，家庭美德或家庭道德自然成为万千家庭教育子弟的首选德目。从现实的角度看，传统家庭美德属于家庭道德规范，是人们在家庭生活中调整家庭成员之间关系、处理家庭内部矛盾和问题时所当遵循的道德规范，是个体在家庭生活中应该遵守的基本行为准则。家庭美德一般包括关于家庭的道德观念、道德规范和道德品质。它所能规范和调节的范围涵盖了父子、夫妻、长幼、邻里等亲近人群之间的各类关系，旨在倡导和形成尊老爱幼、夫妻和睦、持家勤俭和邻里团结等居家处世风尚。

具体而言，孝、悌、和、勤、俭是传统家庭美德的主要内容。"百善孝为先"，是说孝敬父母在各种美德中占第一位，也说明孝在中国传统文化中处于核心地位，是中华文明区别于古罗马文明和印度文明的主要人文因素之一。中国最早的一部解释词义的著作《尔雅》给孝下的定义是"善事父母为孝"，汉代贾谊的《新书》界定"子爱利亲谓之孝"，东汉许慎在《说文解字》中的解释是"善事父母者，从老省、从子，子承老也"。曾子曰："孝有三，大孝尊亲，其次弗辱，其下能养。""孝"就是子女对父母及其他长辈的一种敬养善行和美德，是家庭中晚辈在处理与长辈的生养死葬关系时应该具有的基本道德品质和必须遵守的行为规范，当然也是家训教诫和期望子弟具备孝德的主要内容之一。悌是中国古代社会用以规范和调节兄弟长幼关系的伦理道德规范之一，原意系指弟（妹）在家敬爱兄长，顺从兄长。悌通常与"孝"一起并称为"孝悌"，意为善事父母为孝，敬事兄长为悌。《白虎通义》说："兄者，况也；况父法也；弟者，悌也，心顺行笃也。"[1] 儒家非常重视"孝悌"操守，而且将一般家庭中的孝悌之义推及全社会，把它看成是实行"仁"德的前提条件。"于此有人焉，入则孝，出则悌"[2]，"其为人也孝弟，而好犯上者，鲜矣；不好犯上，而好作乱者，未之有也。君子务本，本立而道生。孝弟也者，其为仁之本与！"说明行仁自孝悌始，孝悌，仁之事也；仁，人之性也；人性为本，孝悌为用，故孝悌为行仁之本也。孝悌这一对道德规范的作用范围，在一定意义上虽然可以推广到全社会，但是其最直

---

[1] 《白虎通义·卷七》。
[2] 《孟子卷六·滕文公章句下》。

接有效的规范人群是家庭内部的父子兄弟,自然成为以《颜氏家训》为代表的古代家训所看重并重点加以训诫的。

"和"不仅是中国传统文化的主导性观念之一,而且是中国古代人的心理结构和思维模式。然而,"和"作为传统道德规范的出现,却是身处礼崩乐坏年代里的孔子等先儒,针对政治动荡和社会不安的社会现实,以及人们对政治秩序和社会稳定的渴望而提出的通过教化和合社会矛盾、维护社会稳定的伦理道德规范,显示了东方式的哲学智慧,诚所谓"儒家者流,盖出于司徒之官,助人君顺阴阳、明教化者也"[1]。说明中国古代教化的主要手段和途径之一便是礼乐,礼乐的主要化育功能便是和谐各类关系。"乐者,天地之和也;礼者,天地之序也。和故百物皆化,序故群物皆别。"[2]

勤不仅是中国人在生产劳动中具有的优秀品质和对待劳动的良好态度,也是中华民族的优良传统,所以在世界民族之林中,勤劳一直是中华民族非常突出的外在形象。中国古代有不少家喻户晓的神话传说和寓言故事,都是与勤劳有关的。如神话传说"盘古开天地""女娲炼石补天""精卫填海""夸父逐日",寓言故事"愚公移山""臧和谷亡羊"等,无不从文化传统方面反映了中华民族勤劳的基本道德素质。我国最早的解释性文献《尔雅》及《说文解字》中,对勤字所作的解释都是"勤,劳也",说明"勤"和"劳"两个字在古代意思是基本相通的,勤劳就是指不懒惰。"勤"和"俭"是中华传统家庭美德中最为密切相关的一对道德规范,"勤"着重强调勤奋劳作,而"俭"则着重强调俭朴节约。实际上,一个崇尚勤奋劳作的人,往往会珍惜来之不易的劳动成果,自然崇尚有节制而俭朴的生活方式;反之,一个崇尚节制俭朴生活方式的人,必然深知财货日用来之不易,自然会崇尚勤奋劳作的美德。唐代诗人李绅的诗句"锄禾日当午,汗滴禾下土。谁知盘中餐,粒粒皆辛苦"[3],最能够表达中国古代民众勤劳俭朴的情景和情结。"勤"和"俭"作为影响深远的中华传统家庭美德,为历代家长教诫子孙后代修身做人

---

[1] 《汉书·艺文志》。
[2] 《礼记·乐记》。
[3] 《全唐诗·第四八三卷》。

和持家守业的首选。

汉代大学士贾谊对中国古代道德规范进行了集中和归纳,他通过《新书》提出了近60条修养人格的道术,并予以精辟的阐释:

> 亲爱利子谓之慈,反慈为嚚;子爱利亲谓之孝,反孝为孽。爱利出中谓之忠,反忠为倍。心省恤人谓之惠,反惠为困。兄敬爱弟谓之友,反友为虐。弟敬爱兄谓之悌,反悌为敖。接遇慎容谓之恭,反恭为媟。接遇肃正谓之敬,反敬为嫚。言行抱一谓之贞,反贞为伪。期果言当谓之信,反信为慢。衷理不辟谓之端,反端为跛。据当不倾谓之平,反平为险。行善决衷谓之清,反清为浊。辞利刻谦谓之廉,反廉为贪。兼覆无私谓之公,反公为私。方直不曲谓之正,反正为邪。以人自观谓之度,反度为妄。以己量人谓之恕,反恕为荒。恻隐怜人谓之慈,反慈为忍。厚志隐行谓之洁,反洁为汰。施行得理谓之德,反德为怨。放理洁静谓之行,反行为污。功遂自却谓之退,反退为伐。厚人自薄谓之让,反让为冒。心兼爱人谓之仁,反仁为戾。行充其宜谓之义,反义为憯。刚柔得适谓之和,反和为乖。合得密周谓之调,反调为盩。优贤不逮谓之宽,反宽为阨。包众容易谓之裕,反裕为褊。欣熏可安谓之熅,反熅为鸷。安柔不苛谓之良,反良为啮。缘法循理谓之轨,反轨为易。袭常缘道谓之道,反道为辟。广较自敛谓之俭,反俭为侈。费弗过适谓之节,反节为靡。僶勉就善谓之慎,反慎为怠。思恶勿道谓之戒,反戒为傲。深知祸福谓之知,反知为愚。亟见窕察谓之慧,反慧为童。动有文休谓之礼,反礼为滥。容服有义谓之仪,反仪为诡。行归而过谓之顺,反顺为逆。动静摄次谓之比,反比为错。容志审道谓之偭,反偭为野。辞令就得谓之雅,反雅为陋。论物明辩谓之辩,反辩为讷。纤微皆审谓之察,反察为旄。诚动可畏谓之威,反威为圂。临制不犯谓之严,反严为软。仁义修立谓之任,反任为欺。伏义诚必谓之节,反节为罢。持节不恐谓之勇,反勇为怯。信理遂惔谓之敢,反敢为揜。志操精果谓之诚,反诚为殆。克行遂节谓之必,反必为怛。凡此品也,善之体也,所谓道也。故守道者谓之士,乐道者谓之君子,

知道者谓之明，行道者谓之贤。且明且贤，此谓圣人。①

非正式（教育）制度的德育理念，指向理想的人格境界，正是人格的完善构成了儒家的个体品德培育价值目标，所以，古代个体品德培育就是社会普遍的道德规范内化为个体德性的过程。首先，通过内化道德规范培育个体品德是传统的德育理念。如果说是中国的传统文化造就了中国人的人格，那么，其中起重要作用的无疑是中国的传统教育，对理想人格的培养是传统教育的终极目标。从教育或人文教化的整体来分析，人格的培养首先表现为对一个人文化的"植入"即内化过程，通过教育和灌输等外在的"植入"方式，使社会普遍的传统价值原则和道德规范内化积淀为受教主体的理想人格因子。所以《大学》开篇即说："大学之道，在明明德，在亲民，在止于至善。知止而后有定，定而后能静，静而后能安，安而后能虑，虑而后能得。物有本末，事有终始，知所先后，则近道矣。"②《大学》这一中国传统的育人论学之作，紧紧抓住"明德、亲民、至善"这三大个体品德培育经纬的纲领，告诉人们只要确立至善的理想人格目标，知止为始，能得为终，就能够志有定向而心不妄动，就能够安于问学以得其所善。以此来教育人们存心致知以明其明德，则步入了个体品德培育的正道。这种由外部植入德行的知启其不昧虚灵以明人之所得乎天，使其具众理而应万事者，便是大学施教和植入内化的起始结果，反映着个体品德培育所能达到的发人内省的预期。然而，在以道德教化见长的中国古代个体品德培育体系中，知识和技能的传授其实并不是教育的重点，而始终以明德为本，亲民为末。正如王夫之所言"大学者，自有格、致、诚、正、修、齐、治、平之道，而要所以明其明德。君子之学问，有择善固执、存心致知之道，而要所以求仁。……即以明明德为大学之道，则此虚灵不昧者从何处而施明？"③说明大学初始的重要意义在于通过明德以激发起受教个体自我反身内求的修养功夫，启动其在认识到自己拥有天赋仁心的基础上，坚持修身以自昭明德，开

---

① 《新书卷第八·道术》。
② 《礼记·大学》。
③ 《读四书大全说卷十·孟子·告子上篇》。

始以自觉的修养来提升和完善自己的人格，从而开启其人格修养的自觉。

其次，培育个体品德，依赖于受教主体对道德规范的自我内化。人是社会教化的产物，按照现代思想政治教育学理论，道德教育的内化过程包括主体对社会道德规范和一般价值原则的接受、评价和选择消化三个阶段。[1] 但在中国古代传统儒家的人格修养理念中，个体品德培育所包括的外在教化习染（内化）过程，则主要包括接受传统文化知识即明德与主体内在的存养修身即明其明德两个方面。道理很简单，中国人是在道德文化背景下实施和接受个体品德培育的，社会普遍的价值原则和道德规范不仅是判别德育教材和受教主体决定接受与否的最高标准，也是传统教育的主要内容和一以贯之的个体品德培育目标，说明个体品德培育的重点在于自我内化道德规范的处己修身，齐家、治国、平天下需要修身，格物、致知、正心、诚意，其目的也在修身，说明修身是人格修养的起点，也是齐家、治国、平天下的起点。所以，治心修身、"克己复礼"乃精义入神之事功，它经由诗书礼仪之教习渐染所得、门人小子洒扫进退知其威仪容节之所以然，以及士庶百姓事亲从兄而明了色难等心悟功夫，体悟到提升人格水平务必要诚心实意，着力在修身上下功夫。为此，《礼记》还为世人提供了处己修身之道："天命之谓性，率性之谓道，修道之谓教。道也者，不可须臾离也，可离非道也。"[2] 强调率性修身之本原出于天固不可易，但道的实体却具备于人而不可离，然而存养省察的修道方略又在于缘性而教，只要"人物各循其性之自然，则其日用事物之间，莫不各有当行之路，是则所谓道也。性道虽同，而气禀或

---

[1] 广东商学院的吴琦通过分析个体品德形成的心理机制，提出个体品德是个体对社会道德原则和规范的内化过程中逐步建立起来的对社会规范的自觉遵从态度。它依次经历顺从、同化、内化三个阶段。顺从是指行为主体对别人或团体提出的某种行为的依据或必要性缺乏认识，甚至有抵触的认识和情绪时，出于安全或集体利益的需要仍然遵照执行的一种遵从现象，是被动接受道德规范的初级状态；同化是指思想与行为均对规范的认同，是出于对榜样和社会规范的仰慕与趋同，是自觉地使自己的态度和行为逐渐与他人或团体的态度与行为相趋近的过程；内化是指个体随着对规范认识的概括与系统化，以及对规范体验的逐步累积与深化，最终形成道德信念以作为个体行为的驱动力，是主体从内心深处认同并接受外在的理念，成为自己思想态度与品德体系的一个组成部分，是稳定而自觉的规范行为产生的内因。吴琦：《个体品德形成的心理机制》，《成都大学学报》（社科版）2007年第5期，第11—15页。]

[2] 《礼记·中庸》。

异，故不能无过不及之差，圣人因人物之所当行者而品节之，以为法于天下，则谓之教，若礼、乐、刑、政之属是也"①。一个人只有出于仁爱向善之心，使自己始终模范地遵照礼、乐、刑、政等世俗价值原则的要求学以成人，无论对于培养合乎封建礼制的"小民"，还是向着志士仁人塑造理想人格，都是须臾不可离的。所以孟子曰："仁，人心也；义，人路也。舍其路而弗由，放其心而不知求，哀哉！人有鸡犬放，则知求之；有放心，而不知求。学问之道无他，求其放心而已矣。"② 孟子此意，认为仁、义、礼、智是人所固有的恻隐、善恶、辞让、是非之心，教育只是要正人心，教人存心养性，收其放心而已，诚如此则不违于仁义在其中矣。可见，儒家设计的通过修身处己来提升人格水平的这一个体品德培育计划，依赖于受教主体对道德规范的自我内化，而且修身功夫不同，其人格境界自然各异，因为"道虽近，不行不至；事虽小，不为不成；每自多者，出人不远矣"③。"盖能如是则志气清明，义理昭著，而可以上达。"④ 正是出于对理想人格的执着追求，有了主体对道德规范内在的存养修身功夫，才可能有效提升人格境界。

最后，实现个体品德培育价值目标，关键在于受教主体对道德规范内化与外化的统一。儒家的人格理想在修身成德实践层面上展开，不仅是个体通过接受教育和灌输等熏陶渐染的品德培育内化过程，而且表现为受教个体从内心深处认同这些外在的理念，成为自己稳定而自觉的规范行为产生的外化过程。正如王夫之所言："教者皆性，而性必有教，体用不可得而分也。"⑤ 这一德行显达的人格修养理想经过人的学、问、思、辨等下学修养功夫，最终则显诸仁者而藏乎用者。虽然"下学可以言传，上达必由心悟"，但是作为传统成人德育，它既以格物、致知、正心、诚意去追求仁义为内在的特征，又实然外化为人的道德实践过程，这种"文之以礼乐"、表现在人们遵守各种道德规范的善行，就是大德不逾矩的修身境界。法国伟大的启蒙思想家孟德斯鸠指出："中国人把整个青年

---

① 《四书章句集注·中庸章句》。
② 《孟子卷十一·告子章句上》。
③ 《韩诗外传卷四》。
④ 《四书章句集注·孟子集注卷十一·告子章句上》。
⑤ 《读四书大全说卷三·中庸》。

时代用在学习这种礼教上，并把一生用在实践这种礼教上。"① 由于中国古代的个体品德培育理念总是出于伦理道德的需求，始终以合乎传统价值原则这种主体对客体（包括人、自然、社会等一切认识对象）的主观评价为准绳，以符合并反映礼仪伦常的世俗道德规范来设计理想人格，并始终坚持以此教化人、约束人、评判人和塑造人，最终便将受教主体对道德规范的内化与外化统一了起来。所谓"君臣也，父子也，夫妇也，昆弟也，朋友之交也，五者，天下之达道也。此言身之所行，举凡日用事为，其大经不出乎五者也。孟子称'契为司徒，教以人伦：父子有亲，君臣有义，夫妇有别，长幼有序，朋友有信'，此即中庸所言'修道之谓教'也。在此讲天下之达道，指其实体实事之名；而讲仁义礼智，则是称其纯粹中正之名"②。中国人习惯于以仁、义、礼、智等道德规范去矫正个体品德培育的德行实践，说明人伦日用身之所行始终中正，其视听言动无不合乎社会道德规范，就为人们不断化理想为现实的人格提升提供了可行途径和有效凭据。关于这一点，清代中叶最具个性的儒学大师戴震的论述，其意更加确切：

> 率性之谓道，修身以道，天下之达道五是也。此所谓道不可不修者也，修道以仁及圣人修之以为教是也。其纯粹中正，则所谓立人之道曰仁与义，所谓中节之为达道是也。中节之为达道，纯粹中正，推之天下而准也；君臣、父子、夫妇、昆弟、朋友之交，五者为达道，但举实事而已。智仁勇以行之，而后纯粹中正。然而即谓之达道者，达诸天下而不可废也。③

所以孟子提出："人之所以异于禽兽者几希，庶民去之，君子存之。舜明于庶物，察于人伦，由仁义行，非行仁义也。"④ 说明人们实践和追求理想人格的路径是由本然之仁义行，而非行仁义，因为仁、义、礼、

---

① 黄忠晶：《孟德斯鸠论中国礼教》，《苏州科技学院学报》（社会科学版）2005年第1期，第12—14页。
② 《孟子字义疏证·卷下·道四条》。
③ 《孟子字义疏证·卷下·才三条》。
④ 《孟子卷八·离娄章句下》。

智等道德规范本根于心,培育个体品德有赖于受教主体对道德规范的自我内化,而实现个体品德培育价值目标,关键在于受教主体将道德规范的内化与外化统一起来,实然地表现在其所行皆当然从此出也,而不是仅仅以仁义为美德之外显,而后勉强行之。

  总之,"儒家的价值追求最终指向理想人格境界,正是个体品德培育(人格的完善)构成了儒家最终的价值目标"[①]。一个人只有先接受外在的渐染化育来存养扩充"我固有之"的善端(内化),才能达到圣神功化之极,反求诸身而自得之。为此,儒家提出了众多的价值原则和道德规范,这种原则和规范的德育价值最终落实在了德性人格模范践行道德规范的实践活动(外化)当中,并以其"习成而性与成"的无限活力"继善成性"。内化是外化的前提和基础,而外化是内化的归宿和落脚点,这原本就不可分割的体用合二为一,最终以本然的我转化为理想的我,表征着主体实现了自在而自为的理想人格。

---

① 杨国荣:《善的历程》,华东师范大学出版社2009年版,第7页。

第 三 章

古代家训对个体品德的培育

中国传统文化的育人观，坚信人是一个社会道德的存在体。这种观念反映在教育领域特别是在个体品德培育方面，则展现为首先是社会道德赋序个体特征的存在状态和价值，人先天具有四善端，生命个体必须通过修身学道等途径使诸道德善缘和谐不悖，并且和社会所赋予的个人身份吻合。在完善的人（成人）如何培养方面，中国古代先贤按照东方思维方式智慧地设计规划出了完整的修养路径。欲修其身，也就是希望通过"性"和"心"的统一明心见性，认知人与万物和天地本质和规律，实现性与天道的统一，就必须首先要正心、诚意，因为"自诚明，谓之性；自明诚，谓之教。诚则明矣，明则诚矣。唯天下至诚为能尽其性，能尽其性，则能尽人之性。能尽人之性，则能尽物之性，能尽物之性，则可以赞天地之化育。可以赞天地之化育，则可以与天地参矣"[1]。所以，诚意正心可以使"主体融入客体，或者客体融入主体，坚持根本统一，泯除一切显著差别，从而达到个人与宇宙不二的状态"[2]。这种人生修养境界的表现，就是思想言行无不合乎人的先天具备的道德规定性，是人的主体能动性在道德层面的淋漓发挥，既不过之也无不及，如此视听言动不是出于勉强，而是自然而然，完全符合"中庸"的处世原则。"古之欲明明德于天下者，先治其国；欲治其国者，先齐其家；欲齐其家者，先修其身；欲修其身者，先正其心；欲正其心者，先诚其意；欲诚其意者，先致其知；致知在格物。物格而后知至，知至而后意诚，意诚而后

---

[1] 《礼记·中庸》。
[2] 《金岳霖学术文化随笔》，中国青年出版社2000年版，第13页。

心正，心正而后身修，身修而后家齐，家齐而后国治，国治而后天下平。自天子以至于庶人，壹是皆以修身为本"①。这便是《礼记·大学》为中国人规划的理想人生蓝图，是古圣先贤通过对中国传统人生的思索与总结而得出的个体品德培育金律，是无数先哲自身道德实践的总结和升华，也是中国古代个体成长和修身成德的路径选择。具体而言，修身，就是修身洁行，修德学道，修身养性。由于中国古代社会和家庭完全以道德伦常秩序来维持，所以梁漱溟先生就认为中国古代是"伦理本位、职业殊途"的社会，主要表现就是在客观社会结构与制度设计等方面，一切安排完全受制于亲亲尊尊而产生的五伦秩序，特别是在社会底层，众多不能在政治上自立而成为具有独特个性的个体，他们只能以个人身份反转内心，"养浩然之气"，向上通透而理想成为圣贤人格，从而成为特定伦常领域的单独道德存在。这就要求一个个独立的个体坚持诚意正心，求诸自身，反躬自省，通过不断的自觉向上和道德修行实践，最终成长为一个社会伦常领域所需要和认可的道德存在。因此，中国古代的思想家都非常重视在个体品德培育中实施以修身与教化为主要内容的道德教育。那些通晓儒家思想的传统士大夫们之所以能够在本家族中率先制作家训，教育本族子孙行善、修德、学道，分明是他们深切地认识到家庭教育对个体品德培育不可替代的优势，因而便顺势而为，积极制作家训而治家教子。

中国古代的乡土社会特性，决定了传统家庭是个体品德培育的首所学校。这是因为：第一，传统家庭具备品德培育的天然条件。由于古代中国在相当长一个时期处于自给自足的自然经济社会，交通不便，信息相对封闭，每个村落自成体系，几乎所有的社会个体均被分割和局限在相对狭小的范围和空间内活动。另外，由于古代中国又是典型的伦理型社会，受传统儒学提倡的忠、孝、节、义观念影响，家庭或者说家族实际上成了个体生活和活动的中心，甚至是全部空间和场景。因此，孝敬长上、抚养教育儿女被认为是家庭或家族中第一重要的大事。由此推断，家庭也自然成为个体人生的第一所学校。在中国传统文化中，对人根本性的界定和评价往往与家庭和家族伦理相关联，如孔子孟子表述人之本

---

① 《礼记·大学》。

质特性"仁"时首先指向"爱亲""亲亲""事亲"等,时便说:"爱亲谓之仁。"①"亲亲,仁也;敬长,义也","仁之实,事亲是也"②,"事孰为大,事亲为大"③,"尧舜之仁,不偏爱人,急亲,贤也"④,无不围绕体现这个以家庭为核心的伦理关系而展开大道理的。梁漱溟在《中国文化要义》中讲:"人一生下来,便有与他相关系之人(父母、兄弟等),人生且将始终在与人相关系中而生活(不能离社会),如此则知,人生实存于各种关系之上。此种种关系,即是种种伦理。伦者,伦偶,正指人们彼此之相与。相与之间,关系遂生。家人父子,是其天然基本关系;故伦理首重家庭。父母总是最先有的,再则有兄弟姊妹。既长,则有夫妇,有子女;而宗教戚党亦即由此而生。出来到社会上,于教学则有师徒;于经济则有同伙;于政治则有君臣官民;平素多往返,遇事相扶持,则有乡邻朋友。随一个人年龄和生活之开展,而渐有其四面八方若近若远数不尽的关系。是关系,皆是伦理;伦理始于家庭,而不止于家庭。"⑤由于中国的伦理特征,中国社会尤其重视家庭和家庭教育,所以中国人一生与家庭伦理观念休戚相关,家庭、家庭生活和家庭教育构成社会伦理的前提和基础。

古代家训开启了家庭(家族)对子女进行个体品德的培育的成功范型。个体品德培育是社会普遍的道德规范和价值原则内化为个体道德品质的过程,是一个以精神传播和精神再生产为活动内容的德性人格生成过程。在中国古代的这一道德教育实践过程中,社会正式制度和非正式制度都发挥着重要的作用。其中,作为没有被古代官方正式教育系统纳入,但却对个体品德培育具有直接影响和习染作用的非正式(教育)制度——家训,就是通过家庭教育的理论和实践环节将社会普遍的道德规范和价值原则内化为受教个体的道德品质,亦即将社会普遍的道德要求转化为个体的道德行为习惯,最终成功地塑造出了子女的理想人格。在我国漫长的社会演进中,古代家训历史地发展成

---

① 《论语·学而》。
② 《孟子·离娄上》。
③ 《孟子·万章》。
④ 《孟子·尽心上》。
⑤ 梁漱溟:《中国文化要义》,上海人民出版社2003年版,第94—95页。

了一种文化，它现实地表征着古代家庭德育生活的样貌，"文明古国"和"礼仪之邦"的赞誉不仅是世人对我国历来重视道德教育的最高褒奖，也是家训等传统文化塑造德性人格范导习俗属正世风的显著成效之张扬。弘扬中华传统文化，期冀利于古为今用，在明确中国古代个体品德培育的价值目标及其实现理路的基础上，厘清家训在古代个体品德培育中的作用机理，探究和解析古代家训采取什么样的文化载体、通过哪些途径、凭借何种手段、以什么样的活动方式展开从而有效地培育了个体品德这样一些理论和实践问题，为当今个体道德品质的培育乃至整个公民道德建设提供有益的启示。

第一节 长上日常训诫

古代家族观念的存续方式和生活特性，决定了家庭教育中家长日常训诫的家训教导方式。在中国传统社会，家庭（家族）是人们日常生产与生活的基本组织单位，家庭教育在以塑造人格为主要目标的传统社会对于一个人的成长与前社会化中所起的作用，相较而言比西方国家更为重要，发挥作用的程度也更为深刻。在这一方面，中国传统家庭教育中的家训教育形式表现得尤为重要，家训在古代个体品德形成中发挥的作用更大。在具体的施教过程中，家族首领（家长）的日常训诫在很大程度上成为家庭精神文化的重要生产形式，成为子女个体品德培育的重要施教方式，也是家族（家庭）兴旺发达和文明传承发展的重要保证。长上日常训诫的主要目的，就在于将家训文本和儒家正统思想结合起来，通过建立在情感基础上的家长训导教诫，在事先认可的心理态度中，收获到社会提倡与禁止的行为规范，看到道德评价的参与标准，明白道德底线和社会大义，让子女接受道德规范和为人处世之理。而且，在教导方法上总是能够结合周围熟悉的人或事进行比照和评判（往往是现身说法），通过鲜活的事例和社会评判，使子女明确生活常识和基本的社会道德规范。这种基于日常生活场景中亲情诱导动之以情晓之以理的育人方式，使得家长日常训诫很容易获得道德权威和说服力，加上情感和道理的相互融合，以及家庭有德成员的道德模范行为，使家训这一家庭教育范式具有内在的育人建构能力，并在日常多次的重复与强调之后潜移默化为个体的自觉修为，长期坚持而形成习惯，起到"自古书香传奕叶，果然家训振家仪"的德育作用。长上制作或依据家训治家教子，主要以人格修养的日常教化和道德训诫方式展开。在家庭内部，族长或者家长日常训诫的主要内容，如果从社会学的视角考察，首先第一位的是教会子女明确自己在家庭中的地位和角色，学会参与家庭建设和料理家庭事务；若以人类学的视角考察，恐怕第一要教给子女的是生存本领，也就是男耕女织的基本生存技能；如果以教育学的视角考察，日常训诫的目的主要是如何向善，也就是如何让子女领悟包括家长本人在内的人生；而以思想政治教育学的视角考察，在以道德教育著称的家训文化背景下，肩负着道德教化使命的中国古代家长，在家日常训诫子孙的核心内容，就是儒家正统的道德仁义观念，以及君子人格、"内圣外王"等德行模范。除了道德观念教化，古代家长们的日常训诫更关注子女的德行养成。家庭就是个体行为养成的有利场所，从日常起居，到冠婚丧祭，每个环节的内容都可以具体规定。不承认这一点，显然是不尊重历史事实的。其实，追问家长日常训诫的主要内容，以至对圣贤家训可能异乎寻常的怀疑古已有之，当陈亢问于伯鱼（孔子儿子）"子亦有异闻乎"时，孔子（丘）之子伯鱼对曰："未也。尝独立，鲤趋而过庭。曰：'学诗乎？'对曰：'未也。''不学诗，无以言。'鲤退而学诗。他日又独立，鲤趋而过庭。曰：'学礼乎？'对曰：'未也。''不学礼，无以立。'鲤退而学礼。闻斯二者。"陈亢退而高兴地说："问一得三，闻诗，闻礼，又闻君子之远其子也。"① 这就是著名的"过庭之训"，也称"庭训"。虽然字数寥寥，但分明是切要地道出了家长日常训诫的主旨。自此以往，世人无不认可上述两个方面就是古代家长教育子女的核心内容。因此，从外在的诱导灌输角度入手考察，家训的日常训诫内容可以有三个递进的认识层次和梯度：一是包括《诗经》《尚书》《仪礼》《乐经》《周易》《春秋》等六部儒家经典在内的传统文化知识传授。如中国最早的一部国别史著作《国语》，就记载有楚国申叔时为教育王室公子所开列的教材即包含了这六部古书："教之《春秋》，而为之耸善而抑恶焉，以戒劝其心；教之《世》，而为之昭明德而废幽昏焉，以休惧其动；教之《诗》，而为之导广

---

① 《论语卷八·季氏第十六》。

家庭（家族）长上过庭之训

显德，以耀明其志；教之处，使知上下之则；教之《乐》，以疏其会合而镇其浮；教之《令》，使访物官；教之《语》，使明其德，而知先王之务用明德于民也；教之《故志》，使知废兴而戒惧焉；教之《训典》，使知族类，行比义焉。"[1] 凡此种种，无不包含在中国传统文化的经典领域之内。而《晋书》记载夏侯湛"承门户之业，受过庭之训，是以得接冠带之末，充乎士大夫之列，颇窥《六经》之文，览百家之学"[2]，则显得更加具体。二是立身成人之礼乐道德规范的教习。同西方成人的标准在于培养人的理智德性不同，中国传统的成人标准在于培养人的伦理德性。所以，以家训为主要范式的中国古代家庭教育，父母家长自然把主要的注意力，集中在教诫子孙能够顺应社会既定的道德规范方面，因为只有顺乎外在自然，保证自己的容色言行符合社会道德规范，个体才能被他所处的社会认可和接纳，亦即子女才能成人而处居于人世间。否则"不学礼，无以立"。《后汉书》记载孝明八王之一济北惠王子"丧少长藩国，

---

[1]《国语卷第十七·楚语上》。
[2]《晋书卷五五·列传第二五·夏侯湛》。

内无过庭之训，外无师傅之道，血气方刚，卒受荣爵，几微生过，遂陷不义"①，便是有力的证明。三是以家传为特征的涵盖诗礼教导与一般成人德行传习的综合训导。至此，这样理解和界定传统家长日常训诫的内容，自然更接近历史事实。清代金埴在其所撰《不下带编》中详细记载了"家讓父命"让我们可以由此窥知古代家训丰富与多元，"埴奉庭训最严，恒以为戒。父尝命之曰：'国家取士，经术与时务并重。若袭公本，纵幸获售，而时务茫昧，他日何以仕进？值圣世右文，古学复。明必在今日，汝辈力求深造，切勿步趋时流。'"②家父在庭训中认为大掌握经术是必要的，但立身处世的根本则在于达致不茫昧时务的澄明之境，既能够自觉遵照社会的道德规范行动，又能够将自己一以贯之的道德观念控制在符合社会价值原则的心理倾向之中。这样的施教理念，既显示了家长日常训诫审时度势的理性，又兼顾了子弟长远发展的亲情，因而是行之有效的。

　　长上日常训诫的内容，完全契合中国传统文化的精神。古代家庭教育中的长上日常训诫出于传统、发乎情理，着眼长远、无微不至。加之我国古人特别重视为人处世要慎于言行，儒家经典中有不少这方面的训诫，其中《论语》子曰："时，然后言，人不厌其言。"《孝经》曰："口无择言，身无择行。"《易经》曰："君子言有物而行有恒。"在这方面，生于士人家庭的子弟一般从小就受到了严格的儒学教化，这些教化常常是从日常生活行为规范的培养开始，并由近及远，泽被平民百姓。马援的《诫兄子严、敦书》告诫子侄们要慎于言行，即便是有感而发，也是深受儒家修身为学思想浸染的结果。魏太傅羊祜的《诫子书》对此讲得更为详尽："恭为德首，慎为行基。愿汝等言则忠信，行则笃敬，无口许人以财，无传不经之谈，无听毁誉之语。闻人之过，耳可得受，口不得宜，思而后动。若言行无信，身受大谤，自入刑论，岂复惜汝，耻及祖考。思乃父言，纂乃父教，各讽诵之。"③曹端参照《郑氏规范》所修订的《家规辑要》中有"学礼，凡为人，要识道理，识理法，在家庭事父

---

① 《后汉书卷五〇·列传第四〇》。
② （清）金埴：《不下带编》。
③ 《艺文类聚》卷23。

母,如书院事先生,并要恭敬顺从,遵依教诲,与之言则应,教之事则行,毋得怠惰自任己意"①之说。《乐清县志》还记载了当地乡间有关小孩日常行为规训的"幼仪"。现将部分摘录如下,以为参考:

  洒扫篇:清晨扫堂室,拥帚须敬恭。不恭扬尘埃,长者或被蒙。及及箕自向,袂拘不受风。帚毕还事拭,所敬相始终。琴瑟及书策,移置必从容。既拭即捧复,整顿与故同。念此洒扫微,精义圣学通。胡为自懈怠?乃律童仆供。

  应对篇:父母先生召,有唯无然诺。然诺故无伤,急缓必不铬。下此唯诺兼,所敬皆相若。长者问未及,才言理必错。既及不即答,有隐理必曲。叫应必躁妄,率对必粗俗。言数气必盈,言大容必怍。慎哉应对间,一言殃庆各。

  敬身篇:子初生膝下,父母血气分。身体百骸具,毛发万窍均。乳哺呼吸间,一气通氤氲。尝观毫毛拔,举震吾全身。况乃躯体处,身辱何待云?辱身危父母,所辱还及亲。反面启手足,此训诫可遵。请毋好斗狠,全归是贤人。

  事长篇:兄弟一本根,气同枝相连。天真各呈露,友悌出自然。惟此乡党间,亲束同一原。长者年或倍,父执敬弗缓。或加十年长,兄事应后先。所长四五年,肩随毋比肩。徐行亲逊悌,疾行增罪愆。倘能明此理,无愧彝伦天。②

  天地阴阳化生之人性可教,是长上在家日常训诫的前提和通行理念。古代中国人深信人与人之间"性相近也,习相远也"③。每个人的先天气质之性,虽有美恶不同,但是以人之初始而言,则同一而差距不大,只是在后天不同环境下,习于善则善,习于恶则恶,于是乎性情德行开始渐行渐远。具体到一家之诸多子孙也是一样,人人都有生来向善的道德

---

① (明)曹端:《曹端集》,王秉伦点校,中华书局 2003 年版,第 202 页。
② 《乐清县志》卷 8《诗文》,载赵次诚《幼仪诗并序》,天一阁藏明代方志选刊,上海书店 1964 年影印本。
③ 《论语卷九·阳货第十七》。

品质，只是由于气质的偏蔽，而不能很好地表现出来。日常训诫的成功实践，自然完善着治家教子良方。正是这一朴素理念促使古代无数的家长义无反顾地对子女进行道德的教化和伦常的灌输，成就了许多可歌可泣的家训范例。如西晋元康年间以博学和善言名理著称的孙盛"年老还家，性方严有轨宪，虽子孙斑白，而庭训愈峻"①。其实，古代中国"家学之源澜，庭训之敦实，上启帝聪，下祗流靡，卓然振世，于古未之有也"②的社会现实，反映出古代家长运用日常训诫来培养子孙品德的共识和努力已蔚然成风，也真切描述了中国古代家庭教育得以普遍重视的盛况。如《隋书》记载："皇甫绩字功明，安定朝那人也。祖穆，魏陇东太守。父道，周湖州刺史、雍州都督。绩三岁而孤，为外祖韦孝宽所鞠养。尝与诸外兄博弈，孝宽以其惰业，督以严训，愍绩孤幼，特舍之。绩叹曰：'我无庭训，养于外氏，不能克躬励己，何以成立？'深自感激，命左右自杖三十。孝宽闻而对之流涕。于是精心好学，略涉经史。"③ 相反，对于一家之内日常训诫的失灵，所有的家长曾经都心存疑虑。但是，令几乎所有的家长深信不疑的是，诚能以日常训诫之外在诱导，化子弟个体主动自励自警，不用扬鞭而自奋蹄，则其德业精进自是一日千里。

日常训诫作为家训的常态化范式，早已成为家庭日常生活的一部分。关于家训教诫涉及的范围和运行空间，以训蒙养家糊口的晚清教育家陆以湉，评述张英《聪训斋语》时所说至为精确："读书者不贱，守田者不饥，积德者不倾，择交者不败，四语可括诸家训辞千万言。"④ 如果说古代家庭是培养个体品德和塑造合乎社会规范的理想人格的学校，那么传统家训的内容就不仅仅限于在家诵读诗书和践行礼仪，而是更注重日常生活中的理性和道德能力的培养，注重底层细微道德事务的处理和道德经验的培养，这正是其他任何道德教育所难以达到的。故而家训内容几乎涵盖个体人生必须持守的重大原则和规范，如清朝官吏张治堂作《八

---

① 《晋书卷八二·列传第五二》。
② （明）黄漳浦：《黄漳浦文选》卷4，台湾省文献委员会1994年版，第211页。
③ 《隋书卷三八·列传第三》。
④ （清）陆以湉：《冷庐杂识——清代史料笔记》，中华书局2007年版，第395页。

宜家训》，即教育子弟"持己宜谨、待人宜厚、居家宜俭、处世宜谦、当官宜畏、临民宜敬、御下宜体、用人宜信"①。可见，一家之内除了专门的家训活动和特定的家教仪式集中训诫子弟外②，族内长辈或家长对子孙后代的教育，总是循循善诱，教勉结合，这种随时随地都可能施与的日常训诫，讲治家、谈修身、论学问而亲切朴实，自然成为一个家庭内部日常生活的重要组成部分，意在培育子女的自保意识、进德意识、自立意识、至善观念和修身意识。于是乎，包含着家训的日常生活天然地成为人们最基本的生长和成人环境，长上的日常训诫先天地就是人的最基本的生存训练和道德教育。匈牙利哲学家阿格妮丝·赫勒把"日常生活"界定为"那些同时使社会再生产成为可能的个体再生产要素的集合"③，日常生活不仅是一个人通过接受大量外在诱导元素生产出了个体自身，而且使这种再生产个体的日常生活保障着社会再生产。基于日常生活的家庭训导"教以成人"为社会再生产培养输送了道德合格的个体。家训与人的生活世界密切相关，生活常识中养成的道德观念对个体的影响更为深刻，并且这种影响为人的生存选择奠定了隐蔽的然而却是决定性的认识基础。如清代晚期思想家刘成禺先生通过《世载堂杂忆》笔记的方式，详细介绍清代教育制度和思想时指出："春秋所以重世家，六朝所以重门第，唐宋以来，重家学、家训，不仅教其读书，实教其为人，此洒扫应对进退之外，而教以六艺之遗意也。"④ 一个人之所以能够融入某个社会群体，认同该地的传统风俗，并自觉接受其社会规范的约束而顺利提升自己的人格修养，这完全是日常生活化的家训教育和德行习染的结果。

作为长上日常训诫的有益补充，还有基于亲情不离的基本原则而采取"易子而教"的策略。在古代中国，先民们坚持"父子不责善"的庭

---

① 《榆巢杂识·下卷》。
② 中国古代家庭（家族）一般都非常重视保护本家庭（家族）的利益和追求本家发展，尤其对出仕为官而扬显祖宗的子弟大加褒奖，一家之内若有考取功名或荣膺升迁者，举家欢庆，而这一特殊族内活动，往往成为最有效的家训教诫和激励方式。如清代郭则沄著《红楼真梦》第三十回中，讲到"此时贾兰在京，圣眷甚隆，署刑部不到三个月，便实授吏部侍郎，入直军机赞襄政务。一切亲朋称贺，家庭训勉，无待细述。"便是很好的例证之一。
③ [匈]阿格妮丝·赫勒：《日常生活》，衣俊卿译，重庆出版社1990年版，第3页。
④ （清）刘禺生：《世载堂杂忆》，中华书局1960年版，第1—2页。

训原则，非常理智而有创造性地保持着"君子远其子"的家训传统。对此，颜之推在《颜氏家训·教子篇》中明确指出："盖君子之不亲教其子也，诗有讽刺之辞，礼有嫌疑之诫，书有悖乱之事，春秋有邪僻之讥，易有备物之象：皆非父子之可通言，故不亲授耳。"① 当然，中国古代盛行的"君子之远其子"②，不是片面地专指父母疏远自己的子女或父子不亲授，而是强调以父亲为代表的家长在教育子女时应采取严正的态度，与子女保持礼仪尊严所需的距离，以此保有教化训导的需的代际张力和人格权威。"夫人之所受于天者性也，性之所固有者善也，所以复其善者学也，所以贯其学者礼也，是故圣人之道，一礼而已矣，孟子曰：'契为司徒，教以人伦，父子有亲，君臣有义，夫妇有别，长幼有序，朋友有信'，此五者皆吾性之所固有者也，圣人知其然也，因父子之道，而制为士冠之礼。"③ 传统中国儒家思想认为，在家族之中，人伦为本，要真正实现"父子有亲""有序"，除了保持必备的父子礼制伦序外，还要坚持"父子之间不责善"，所以，孟子在解释"君子之不教子，何也？"这一特殊古代家庭教育现象时说："势不行也。教者必以正，以正不行，继之以怒；继之以怒，则反夷矣。'夫子教我以正，夫子未出于正也'则是父子相夷也。父子相夷，则恶矣。古者易子而教之，父子之间不责善。责善则离，离则不祥莫大焉。"④ 清楚地表明古者易子而教，所以会保全父子之恩，而亦不失其为教。否则，本为爱其子而施教于子，遇子懈怠而继之以怒，则反伤其子，做父亲的既伤其子，子在内心又责其父未必自行正道，如此则是子又伤其父也，父子之间相互苛求曲直对错，则会丧失父子亲情，父子有亲就会变得冷漠无情。由此可见，继承"君了远其了"的家训传统，适当保持父母子女之间不责善的家庭教育关系张力，我们的祖先确实走出了一条成功的家训德育之路，这对于处理今天以独生子女为核心的社会家庭关系问题以及改善加强家庭教育都有重要的启示。

---

① 《颜氏家训卷第一·教子》。
② 《论语卷八·季氏第十六》。
③ 《经学通论·三礼》。
④ 《孟子卷七·离娄章句上》。

第二节　规约普遍范导

　　个体品德的培育过程实质上是社会普遍的价值原则个体化的过程，也就是从一般到个别的过程。这一过程要得到切实实现，一个十分重要的前提就是社会普遍价值原则必须首先具体化、生动化、形象化、民间化和生活化。中国传统社会的价值原则主要以文本的形式存在于儒家的经典之中，儒家经典本身是儒家思想的理论表现形态，具有一定的抽象性。特别自汉代儒学独尊地位确立以后，不仅注疏解说儒学经典的门派林立，而且给儒学加上了神秘的光环，从而阻隔了儒家思想走向民间和个体的道路。正如《颜氏家训》开篇所说："夫圣贤之书，教人诚孝，慎言检迹，立身扬名，亦已备矣。魏、晋已来，所著诸子，理重事复，递相模效，犹屋下架屋，床上施床耳。"就连那些经学博士也终生难以穷通一经，更别说普通凡夫俗子了。这在一定程度上把儒学下移通往普通百姓的传递通道给阻塞了。人类一切活动的任务和最终落脚点在于生活世界，因此个体品德培育必须回归到个体日常的生活世界。

　　生活化家训的道德教育，表现在家训的德育内容确定方面，首先普遍选择的个体品德培育内容往往与受教个体的日常生活实践紧密联系，以保证家训所施为的德育新内容能快速顺利地融通到他们原有的道德认知基础，并通过日复一日的惯常生产和生活，将其所学运用于自己的德行实践。这种看似平淡无奇、日用而不知的潜移默化，恰恰是家训塑造个体德性人格的优势所在。所以，家训之于子弟个体品德培育绝不是不着边际只管说教的假大空，而是切实管用时刻受益的真平实；不是面面俱到的抽象解说，而是经世致用的修养劝勉和人格塑造，而且涉及的教诫内容往往是日常生活中比较普遍或普通的，自然也实现着对个体品德培育基本道德规范的生活化。颜之推将修身处世、图强自立和勤俭持家等传统美德，贯穿于日常生活教诫之中，表明了家庭教育和家训教诫中对道德生活领域的注重。另外，颜氏还将终不忘辨正时俗，教会子弟最起码的做人道理和与人交往的有用常识。《颜氏家训》作为教育子孙的家庭文化主体，集中表现为何以让子女成为受人尊重、为社会所需要人才的希望和规范。

礼对于治家教子而言，其最大也是最突出的作用表现在礼规制着家庭伦序。一个人要做到"父子有亲，君臣有义，夫妇有别，长幼有序，朋友有信"①，关键在于从其出生伊始便始终处居其中的家风影响，以及天然地接受到的家庭伦理范导，"礼义之始，在于正容体、齐颜色、顺辞令，容体正、颜色齐、辞令顺，而后礼义备，以正君臣、亲父子、和长幼，君臣正、父子亲、长幼和，而后礼义立"②。颜之推家训的宗旨，实则是建立一套符合封建礼制、合乎道德生活的家庭道德理论体系。这就需要将礼制文化精神渗透到千家万户的家训之中，使正统的道德理论成为家庭道德生活的实务，成为日用"箕帚匕箸，咳唾唯诺，执烛沃盥"等规矩。而且，除去操作层面的道德礼仪规范，还有道德风尚的培育，让家训和家风共同铸就子孙后代的德性人格。"吾观礼经，圣人之教：箕帚匕箸，咳唾唯诺，执烛沃盥，皆有节文，亦为至矣。但既残缺，非复全书；其有所不载，及世事变改者，学达君子，自为节度，相承行之，故世号士大夫风操。而家门颇有不同，所见互称长短；然其阡陌，亦自可知。昔在江南，目能视而见之，耳能听而闻之；蓬生麻中，不劳翰墨。汝曹生于戎马之间，视听之所不晓，故聊记录，以传示子孙。"③ 颜之推深知，良好家风门风的形成是个体品德培育的重要环境因素，也是最容易被忽视和难以长久维持的生活化教育资源，所以自然成为他制作家训所选。"昔者，周公（姬旦）一沐三握发，一饭三吐餐，以接白屋之士，一日所见者七十余人。晋文公以沐辞竖头须，致有图反之消。门不停宾，古所贵也。失教之家，阍寺无礼，或以主君寝食嗔怒，拒客未通，江南深以为耻。黄门侍郎裴之礼，号善为士大夫，有如此辈，对宾杖之；其门生僮仆，接十他人，折旋俯仰，辞色应对，莫不肃敬，与主无别也。"④ 这样既说理又举例，以很现实的生活化方式教诫子弟建立治家道德秩序，通过培育良好的个体品德培育以维护良好家风门风。又如，颜之推在谈到影响家庭和睦的父母对子女均爱偏颇问题时，就明确指出："人之爱

---

① 《孟子卷五·滕文公章句上》。
② 《礼记·冠义》。
③ 《颜氏家训卷第二·风操》。
④ 同上。

子，罕亦能均；自古及今，此弊多矣。贤俊者自可赏爱，顽鲁者亦当矜怜，有偏宠者，虽欲以厚之，更所以祸之。"①

古代家训本身包含着大量的社会生活常识和基本道德规范，这些基本信条经过长上日常训诫、惯常的诵读规条、家会劝勉等道德教育活动，使个体在这些活动中受到道德品质熏染，无疑是将家训内含的道德规范通透过渡到了那些社会民众。另外，古代家训的续订和修葺既有广泛的参与性，又有严格的规定和程序，包括那些因分家或迁徙而相距遥远的家庭成员在内，每个家庭成员在参加这些程式的过程中，在讨论中体会到家训道德信条的尊严，这种活动的频繁举行往往通过左邻右舍的评判比对而声名远扬，在一定程度上起到了将古代个体品德培育活动民间化的传播作用。族规就是传统家训走向民间的起步环节，能够撰写家训的家庭往往是少数有身份、有地位的人，比如世家、士族等，普通人家很少有制作家训的；比较而言，家族制定家训（族规）的覆盖面就广泛得多，超过了个体经济社会地位。由此看，族规实际就是家训向家族的自然延展，是古代个体品德培育活动走出家门的第一步。为了维护本宗族的社会地位和利益，同姓家族通常一起制定族规，族规相当于古代宗法制度下放大了的家族法规，是用来确定每个家族成员的社会化角色，维护家族血缘关系的尊卑伦序，依靠宗族组织的强制力来约束族内的公约。族规也可以看作是一种家族自治的道德规范，保持聚族而居的习惯，调整着家族与国家、家庭、族人之间的关系，不断明确并巩固着家族宗法结构，不断强化着家族的凝聚力。

乡约即乡规民约，流行于宋明时期，是由乡民自主协商制定出来的自治性规定条约，通过乡民自我约束遵循、相互监督共勉，维持民间社会族群结构和生活秩序。与家训和族规偏重教诫训化本家子弟不同，乡约侧重于全村范围内处理礼俗、教育、安防等问题。乡约的基本思想还是儒家礼教，教育方法"化民成俗"，目标是实现"德业相劝，过失相规，礼俗相交，患难相恤"②的社会理想。可见，乡约是乡民自我约束、自我管理社会事务的体现，因而能够得到人们长期认同，运用于社会生

---

① 《颜氏家训卷第一·教子》。
② （宋）吕大钧等：《蓝田吕氏乡约》，光绪甲辰武昌吕氏刊刻，新梅盦校刊本。

产生活实践，并对乡村成员及后代起到约束作用。一般而言，乡约比法律更符合当地的风俗习惯、更得民心，在维护公序良俗的同时，也起到了培育个体品德的作用。王阳明指出："昔人有言，蓬生麻中，不扶而直；白沙在泥，不染而黑。展俗之善恶，岂不由积习使然哉"；"故今特为乡约，以协和尔民。自今凡尔等同约之民，皆宜孝尔父母，敬尔兄长，教训尔子孙，和顺尔乡里。死丧相助，患难相恤，善相劝勉，恶相告诫，息讼罢争，讲信修睦。务为良善之民，共成仁厚之俗"①。这段话印证了乡约"移风易俗"的社会功能，并通过民风改善，影响个体品德形成的环境，人的内在感悟与环境塑造人的功效，在乡约文化中得到了很好的体现，创造了良好的个体品德培育模式。在中国家国同构政治和社会条件下，村落是建立在血缘、亲缘、地缘之上的紧密型社会群体，有的村甚至是同姓家族，这样，乡约和家训精神基本相通，倡导的理念和教育方法也基本相同，倡导移风易俗和讲信修睦，在此等情况下可以称之为训家。

无论一家之训，一族之规还是一乡之约，都是民间社会自我治理的非正式（教育）制度，以家庭为核心平台并向族群、社区延伸围绕个体道德培育形成文化自觉与自信。规训的遵循的价值准则，还是儒家倡导的仁义礼智信和温良恭俭让。民无信不应，家训、族规乡约也以信为本，要求个体成员在言行方面要信守诺言，做到践诺履约。一是要清醒地认识到，人不可轻易许诺；二是既然允诺，那么一定做到君子一言，驷马难追，践诺履约，成事以信。关于言行一致、说到做到的信义论辩，在《论语》中记述的孔子与其弟子子贡的问答可见一斑。子贡问曰："何如斯可谓之士矣？"子曰："行己有耻，使于四方，不辱君命，可谓士矣。"曰："敢问其次。"曰："宗族称孝焉，乡党称弟焉。"曰："敢问其次。"曰："言必信，行必果，硁硁然小人哉！抑亦可以为次矣。"曰："今之从政者何如？"子曰："噫！斗筲之人，何足算也。"② 在这里，"行己有耻""宗族称孝""乡党称悌"以及"言必信，行必果"都是"士"人的德行标准。尤其对其中最后一类人，孔子虽称许其为"士"，但对其生硬机械

---

① 牛铭实：《中国历代乡约》，中国社会出版社2005年版，第3页。
② 《论语卷七·子路第十三》。

地遵从"言必信，行必果"的"士"以小人嗤之，所以"子张问崇德、辨惑。子曰：'主忠信，徙义，崇德也。'"① 王夫之注释曰："忠信以为主，无夸弘也；徙义则日新无固信也。"② 可见，在孔子眼里，"信"虽然是一种承诺，理当一诺千金，因为孔子把"信"作为人的最基本道德素质。

个体道德培育的修身养性为第一要务，家庭教育的目标远比"内圣外王"切近生活，许多家训都以远耻避祸为宗旨，教育后人在恭敬上下功夫。在这个问题上，历史上有一段精彩的对话。哀公问孔子"何谓敬身？"孔子对曰："君子过言，则民作辞；过动，则民作则。君子言不过辞，动不过则，百姓不命而敬恭。如是，则能敬其身。"③ 君子也不仅恭敬身而且恭可远耻。《礼记·表记》："君子慎以辟祸，笃以不揜，恭以远耻。"一个人如果为人处世、待人接物容貌笃恭，用心虔敬，就可以远离愧耻。当万章问"交际何心也"于孟子时，孟子也回答："恭也。"朱熹注曰："交际，谓人以礼仪币帛相交接也。"受与却之不受均请无以辞为之，要以心为之。"故礼恭然后可与言道之方，辞顺然后可与言道之理，色从然后可与言道之极。故未可与言而言，谓之瞽，可与言而不与言，谓之隐，君子不瞽，言谨其序。"④ 中国古代的传统礼仪非常完备，对人生的各类事项均做出了十分严格而具体的规定，只要遵从规范就事事无耻辱之虞。其次，君子居处恭。按照中国古代传统礼仪文化，人们在日常生活中的举手投足、视听言行都必须符合礼仪要求，家训易对这些礼仪的日常化、生活化和世俗化。"君子之容舒迟，见所尊者齐遬。足容重，手容恭，目容端，口容止，声容静，头容直，气容肃，立容德，色容庄，坐如尸，燕居告温温"⑤。严格遵守道德礼仪规范，便是君子起居之仪。所以"子之燕居，申申如也，夭夭如也。孔子闲暇无事之时，其容舒也，其色愉也。……惟圣人便自有中和之气。"⑥ "子温而厉，威而不

---

① 《论语卷六·颜渊第十二》。
② 《读四书大全说卷七·论语·季氏篇》。
③ 《大戴礼记·哀公问于孔子第四十一》。
④ 《韩诗外传·卷四》。
⑤ 《礼记·玉藻》。
⑥ 《四书章句集注·论语集注卷四·述而第七》。

猛，恭而安。"① 当"樊迟问仁。子曰：'居处恭，执事敬，与人忠。虽之夷狄，不可弃也。'"② 君子起居恭主容，敬主事。恭见于外，敬主乎中。故"儒有居处齐难，其坐起恭敬，言必先信，行必中正"③。在中国古代，为了旌表典型，劝化民风，最高统治者皇帝还将有德之人册封为恭人，或对已故有德之人封以恭人谥号，从而树立成为道德楷模，以教化民众修己立身。"温温恭人，如集于木；惴惴小心，如临于谷；战战兢兢，如履薄冰。"④ 作为恭人的道德楷模，其对于道德修养和处世为人的要求是非常高的。所以子曰："恭近礼，俭近仁，信近情。敬让以行，此虽有过，其不甚矣。夫恭寡过，情可信，俭易容也。以此失之者，不亦鲜乎！诗曰：温温恭人，惟德之基。"⑤ 恭不仅是道德之基，而且是获得他人支持与信任的前提。孔子的学生子贡道出了子禽所问的答案："夫子至于是邦也，必闻其政，求之与？抑与之与？"子贡曰："夫子温、良、恭、俭、让以得之。"⑥ 为什么能够这样？"言夫子未尝求之，但其德容如是，故时君敬信，自以其政就而问之耳，非若他人必求之而后得也。"⑦ 当然，君子待人接物的态度谦恭是其内在德性的自然外露，绝不是矫揉造作，君子"知足以利之，可谓贤矣；贤而勿伐，可谓恭矣"⑧。否则便如孟子所言："恭者不侮人，俭者不夺人。侮夺人之君，惟恐不顺焉，恶得为恭俭？恭俭岂可以声音笑貌为哉？"⑨ 可见，一个人要持守恭德，必须时时通过反观自己而德性自证，做到表里如一，弃绝口是心非。只要能够真正从真诚出发，诚意正心，拒斥异化和虚伪，并加以解蔽、去私，就一定能够在心口如一、言行一致的活动中自证自己德性的真诚与坚定。

---

① 《论语卷四·述而第七》。
② 《论语卷七·子路第十三》。
③ 《礼记·儒行》。
④ 《毛诗·小雅》。
⑤ 《礼记·表记》。
⑥ 《论语卷一·学而第一》。
⑦ 《四书章句集注论语集注卷一·学而第一》。
⑧ 《礼记·祭统》。
⑨ 《孟子卷七·离娄章句上》。

第三节　家风熏陶化育

家风也称为门风，指一个家庭或家族的传统风尚。《辞海》将家风解释为："犹门风。指一家的传统习惯、生活作风等。家风，是一个家庭精神面貌的主基调，也是家庭成员品格、道德情操、文化素养、人际关系的对外展现。"家风涵盖了整个家庭成员的生活习惯、思维方式及言行表现，是外界观照家庭的一面镜子。司马光《训俭示康》："习其家风。"陈少平《题载敬堂》："邻德里仁，克绍箕裘世泽；笔耕砚拓，长传诗礼家风。"北周庾信《哀江南赋》序："潘岳之文采，始述家风；陆机之辞赋，先陈世德。"辛弃疾《水调歌头·题永丰杨少游提点一枝堂》词："一葛一裘经岁，一钵一瓶终日，老子旧家风。"元代乔吉《两世姻缘》第一折："是学的击玉敲金三百段，常则是撩云拨雨二十年，这家风愿天下有眼的休教见。"清代袁枚《随园诗话补遗》卷六："惺斋乃诗人榴园（汝霖）司马之子，落笔绰有家风。"巴金《家》二三："让这个女人住在客厅里，不仅侮辱了这个尊严的地方，而且会在公馆里散布淫乱的毒气，败坏高家的家风。"

在中国传统社会中，家风对于一个家庭或家族的繁盛与发展，意义十分重大。家风看似无形的、虚无的，但却是发生实质影响的。家风的熏陶影响着子女最初确立的观念和行为模式，是孩子道德情操的天然"熔炉"。家风是一种耳濡目染、潜移默化的教育形式，能够塑造个体行为观念于无形之中。家风好，在外就是口碑好，对内则是有利于正人心，培养慈孝观念，协调婆媳妯娌关系，教导子女成才；家风不好，人人避之不及，家庭没有社会认可度，对内则不能改善家庭关系，甚至误导子女。家风之于子女，家庭是圃，子女是苗，家风如雨，化育无声，苗受德育滋养而健康成长；家风之于家庭，名望所系，治家依凭，父慈子孝，兄友弟悌，家和而万事兴；家风之于家族，规范伦序，整齐门内，德业相劝，和睦族众而家族兴旺。门风不仅影响着一个家庭能否教育出担当大任的英才，而且还决定着一个家庭子孙后代的贤与不肖。家风是家庭在处理家务和社会事务中形成的一种整体风格，由家庭成员的道德品行和处事方式长期积淀而成。良好的家风是优良品质在家庭中的积淀和传承，是家庭留给每个成员的宝贵精神财富。良好的行为习惯和道德操守能够形成好的家风；反之，不良的作风和习气就会产生不良的家风。在家风的形成中，长辈的道德观念和言谈举止起到了决定性作用，好的家风会形成好的思维定势和行为习惯，就会有助于子女养成健康的道德人格。在未成年人道德心理和观念的形成过程中，家风作为耳濡目染的环境氛围具有基础性作用，而且是影响至为深远的。黑格尔将习惯称之为人的第二自然，足见小时习得的观念行为对人的影响之大。黑格尔认为习惯是"灵魂的一种直接的存在"。他说："一个人做了这样或那样一件合乎伦理的事，还不能说他是有德的；只有当这种行为方式成为他性格中的固定要素时，他才可以说是有德的。"①

弘扬家风公益广告：忠厚传家久，诗书继世长

习惯指由于反复实践而逐步养成的，并根植于心理之中自然而然的稳定的行为模式。《辞海》中"习惯"的解释是："由于重复或多次练习而巩固下来的并变成需要的行动方式。"家庭是习惯养成的第一站，家风是习惯养成的原动力。《大戴礼记·保傅》："少成若性，习贯之为常。"汉应劭《〈风俗通〉序》："俗间行语，众所共传，积非习贯，莫能原

---

① ［德］黑格尔：《历史哲学》，王造时译，生活·读书·新知三联书店1956年版，第170页。

察。"荀子说："注错习俗，所以化性也；并一而不二，所以成积也。习俗移志，安久移质。"①《乐论》："造始之教谓之风，习而行之谓之俗。"李果《风俗通义题解》："上行下效谓之风，众心安定谓之俗。"班固《汉书·贾谊传》："少成若天性，习惯如自然。"习俗习惯对个体行动结构建构和德性培养的作用历来得到人们的认同。亚里士多德认为人生而具有的某些自然素质，随着训练的持续就会形成某种习性或行为。他将人的德性分为理智德性与伦理德性："理性活动上的德性，即理智德性，可以由教导生成；欲望活动上的德性，即伦理德性，则需要通过习惯来养成。"②在他看来，"伦理德性是行动的，一个人知道什么是德性不等于就具有德性。一个人也不是先成为有德性的人再去做有德性的事。相反，一个人是通过做正义的事而成为正义的人的，通过做节制的事而成为有节制的人的，通过做勇敢的事而成为勇敢的人的。如果不做，一个人就永远不可能成为好人"③。古罗马奥维德《爱的艺术》说："什么也比不上习惯那么有力。"古罗马西塞罗《论目的》说："习惯是一种第二天性。"弗兰西斯·培根《人生论》说："习惯真是一种顽强而巨大的力量，它可以主宰人生。"他认为："人的思考取决于动机，语言取决于学问和知识，而他们的行动，则多半取决于习惯。"④"一切天性与诺言都不如习惯更有力"，习惯应该从小培养，好的习惯能产生良好有德的行为。马基雅维利认为："习惯能加强诺言和天性的力量。"费尔巴哈说："习惯——这是德行的秘密。"

中国古人十分重视家风传承，名门望族和世家大族更是这样。钱穆先生在论及南北朝的世家大族时说："当时门第传统的共同理想，所期望于门第中人，上自贤父兄，下至佳子弟，不外两大要目：一则希望其能有孝友之内行，一则希望其能有经籍文史学业之修养。前一项之表现，则成为家风；后一项之表现，则成为家学。"⑤家风和家学通过言语文字

---

① 《荀子·荣辱》。
② 转引自宋希仁《西方伦理思想史》，中国人民大学出版社 2004 年版，第 61 页。
③ 同上。
④ [英] 弗兰西斯·培根：《培根随笔选》，生活·读书·新知三联书店 1983 年版，第 63 页。
⑤ 转引自李必友《魏晋南北朝家族教育的特点》，《安徽师范大学学报》1999 年第 5 期。

固化为家庭对个体的劝谕要求，就是家训。另一方面，家训一脉相承世代相传并能实现并能实现教化培育功能则会彰显为家风，积淀为家学。家风正则会得到人们的颂扬，家风不正则会遭世人鄙薄，这在当时的正史中比比皆是。正如颜之推在《颜氏家训》开篇序致所言："吾家风教，素为整密。昔在龆龀，便蒙诱诲；每从两兄，晓夕温清。规行矩步，安辞定色，锵锵翼翼，若朝严君焉。"① 颜氏提出了"整齐门风提撕子孙"：

> 夫圣贤之书，教人诚孝，慎言检迹，立身扬名，亦已备矣。魏、晋已来，所著诸子，理重事复，递相模敩，犹屋下架屋，床上施床耳。吾今所以复为此者，非敢轨物范世也，业以整齐门内，提撕子孙。夫同言而信，信其所亲；同命而行，行其所服。禁童子之暴谑，则师友之诫，不如傅婢之指挥；止凡人之斗阋，则尧舜之道，不如寡妻之诲谕。吾望此书为汝曹之所信，犹贤于傅婢寡妻耳。

2008 年，颜氏后裔通过考证与梳理家族发展历史而将颜氏家族称为德艺世家，② 这与颜氏家族历来坚持儒学传家、忠孝治家、勤俭持家、才艺兴家的家风密不可分，而颜氏家族从颜含制作《靖侯成规》到颜延之为《庭诰》之文，从颜之推撰写《颜氏家训》专书到颜光敏作《颜氏家诫》，其家训教育思想和家庭教育家风累世相传，一脉相承，自成一系，对家族的发展和人才辈出起了不可估量的作用，③ 也成为社会其他家庭效仿的典范。如清代政治家、思想家和家教名人曾国藩就以颜氏家风为例教诫子侄："王安国三代皆好学深思，有汉书氏、唐颜氏之风。余自憾学问无成，有愧王文肃公远甚，而望尔辈为怀祖先生，为伯申氏，则梦寐之际，未尝须臾忘也。"④

司马光一生为官，虽然位高权重，但严于教子，注重培养子女自律自立意识。在那篇传诵至今的《训俭示康》中，司马光总结了历史上许

---

① 《颜氏家训卷第一·序致第一》。
② 颜景刚主编：《德艺世家》，人民日报出版社 2008 年版，第 3 页。
③ 《王利器颜氏家训》（集解），上海古籍出版社 1980 年版，第 23 页。
④ 《曾国藩文集·家教篇·儿为通学之辈乃余之夙愿》。

多达官显贵的后代，因受祖上荫庇不能自强自立而颓废没落的教训，告诫其子："有德者皆由俭来也。""俭以立名，侈以自败。"由于教子有方，司马光之子，个个谦恭有礼，不仗父势，不恃家富，事业有成。以至当世人有"途之人见容止，虽不识皆知司马氏子也"的说法。

曾国藩严谨的家风，既为时人和后人推崇，也为乡亲和学人称道。曾家祖祖辈辈都是勤劳节俭、忠厚善良的农民，曾国藩从小受家庭影响，半耕半读，发奋苦学成才，后因战功卓著封侯拜相官至极品，四个弟弟曾国潢、曾国华、曾国荃、曾国葆也都受封，同做高官，满门荣光，盛极一时。但曾国藩却时时处处谦虚谨慎，再三告诫子孙后代必须"半耕半读，勤俭持家，以继承祖先的优良传统"。要他们亲自参加打草、捡柴、拾粪、插禾、锄地、收割等农事劳动，不许仗势欺人，不许使婢差奴。曾国藩很推崇祖父遗下的"治家八字诀"："书蔬鱼猪，早扫考宝（读书、种菜、养鱼、喂猪、早起、扫屋、祭祖、睦邻等八件事情）。"曾国藩将自己的住宅取名为"八本堂"。八本讲的是："读书以训诂为本，诗文以声调为本，事亲以得欢心为本，养生以少恼怒为本，立身以不妄语为本，居家以不晏起为本，居官以不要钱为本，行军以不扰民为本。"曾氏祖传家规家风还有三不信、三致祥，以及"勤俭孝友"四字要诀。三不信指"不信僧巫（和尚师公），不信地仙（风水先生），不信医药（凡药三分毒）"；三致祥指孝致祥、和致祥、恕致祥；"勤俭孝友"指："勤劳俭朴持家，孝敬父母长辈，友好兄弟姐妹，团结左右邻居。"

曾文正公一生著作颇丰，湖南岳麓书社出版的《曾国藩全集》共有30卷，数百万字之多。然而，唯独《曾国藩家书》最为著名，广泛流传海内外。近代以来，无论书香官宦，还是贩夫走卒，凡略通文字之家，皆备有曾氏家书家训，以教育子孙后辈奋发上进，有所作为。曾氏家书家训有许多深刻而独到的见解。曾国藩于同治二年（1863年）给曾国荃的信中写道："余蒙先人余荫而居高位，与诸弟及子侄谆谆慎守者但有二语，曰：有福不可享尽，有势不可使尽。……由俭入奢易于下水，由奢返俭难于上天。欲得家运绵长，第一要禁止奢侈享用。"曾国藩对家族兴衰时刻保持着清醒的头脑。他于咸丰十年（1860年）九月写信给曾国荃说:"傲为凶德,惰为衰气,二者皆败家之道。……天下古今之才人,皆以一傲字致败;天下古今之庸人,皆以一惰字致败。盛时常作衰时想,上场当念下场时。富贵人家,不可不牢记此二语也。"从古到今,骄傲专横者总是好景不长,且常常导致众叛亲离、身败名裂的下场;懒惰则会出现衰败颓丧的气象以至不可收拾,必须始终高度警惕。接着他又指出:"居家四败:妇女奢淫者败,子弟骄怠者败,兄弟不和者败,侮师慢客者败。一家能勤能敬,虽乱世亦有兴旺气象;一身能勤能敬,虽愚人亦有贤智风味。"曾国藩的日常饮食,仅以一荤为主,除非有客人到,不增一荤,时人称之为"一品宰相"。其穿戴更为简单,一件青缎马褂一穿就是30年。曾国藩出将入相,每天日理万机,自晨至晚,勤奋工作,从不懈怠。主要公文,均自批自拟,很少假手他人。晚年右目失明,仍然天天坚持如初。他所写日记,直到临死之前一日才停止。其妻子女儿,跟他同住江宁(今南京)两江总督府。他规定她们白天下厨做饭菜,夜晚纺纱织麻到午夜,经年如此,从未间断。

家庭教育讲求言传身教,身教重于言教,家风熏陶在其中发挥着导向作用。家风是家庭成员在长期的共同生活中形成的较为稳固的价值趋向、生活方式的总称。家风具有代际传导效应,对家庭产生长远影响。继承性是家庭教育的鲜明特点,它可以跨越时代绵延不息,这里面不仅有传统文化的作用,也有习惯成自然的功效。中国古代的"家训"源远流长,具有很强的生命力,也受到国外的学者广泛重视和关注。家训主要教导子女"处世"和"持家"的道理,培养子女养成良好的行为习惯,这在个体成为特定的主体的过程中具有基础性的作用。

总之,家庭(家族)既是个体情感的开端,也是集体情感和神圣感产生的渊源。家庭脱胎于原始部族、族群和原始部落,家庭和家族观念必然带有原始的集体血缘特质。家族部落之间亲密和睦了,各诸侯国之间自然就可以协调和顺。《尚书·尧典》:"克明俊德,以亲九族。九族既睦,平章百姓。百姓昭明,协和万邦。"法国社会学家、人类学家爱弥尔·涂尔干认为,每个个体和部族都拥有护佑自身生存的祖先崇拜或者图腾,这些图腾意象关联着个体或者部落的内心生活,决定影响着个人存在的命运,构成了个体道德良知的神圣先在。此外,社会关系的形式经过不断的凝聚和脱俗,或者说是给宗教观念世界注入了新的元素,即个体之间相互作用形成的特殊情感内容，并将之转换到个体与某种超验观念的关系当中就会发展成为一种宗教观念世界。这样一来，社会情感与内在道德良知在特殊的情境之下就能够激发出尊崇的集体情感，这种情感是热情、温暖，是生命，是全部精神生活的迸发，具有了某种神圣感，使得个体从凡俗的感触中超脱出来。而构成这些情感的，正是社会的作用在人们内心中所引起的慰藉和依赖的印象。也就是说，某种事物之所以神圣并非以其任何天然属性为基础的，而是由情感为主的知觉及其附着的外界因素构成的。正如 Jack C. Lyons 所言："一个知觉的对象必定有其内涵从而使之能够成为信仰的自证。"[1] "我们信仰某人，虽然有悖于一切理性论证，而且种种现象看上去又是如此矛盾，可我们仍然矢志不移。"[2] 原因主要是这种信仰本身包含着容忍和爱戴的情愫在其中。传统中国古代家庭（家族）非常重视子孙后辈的道德伦常教育，其中既有理筹的责任担当也有深厚的感情乃至信仰。"蒙以养正，圣功也"[3]。认为"子孙逸居而无教，恐将同于禽兽"，"端蒙养"是"家庭第一关系事"[4]。在传统儒家看来，对家庭成员尤其是儿童的启蒙教育和道德教育乃是一个家庭（家族）头等重要的大事，如果对儿童疏于管教放任自流，道德教育缺失，造成的直接后果就是受教者永远不会摆脱其动物性，无法成为一个具有社会普遍性的人。中国古代孩童自幼就接受着正统儒家思想的熏染在家训教诫和家庭教育过程中学以成人，继善成性。孙奇逢在为其家族制定的《孝友堂家训》中就非常强调儿童早期教育，认为："孩提知爱，稍长知敬，此性生之良也，知识开而习操其权，性失初矣。古人重蒙养正，以慎所习，使不漓其性耳。今日孺子转盼便皆长成，此日蒙养不端，待习惯成性，始思补救晚矣。"[5] 家训范导、家风熏染下的家庭教育蒙以养正，不仅让个体具备儒学文化的期许的品德修养，而且这些经受儒家传统教育的孩子长大以后，也自然成为正统儒家思想和文化的

---

[1] Jack C. Lyons, *Perception and Basic Beliefs*, Oxford University Press, 2009, p.70.

[2] ［德］格奥尔格·西美尔：《宗教社会学》，曹卫东译，上海人民出版社2003年版，第15页。

[3] （明）许相卿：《许云邨贻谋》，第2页。

[4] （清）孙奇逢：《孝友堂家训》，第1页。

[5] 同上。

继承者和传播者。美国人类学家、文化心理学派代表人物之一的玛格丽特·米德就认为,"一个人成年人格的形成,深受其所处文化的影响,尤其是不同文化或社会的儿童养育方式,对人的个性形成有着关键性的影响"。[①]

[①] 王铭铭:《西方人类学思潮十讲》,广西师范大学出版社2005年版,第16页。

第 四 章

传统仪式对个体品德的养成

  "仪式"主要指以传统或既定的"活动"形式展现的具有象征意义的社会群体活动。在中国传统文化中，仪式大多情况下表现为"习俗"、"典礼"和一些老规矩。可以说，礼之"文"属于仪式，但仪式不仅仅限于礼的范畴。"文"是礼的外在形式，如《礼记·乐记》讲："升降上下，周旋裼袭，礼之文也。"《小雅·菁菁者莪》一章："既见君子，乐且有仪。"在中国漫长的历史岁月里，仪式广泛存在于古代中国国家事务、宗教轨仪、家族规范和人们的日常活动之中，但在典籍中以"仪式"二字表述的却不多见。《国语·周语下》："所以宣布哲人之令德，示民轨仪（指规范）也。"《诗经·周颂·我将》："仪式（这里指效法）刑文王之典，日靖四方。"朱熹《集传》曰："仪、式、刑，皆法也。"苏辙《皇太后答书》："将仪式（这里指效法）于文考，以教孝于诸侯。"《后汉书·律历志中》："及用《四分》，亦于建武，施于元和，迄于永元，七十余年，然后仪式（这里指法规）备立，司候有准。"显然，古意"仪式"更多地指向因袭旧制，沿袭已有法规的传统。

  在西方，"仪式"的含义，是处理人神关系的各种规范化的宗教活动方式的总称，宗教仪式的类型可分为巫术仪式、禁忌仪式、献祭仪式、祈祷仪式，等等。[①] 爱德华·泰勒对祈祷仪式有这样的论述："祈祷在蒙昧人的宗教中也起有强化感情、保持勇气、使人有希望的作用。在较高的信仰中，祈祷变成为一种伦理体系中的发动力。在人跟超自然力交通

---

① 于本源主编：《中国伦理学百科全书》（宗教伦理学卷），吉林人民出版社1993年版，第29页。

的感受中，祈祷能统治和施行道德生活中的感情和力量。"① 梁启超提出："西人所谓宗教者，专指迷信宗仰而言，其权力范围乃在躯壳界之外，以灵魂为根据，以礼拜为仪式，以脱离尘世为目的，以涅槃天国为究竟，以来世祸福为法门。"② 从人类学视角看，"仪式"侧重于表达"社会行为"意义。维克多·特纳认为仪式是发生于特定社会分层的类行为的概述。爱弥尔·涂尔干认为仪式是社会信仰的聚合手段，"通过定期举行膜拜仪式来唤起并不断唤起人们的情感，以获得精神上的惬意。这样，他们就创建了信仰的心理倾向，这种倾向要比证明更重要"③。范根纳普（Arnold van Gennep）将人一生中生命的几个重要关口称之为"节"，他认为人的生命总是从一个阶段向另一个阶段转化，在转化过程中需要一个通过仪式（Rites of passage）。这个"通过仪式"分为三个阶段：分离仪式（separation），即与原有的社会相脱离、相隔绝；过渡仪式（margin，或称阈限阶段），即从一种状况进入到另一种状况的中间阶段，或曰等待阶段；聚合仪式（liminal phase），即与新的社会关系结合为一体的阶段。他指出分离仪式在葬礼中占主要地位。④ 从文化学视角看，"仪式"指人类所有文化活动的表现方面，特别是宗教崇拜过程中的活动形式。马林诺斯基、布朗等功能学家认为仪式对一个社会中的神话的特权提供了戏剧性的表述方式。邓肯·米切尔认为，"仪式"是通过隐喻或转喻来陈述心灵体验的方式。

中国古代的传统仪式与西方社会有很大的不同。中国是世界上最早进入文明社会的国家之一，从西周开始，原始社会的早期仪式逐渐被人义化的礼仪仪式取代，并较早地建立了完备的仪式文化体系。原始社会的仪式基本是对人类当时无法理解的神圣事件进行膜拜，现代社会生活中的仪式大多是针对国家社会的重大历史事件而言。与西方社会反映人

---

① ［英］爱德华·泰勒：《原始文化》，连树生译，广西师范大学出版社2005年版，第699页。

② 《梁启超文集·保教非所以尊孔论》，北京燕山出版社2009年版。

③ ［法］涂尔干：《宗教生活的基本形式》，渠东、汲喆译，上海人民出版社2010年版，第343页。

④ ［法］阿诺尔德·范热内普：《过渡礼仪》，张举文译，商务印书馆2010年版，第10页。

神关系的宗教活动"仪式"不同，中国古代的仪式及其文化既有国家重大政治事件的祭奠，更多的是将人生仪式融入个体日用生活之中，将仪式与人的成长有效地结合起来，这必然对人思想行为产生重要影响。传统人生仪式是在人们长期的历史积淀与实践检验中形成，因而能够广泛地适用于社会生产生活领域，为人们所自愿接纳、遵循和传承。总的来看，不论是中国古代社会的传统仪式，还是西方社会的公共仪式，都是人们对人生和社会重大事件心灵感应和行为认同，这肯定是在特殊情境中形成的。一方面，特定的仪式彰显了事件的神圣性（但仪式往往具有扩大情绪的作用），所以仪式中的个体或群体行为常常具有表演性特征，有时甚至于有些痴迷和疯狂，这在宗教仪式中表现得尤其突出。仪式来源于社会集体生活，社会生活的丰富多彩也决定了仪式的千姿百态，这种多样化形式也正是人之生活的复杂性的体现，仪式正是从复杂的社会体验中凝聚出来的一般规则。另一方面，仪式的生成路径是自发的，而不像法律规范那样由统治阶级制定并强制推行，因而仪式认同有较广泛的社会基础，容易被人们接受并遵守。社会变迁会影响仪式的内容或结构，但潜藏于仪式中的本民族文化心理却是非常稳定的，不会随着时代变化而转移，有时反倒更能获得认同感。

我国传统的人生仪式是贯穿个体人生整个过程的道德约束机制，在个体品德培育和人格养成方面具有十分重要的意义。道德约束的本质在于维护集体利益，约束或限制个人利益对集体利益的侵害。道德约束同发挥道德主体的自觉能动性是统一的，道德约束对仍停留在他律水平的人们，以一种非强制性的形式对其行为进行规范和制约。对于上升到自律水平的人们或将社会道德规范内化为个人内心信念的人们，则会主动地、自觉自愿地选择道德行为，而并不感到受约束。道德约束同纪律约束、法律约束不同，它不是诉诸行政手段、国家机器的强制力，而主要靠人们的内心信念、社会舆论、传统习惯和社会心理力量起作用，是社会生活中规范人的身行言动所不可缺少的。① 人生仪式直通个体真实的生活秩序和政治伦理制度，在此社会情境下，主体德性生活的"自觉心"

---

① 罗国杰主编：《中国伦理学百科全书》（伦理学原理卷），吉林人民出版社1993年版，第367页。

之外，必然有一整套约束机制来完成对"放心"的收敛和规束。《礼记·曲礼》还提出礼仪是人与动物的重要区别，是社会秩序有保障的体现。"道德仁义，非礼不成；教训正俗，非礼不备；分争辨讼，非礼不决；君臣、上下、父子、兄弟，非礼不定；宦学事师，非礼不亲；班朝治军，莅官行法，非礼威严不行；祷祠祭祀，供给鬼神，非礼不诚不庄。是以君子恭敬撙节退让以明礼。鹦鹉能言，不离飞鸟；猩猩能言，不离禽兽；今人而无礼，虽能言，不亦禽兽之心乎。夫唯禽兽无礼，故父子聚麀。是故，圣人作，为礼以教人，使人以有礼，知自别于禽兽。"[1] "故礼之教化也微，其止邪也于未形，使人日徙善远罪而不自知也。是以先王隆之也。"[2] 正是在正逆双向的互动之中，个体道德人格的养成和完善才行之有效。

第一节 秩序意识养成

"仪式"的最显见的含义，系指各种典礼的秩序及其推演形式。语出宋代欧阳修《归田录》："岳当五代干戈之际，礼乐废坏之时，不暇讲求三王之制度，苟取一时世俗所用吉凶仪式，略整齐之，固不足为后世法矣，然而后世犹不能行之。"[3] 沈从文《边城》记述道："老道士披上那件蓝麻布道袍，开始了丧事中绕棺仪式。"秩序一词的含义，指有条理而不混乱，系与"无序"相对的有序状态。按照《辞海》的解释："秩，常也（《尔雅·释诂》也做此解）；秩序，常度也，指人或事物所在的位置，含有整齐守规则之意。"[4] 从一般意义上讲，秩序可以分为自然秩序和社会秩序。自然秩序如日出日落、月亏月盈等由自然规律所支配，社会秩序如上下尊卑、生养死葬等由社会规则来构建和维系。一个人所当有的秩序意识包括明确有条理、不混乱，坚持有先后的次序观念，认同自然界和人类社会均存在的一致性、连续性和确定性原则，而在行动中

---

[1] 《礼记·曲礼上》。
[2] 《礼记·经解》。
[3] 《欧阳修集·卷一二七·归田录卷二》。
[4] 辞书编辑委员会：《辞海》（1999年版缩印珍藏版），上海人民出版社2000年版。

自觉遵从差等次序而有条理的要求、自觉维护自然界和人类社会普遍存在的稳定而延续状态的惯习。

仪式蕴含着既定的礼、法的要求，给人们行为的选择、情感的宣泄、欲望的满足设置了约束和秩序。中国的先哲们普遍认为，人的言行用礼义仪式来统率，就会得到礼义和情性的满足；如果只用情性来统率，那么礼义和情感都会丧失。正如《荀子·礼论》所言："君子既得其养，又好其别。曷谓别？曰：贵贱有等，长幼有差，贫富轻重皆有称者也。……故人一之于礼义，则两得之矣；一之于情性，则两丧之矣。"因之，荀子认为礼产生的根源是调节人们的欲望，维护社会秩序。"礼起于何也？曰：人生而有欲，欲而不得，则不能无求，求而无度量分界，则不能不争。争则乱，乱则穷。先王恶其乱也，故制礼义以分之，以养人之欲，给人之求。使欲必不穷乎物，物必不屈于欲，两者相持而长，是礼之所起也。"① 圣人出而分辨措置天地万物及人伦秩序，"天能生物，不能辨物也；地能载人，不能治人也；宇中万物、生人之属，待圣人然后分也。诗曰：'怀柔百神，及河乔岳。'"中国先民朴素地认为，上天能生养万物，但不能治理万物；地能生养人类，但不能治理人类；天地之间的万物和人类，必须依靠圣人制定礼法，然后才能各得其位。"正因为人生下来并不是一个完全适合于集体生活的动物，所以我们的集体生活不能全由本能来完成，而得求之于习惯，社会习惯的养成是抚育作用的主要事务。我们要把一个生物的人转变成一个社会的分子，这个转变的初步工作就在家庭里。"② 而潜行于生活当中的体现尊卑长幼、反映进退容止的各种禁忌、家传和偏好往往集中呈现在特定的仪式当中，成为一家之内生产生活秩序的维系者，在这样的家庭（家族）中成长起来的个体，无不鲜明地带有特定的家传痕迹。

人是高度社会化的存在体，人的社会化不仅反映在他能够遵从社会规范和按照既定的社会要求行动，还在于他的内心早已形成并自觉认同自己所生活其中的社会法则、公共秩序的心理倾向、共同理念和秩序意识。从这个意义上讲，通行于全社会、为广大民众所普遍遵守的礼义仪

---

① 《荀子·礼论篇第十九》。
② 费孝通：《乡土中国》，人民出版社2008年版，第127页。

式便很自然地培养着个体的社会秩序意识。那么，仪式何以能够养成人的秩序意识呢？答案就在于，客观上秩序对众多社会关系的确定和维护中，让人们在主观世界认识到什么事能做、什么事不能做和能做的事怎么做等一系列规范的意义。对此，梁漱溟提出制度构造与社会关系的构造是相辅相成的，"任何一时一地之社会必有其所为组织构造者，形著于外而成其一种法制、礼俗，是即其社会秩序也"①。而"社会秩序包含法律、制度、礼俗、习惯而言。一种秩序，即是一套法制礼俗；而其社会之如何组织、如何结构，也即安排规定于其中"②。毋庸置疑的是，在传统伦理型社会中，礼俗在实际生活中的作用远大于法律，周孔以礼创制就在于启发人的理性，这些圣贤分明是看到了内化的社会关系和外部的社会制度能够对个体观念、个体行为共同发挥作用，从而建立并维系了中国数千年的等级、血缘、宗法社会，在中国人的骨子里深深嵌入了上下尊卑、长幼有别、进退容止等严格的秩序观念。冯友兰非常认同梁漱溟的观点，他在《中国哲学史》提到："经儒家改造后的古代所有祭礼丧葬各礼仪仪式，一面既能安慰情感，极其曲尽深到；一面复见其所为开明通达，不悖理性。虽然后来'礼崩乐坏'，但是中国人社会生活始终靠礼俗维系和进行。礼俗之于中国，非宗教亦宗教，非政治亦政治，它为中国所特有，是居中国文化之最重要部分。中国理性的伟大，中国民族的伟大，皆是礼俗之效。"③可见，反映和表征着中国传统礼俗的世俗化仪式对于中国人的品德培育和人格养成意义非凡。

传统仪式蕴含着潜藏于人的深层意识中的文化元素，反映着人类对神圣事件的尊崇，成为一定社会秩序存在和作用发挥的内在基质。纵观人类文明的发展历史，神话和仪式都是人类早期文明发展的最初文化形态，是人类文化的原初性资源及其"元语言叙事"模式，它们以意象的方式展现了人类世界早期的认知状态，两者浑然一体、联系紧密。神话以象征思维形式表现早期人类精神活动，仪式是现实性的人类活动的叙

---

① 梁漱溟：《乡村建设理论》，载《梁漱溟全集》（二），山东人民出版社1989年版，第162页。

② 同上书，第1174页。

③ 冯友兰：《中国哲学史》，重庆出版社2009年版，第17页。

事方式。对此，不同的学者从不同的角度和学科出发，对仪式培养和塑造人的秩序认同做了各自精辟的解说，如弗雷泽认为多数神话是为了解释仪式或习俗才产生的，"这些神话被创造出来就是为了解释某种宗教仪式的起源"[①]。原因在于"仪式……其本质上则是巫术的"。但弗雷泽并不否认神话也会产生一些仪式，他认为："神话与仪式互相解说和互相肯定。"列维-斯特劳斯（Levi-Strauss）则认为，从古至今，任何一个种族，任何一种制度，它们的底层都有一种无意识的结构，这种无意识结构自人类脱离动物以来就存在着，它是社会习俗、制度等文化表象之下的深层结构秩序。因为文化是人类心灵的产物，所以人的社会关系、道德和文明都是人类根据自己的心智与先天能力创造的。他认为原始人的行为和活动是建立在类似语言结构的某种无意识结构之上的，这种结构的一般规律在婴儿生活的一开始就无意识地在他那里存在着。为了揭示这种结构，他着力研究原始部落的亲属结构和神话结构，去揭示和发现知识、信仰、艺术、道德、法律等社会现象的无意识结构。从他最终研究的结果看来，简单社会那种发自内心的随意才是自由的真正体现，"真正的自由是长期习惯的自由，是爱好的自由。一句话，是习俗的自由"[②]，它能够避免道德的社会价值"虚化"，有效规范社会生活，是个体意识的潜规则，当然是遵从社会秩序的意识所在。

中国上古先民的初始活动以及与此相适应的认知水平，往往与当时神灵祭祀活动的展开和神圣事件的崇敬密不可分，而且由此主导和宣示着人们的规范意识、行为导向和价值判断。《礼记·表记》援引孔子对夏商周三代礼俗侧重之下教化民众结果的评断，就足以说明外显于仪式而内化于民心的制度、规范何以鲜明地影响整个社会，从而最终影响人的主观意识的："夏道尊命，事鬼敬神而远之，近人而忠焉。先禄而后威，先赏而后罚，亲而不尊。其民之敝，蠢而愚，乔而野，朴而不文。殷人尊神，率民以事神，先鬼而后礼，先罚而后赏，尊而不亲。其民之敝，荡而不静，胜而无耻。周人尊礼尚施，事鬼敬神而远之，近人而忠焉，

---

① ［英］弗雷泽：《金枝》单卷本，伦敦，1922年，第5页。
② ［法］列维-斯特劳斯：《遥远的目光》，邢克超译，中国人民大学出版社2007年版，第316页。

其赏罚用爵列，亲而不尊。其民之敝，利而巧，文而不惭，贼而蔽。"①说明上古时代的仪式显然具有浓厚的原始思维特征，那时宗教的重心便是仪式活动的展开，以及由此推衍开去的社会认知情状。夏代崇君政教，上事鬼神，敬而远之，黎民下效，近人忠厚，重禄轻威，重赏轻罚，民人愚蠢无知，骄傲笨拙；殷商尊崇鬼神，重神轻礼，重罚轻赏，尊而不亲，民众放荡不安，好胜无耻；周人崇礼好施，尊奉鬼神，敬而远之，忠厚待人，赏罚有度，亲和不尊，民人贪利取巧，文饰羞愧，不知事理。问题在于三代治理虽然各有侧重偏好，但似乎都没有回归教育化民的理想轨道上来，这正是周公制礼作乐、担当起教化民众历史使命的现实需求。而且，从认识论角度分析，西周的统治者不仅继承和强调"王权天授"的思想，注意事鬼敬神而远之，同时强调统治者"以德配天"，要注意提升自己的德行修养，才能实现长治久安、人民和乐的重要性。为此，周公（姬旦）在《尚书·大诰》中警告说："予惟小子，不敢替上帝命。天休于宁王，兴我小邦周。宁王惟卜用，克绥受兹命。今天其相民，矧亦惟卜用。呜呼！天明畏，弼我丕丕基。"教育和提醒统治者务必认识到，天命靡常，要保住天命，必须以德配天，"我不可不监（鉴）于有夏，亦不可不监（鉴）于有殷……惟不敬厥德，乃早坠厥命"②。由此可见，西周及其以后的社会或人事活动开始在社会生活中发挥积极的主导作用，"周人尊礼尚施，事鬼敬神而远之"，西周以后相关仪式的功能也发生了重大的转变。这种转变对上层社会而言，在于丧祭礼仪活动及其仪式成为统治阶层控制和释放社会主流思想的重要手段，对民间社会来说，祭祀和崇拜仪式则成为社会宗法等级观念的自觉践履。于是乎，既定的仪式已经从对鬼神的敬畏之举、对神圣事件的尊崇之心转化为统治阶级有目地培育个体道德（秩序）意识③最为重要的渠道和手段，既定的仪式也成为广大民众自觉践行传统规矩的习惯和追求。

人生仪式源于人类早期的"事神致福"祭祀活动，是古人敬畏自然、

---

① 《礼记·表记》。
② 《尚书·召诰》。
③ 道德意识指反映道德关系、道德现象的心理过程及各种观念、态度、情感、意志、信念的总和。道德意识的内在结构可划分为感性阶段（简单判断、习俗和动机的总和）及理性的反映和调节运用阶段。

困惑于生命的神秘而对天地等神灵表示遵从、寻求庇佑的认识表达方式，也成为人的社会化所必备的内在品质。仪式的宗教性特征，决定了仪式行为本身是迫于某种内心压力，而向外表现出的一种无所适从的情状。后来，人们将对鬼神的敬重人格化并移植到人间的最高统治者——天子（帝王）身上，认定天子是天意（天机）的代言人；神灵的泛化与宗教活动的平民化，就将原本神秘高贵的祭祀和典礼下降到百姓大众之间，既完成了天人交汇，也实现了神人沟通，统一与化育了万民。此时，"一有聪明睿智能尽其性者出于其间"，"循情性之宜，顺阴阳之序，通本末之理，合天人之际"[1]而将普遍施行于家国之内的诸多仪式提炼和文饰为种种不同的礼乐仪规，在活动范围上也将仪式的举行扩展到血缘亲情，将百姓大众对天地的敬重落实于对祖宗的崇拜上。就这样，一如"仁"德推衍的仁爱万物，传统儒学适时地提出万物与人具有本原的相应和一致，"万物本乎天，人本乎祖"[2]，主张要效法天道以定人事，"天垂象，见吉凶，圣人则之"[3]。因为祖先崇拜和天神崇敬是一脉相承的，祭天是天子的特权，祭祖则是民间最重要的信仰和礼仪，上古时期的祭祀和与之相应的仪式名目繁多、仪轨繁杂而严格。《周礼·春官》说："建国之神位，右社稷而左宗庙。"《礼记·祭统》云："礼有五经，莫重于祭。"以祭祖为主要内容的家庭仪式向人间场景和民间生活的回归，便形成了一系列规范的人生仪式体系，这些仪式在每个人的意识当中自然是"天经地义"的。"克己复礼为仁。一日克己复礼，天下归仁焉。为仁由己，而由人乎哉？"[4]孔子认为礼仪的道德本质是"仁"，礼是内心和行为的统一，是人内在的道德认识和行为习惯的合一；当然，道德养成主要靠自己年复一年的修养，这种统一就在于一个人道德自律的实现，这也恰恰是"仁"德的具体展现。而且，在人格亦即"仁"德的修养方面，后者的功夫和尺度是最重要的，虽然"仁远乎哉？我欲仁，斯仁至矣"[5]，说到"仁"并不难达到，关键在于内心有没有这种自觉要求。与此相适应的是，人

---

[1] 《韩诗外传·卷七》。
[2] 《礼记·郊特牲》。
[3] 《周易·系辞上》。
[4] 《论语·颜渊》。
[5] 《论语·述而》。

生礼仪或仪式都是群体共同选择和认可的，能对群体内部成员的认识和情感认同有效发挥作用，个体对仪式规范的遵守也就是心甘情愿的自觉追求。加之中国传统社会的文化元素早已将"天命""忠恕""孝亲"等观念渗透于百姓熟知的家庭生活之中，使人们在庄严郑重地举行丧祭节庆等礼仪仪式的时候，在情感与行动上自然而然地认同"君权神授"的政权合法性基础和"家国同构"的社会治理模式。随着千百年来统治阶层的极端推崇和民间社会的普遍认同，这些蕴含在丧祭庆典活动中的制度和规范观念在人们看来是理所当然的，行动起来也不再加以思考，这时候它们便已经默化为个体的潜意识。至此，忠、孝、信、义等观念已从天命和制度的层面深入到每个人的个体内心，成为其精神结构的内隐认知或道德本能，而不再是外在的需要灌输的理念。在这方面，中国传统的儒家文化还借助官方礼仪、乡贤祠、先师庙等可以看得见、触摸到的形式，将仪式所象征的内容嵌入渗透到民众的日常生活和固有观念之中，对他们的心理产生潜移默化的影响。

传统仪式的作用之一：个人身份与地位的确认

传统仪式是情感的附着载体，具备沟通天地人事人神的情感宣泄功能，同时也是各种伦序的情理确认。传统仪式之所以长期受到全社会的认可和推崇，基本原因在于一直秉承着人类共有的一些基本情感和道德认同，而仪式是情感的附着物，具备沟通天地人事人神的桥梁作用，情感可以借助仪式表达自身，又因仪式蕴含着礼的要求，使得人们的情感表达和欲望诉求有了约束和秩序。从养成人的认识和主观倾向角度看，传统仪式的确能够引导文化心理沿着社会期待的方向塑造社会行动的结构。以丧祭活动仪式为例，如果把丧事内容和文化心理看作人的行动的"场域"，那么，仪式仪节便是既定的"惯习"，"场域"决定"惯习"并使之沿着感觉和意义的方向延展。按照法国社会学理论家布迪厄（Pierre Bourdieu）的观点，行动者有一种相对固定的"性情倾向"，但这并非结构主义所说的先验思维图式，而是在一定客观条件约束下形成的"惯习"，"惯习"始终是"理性行动"的基础。在他看来，惯习属于"心智结构"的范围，是一种"主观性的社会结构"，惯习"来自于社会制度，又寄居在身体之中（或者是生物性的个体里）"。[①] 布迪厄言及的"性情倾向"正如中国传统文化所积淀的"文化心理"，文化心理是沉淀在个体内心的心态，是个体思维和行为模式持久发挥效用的秉性系统，保持着某种特定文化传统的方向和秩序。所以，在祭祀仪式中，家族祭祀是昭穆班序精神的体现，昭穆制的意义就是确定和维系宗族与家庭的班序秩然稳定，"祭有昭穆。昭穆者，所以别父子、远近、长幼、亲疏之序而无乱也。是故有事于大庙，则群昭群穆咸在而不失其伦，此之谓亲疏之杀也"[②]。"亲亲故尊祖，尊祖故敬宗，敬宗故收族，收族故宗庙严，宗庙严故重社稷，重社稷故爱百姓，爱百姓故刑罚中，刑罚中故庶民安，庶民安故财用足，财用足故百志成，百志成故礼俗刑，礼俗刑然后乐。"[③] 这样庄严郑重的宣示，怎能不让每个参与其中和身体力行的人虔诚地认同和忠实地遵从既定的伦序呢？

传统仪式以一种自然的潜行教化方式，在更为细微的层面更加深刻地培植着个体的德性与秩序意识。人类从一开始就过着群居生活，任何

[①] ［法］皮埃尔·布迪厄、华康德：《实践与反思——反思社会学导论》，中央编译出版社1998年版，第171页。

[②] 《礼记·祭统》。

[③] 《礼记·大传》。

群体生活都有一套秩序体系，在动物界也是如此。实质上，传统人生礼仪仪式就是协调群体秩序的一种成果和手段，这种社会关系的产生和规约，用马克思的话来说也正是人的全面发展和人性的形成所必不可少的。所以，一方面人在制定道德行为体系，另一方面道德规范本身也在此过程中不断完善。群体生活中形成的信条和规范可以促进各种社会关系的和谐，有助于人的道德修养提升特别是秩序意识养成。传统仪式有效巩固了个体家庭观念增强了人们的家庭秩序意识。人生礼仪仪式的感知和体验首先来自于家庭生活，家庭作为社会的细胞，对个体人生观念自古以来就产生着重要影响，是社会稳定的基础。常言道，家和万事兴。传统人生礼仪仪式能够促进家庭的和睦幸福，增强家庭成员的亲和力、凝聚力，这也是社会秩序及其心理认同的基础。"礼"固然不能等同于"仪"，但是"仪"却是"礼"的一种重要表现形式，"仪"的一个重要功能就是为人们确立各种行为模式，并且通过这些行为模式彰显伦理道德。古人在家庭礼仪仪式中特别强调长幼、尊卑伦序，认为这是家庭稳定的基础，因而讲孝常常多于讲慈，注重子女对长辈的遵从。孔子也认为，父母对子女养育恩情浓厚，子女理应对他们持感激之情，报答父母的养育之恩就是孝的重要内容；子女要出门远行，也应禀告以免父母担心，"父母在，不远游，游必有方"。"生，事之以礼；死，葬之以礼，祭之以礼，可谓孝矣。"[1] 客观上讲，子女对父母尽孝之礼，养老送终，也是传统社会稳定的保障体系，是家庭气氛融洽的基础。对父母的孝敬赡养也是对自己预设的保障，也是为自己的子女做出的言传身教和引领示范。传统仪式还规范着个体生活的社会关系，增强人们的社会秩序意识。仪式往往以客观公正的形式，教育和倡导人们以什么样的心态对待自己身边的人和事，人心和善处理什么事情都比较容易，在家庭和社会事务中是同样的道理。古曰："礼之用，和为贵。"[2] 在仪式活动中，人们还可以明白许多常识和道德理念，比如什么应该做，什么不应该做。这些应然的道理就是建立在日常细微的具体事务之中，经过长期的训导可以形成的个体道德行为惯习。这是社会秩序和谐稳定的内在保障。从社会治

---

[1] 《论语·为政》。
[2] 《论语·里仁》。

理和人生和谐方面，传统仪式及其礼仪文化在社会治理、安抚民心当中具有重要作用，增强了人们的政治秩序意识。纵观历史，"中国的核心思想就是'礼'"①。《国语·晋语》曰："夫礼，国之纪也，国无纪不可以终。"《左传·昭公二十五年》曰："夫礼，天之经也，地之义也，民之行也。"孔子也指出："安上治民，莫善于礼。"②《春秋左传·隐公九年》："礼，经国家，定社稷，序民人，利后嗣者也。"《春秋左传·襄公二十一年》："礼，政之舆也；政，身之守也；怠礼失政，失政不立，是以乱也。"《礼记·礼器》曰："是故夫礼，必本于大一，分而为天地，转而为阴阳，变而为四时，列而为鬼神。"《礼记·礼运》："夫礼，先王以承天之道，以治人之情，故失之者死，得之者生。诗曰：'相鼠有体，人而无礼！人而无礼，胡不遄死！'是故夫礼，必本于天，殽于地，列于鬼神，达于丧、祭、射、御、冠、昏、朝、聘。故圣人以礼示之，故天下国家可得而正也。"《礼记·曲礼上》："道德仁义，非礼不成，教训正俗，非礼不备；分争辨讼，非礼不决；君臣、上下、父子兄弟，非礼不定；宦学事师，非礼不亲；班朝治军，莅官行法，非礼威严不行；祷祠祭祀，供给鬼神，非礼不诚不庄。是以君子恭敬撙节退让以明礼。"荀子："人命在天，国之命在礼。"③ 所以，"礼"是中国传统社会个体安身立命的根本，"儒家认为，丧礼和祭礼（特别是祭祖宗）在礼中最为重要"④。"礼，人之干也。无礼，无以立。"⑤ 孔子指出："不知命，无以为君子；不知礼，无以立也……民之所由生，礼为大。非礼无以节事天地之神也，非礼无以辨君臣上下长幼之位也，非礼无以别男女父子兄弟之亲，昏姻，疏数之交也。君子以此之为尊敬然。然后以其所能教百姓，不废其会节。"⑥《礼记·礼运》曰："故礼义也者，人之大端也，所以讲信修睦而固人之肌肤之会，筋骸之束也。所以养生送死事鬼神之大端也。所以达天道顺人情之大窦也。"人生礼仪仪式的作用渗透到了社会生活和社会群

---

① 邓尔麟：《钱穆与七房桥世界》，社会科学文献出版社1995年版，第7页。
② 《礼记·经解》。
③ 《荀子·强国》。
④ 蔡元培：《中国伦理学史》，东方出版社1996年版，第176页。
⑤ 《春秋左传·昭公七年》。
⑥ 《礼记·哀公问》。

体的各个层面，对个体道德意识和行为习惯养成、社会道德秩序建构均具有重要影响。

传统仪式通过养成人的秩序意识，进而起到稳定社会、维护文明进步成果的作用。苏格兰人类学家维克多·特纳以他的"符号人类学"比较宗教学研究后中提出，社会既包括有秩序的社会关系和规范构成的"结构"，又包括由超越地位和身份等差异的"反结构"关系构成，认识社会不应仅仅停留在社会结构层面，而应在权力斗争自身及被称为"社会戏剧"的内部冲突的反复表演中寻找秩序。所以，社会结构充满着冲突和分裂，而社会结构之所以始终是完整的，仪式在其中起着维持平衡和稳定的作用。特纳首次提出了仪式"反结构"的社会建构功能，"交融并不会抹杀个体之间的差异，相反，它使之从毫无差异的统一状态回归到了自然状态"①。特纳在这里肯定了仪式对社会行动结构的调节。"我们可以最终看到，作为特殊的强调功能，仪式的展演在社会进程中所起到的作用，在具体的族群中起到了调整其内部变化、适应外部环境的作用。就此而言，仪式的象征成为了社会行为的一种因素，一种社会活动领域的积极力量。"② 我国先贤荀子认为"礼"可以协调好人的情感，理顺人与人之间的社会关系，成为万世不变的法则："两情③者，人生固有端焉。若夫断之继之，博之浅之，益之损之，类之④尽，盛之美之，使本末终始莫不顺比纯备，足以为万世则，则是礼也。"⑤ 费孝通先生也认为，文化心理作为世代传承的最主要的传统，"不必知之，只要照办，生活就能得到保障的办法，自然会随之发生一套价值。我们说'灵验'，就是说含有一种不可知的魔力在后面。依照着做就有福，不依照了就会出毛病，于是人们对了传统有了敬畏之感了。如果我们对行为和目的之间的关系不加推究，只按着规定的方法做，而且对于规定的方法带着不这样做就

---

① ［英］维克多·特纳：《戏剧、场景及隐喻：人类社会的象征性行为》，刘珩、石毅译，民族出版社2007年版，第331页。

② Turner, *The Forest of Symbol: Aspects of Ndembu Ritual*, Ithaca: Cornell University Press, 1967, p. 20.

③ 两情：指吉与凶，忧与愉。

④ 类之：以此类推。

⑤ 《荀子·礼论》。

会有不幸的信念时，这套行为也就成了我们普通所谓'仪式'了。礼是按着仪式做的意思"①。

培根认为个人习惯的力量和作用固然很大，但"联合习惯"（社会习惯）对人具有的力量更大，"天性中美德的繁殖是要仗着秩序的井然、纪律良好的社会（习惯）"②。仪式就是这种联合习惯和社会秩序的集中展现。中国传统社会是以礼乐为通行规则的伦理型社会，"情本体"是传统儒家文化的突出特征。孔子对"仁"的重大价值的发现和阐述之所以为后世所推崇，根本原因在于他回到人的真实生活世界之中，以天然的血缘关系为人的自然情感的基础，从而建立了最真实、最令人信服的道德合理性基础。而且以此为基点，从血缘亲情关系出发，层层向外推演从而成功解决了现实生活中的一切人生和社会问题。司马迁将此称为"缘人情而制礼，依人性而作仪"③。以孔子思想为代表的儒家礼仪思想的理论逻辑是，礼植根于人的血缘关系纽带之上，具有自然亲情和仁爱观。如果人人将这种天然的友善情感推而广之，就能唤醒深植于每个人内心与生俱来的善，这样，善就能为人理解和奉行，并潜移默化为人的心理自觉，最终营造出富有温情的爱有差等的人伦秩序。在这一儒学理念形成的过程中，周公（姬旦）、孔子、孟子、荀子等先哲，反复阐释并亲身践履建构"礼"的理论体系，通过将"礼"的政治化和政治生活的伦理化紧密结合在一起，使国家意识和人间情感交织为一体，让"礼"的精神与要义得到了极大阐发，最终从理论和实践上建立了"礼"的完备体系。当"仁""义""礼""德""法"等观念融入到个体社会生活之中后，既扩大了礼的内涵，又使"礼"更具有操作性。到后来，礼逐渐入法，礼与法的结合就建成了超稳定的社会结构，历经千年而不坠。因为这时的法有礼的理论支撑，而不再是自上而下的命令体系。这时候，儒学精神就真正地扎根于民间生活，而不再迷恋于玄学式的苦思冥想，或者是富丽堂皇的仪典文化，真正将现世生活中关系个体生死存亡、关系社会混乱与安宁的重大活动作为礼仪（道德）实践——仪式的重要内容。

---

① 费孝通：《乡土中国》，生活·读书·新知三联书店1985年版，第52页。
② 《培根论说文集》，水天同译，商务印书馆1983年版，第133页。
③ 《史记》。

正如张佩国所说："丧葬不仅是象征论意义上的仪式，它也是家族制度的政治经济学，呈现了社区的社会再生产机制，映射了地方民众的人格建构和宇宙观想象，更是王朝典章制度的治理手段。"①

第二节　强化行为约束

无论是自然界还是人类社会，秩然有序总是发展和存续所追求的常态，对人的自然成长和人所生存的社会而言，认识到这些秩序和遵守这些秩序则是通过有意无意地对人的行为②约束来实现的。因为天然拥有的自由本性，人生来不会自律，只有面对硬性而明确的约束，在感受畏惧之下，人才会有所顾忌而自我约束，并通过生活中的各种约束让其找到正确的方向，避免任性地随波逐流和自我迷失，最终选择恰当的行为。因此，当一个人通过繁杂而庄严的"仪式"意识到有条理、不混乱和有先后的次序观念，认同自然界和人类社会都普遍存在的种种一致性、连续性和确定性，那么他（她）在行动上就能够自觉地遵从践履这种次序和条理，并能够始终不犯忌而自觉维护自然界和人类社会都存在的那种反复延续状态。当然，要让人们在言行方面完全做到这些，自然有赖于这些人是不是惯常地受到"仪式"的秩序行为约束，以及这种约束的深刻与有效程度。所以，仅仅有次第秩序意识，才完成了培养有德之人的第一步，而在种种"仪式"生活与习作当中，通过严格而自然的行为约束养成其惯常的秩序行为和习惯，才是最重要的。

第一，仪式禁忌与禁止性行为约束。禁忌是传统仪式中最早出现且稳定流传的显性行为约束形式。"禁忌"一词源于波利尼西亚语，国际通用名词为"Taboo"或"Tabu"，在我国汉语当中音译为"塔布"。"禁忌"的原意指不能被普通人接触的具有超自然灵力的人、物、事、时间、地点等。在汤加人、毛利人、萨摩亚人和塔希提人中，像部落酋长、村寨头人、祭司、巫师等都被视为具有超人灵力的神灵（化身）；宗教场所为神灵所在的圣地，圣地里的许多自然物（包括某些特定动物）或人工

---

① 张佩国：《汉人的丧葬仪式：基于民族志文本的评述》，《民俗研究》2013 年第 3 期。
② 这里的行为泛指人日常生活中的言行。

制造物，也属神灵的圣物，不能为常人所触碰。在现实生活当中，人的尸体、污血、孕妇等常常被视为不洁之物，列入不同的禁忌之例。例如，太平洋波利尼西亚群岛土著人认为具有"玛纳"这种神秘力量的人、物、地点都是十分危险的，若随意与其接触必将遭受灾难。英国人类学和宗教史学家詹姆斯·G. 弗雷泽认为，禁忌来源于早期人类对外界威胁的规避，他在《金枝》一书中谈道："如果某种特定行为的后果对他将是不愉快的和危险的，他就自然要很小心地不要那样行动，以免承受这种后果。换言之，他不去做那类根据他对因果关系的错误理解而错误地相信会带来灾害的事情。简言之，使他自己服从于禁忌。这样，禁忌就成了应用巫术中的消极的应用。积极的巫术或法术说：'这样做就会发生什么什么事'；而消极的巫术或禁忌则说：'别这样做，以免发生什么什么事'。"① 在这样的警告和畏惧之下，人自然会有所顾忌而自我约束，这样的禁止性行为约束，其效果显然非常明显。

仪式禁忌——禁止性行为约束

在我国古代，禁忌最初俗称为"忌讳"或"讲究"（今人仍然很认同）。而中国人的"忌讳"或"讲究"之多，中国人对"忌讳"或"讲究"的认真与遵从，都为世界上其他地区的人所不及。按照中国式的秩序理念，"人法地，地法天，天法道，道法自然"②。因为人受制于地，地受制于天，天受制于规则（道），规则受制于其本身（超然的力量）。于是，同人的成长过程当中特别注重向自然看齐、崇尚万物及其生生不息的永续法则一样，中国人对自然和社会通行规则即秩序（"忌讳"或"讲究"）的认同和遵从，是非常严格和自觉的。不但"君子人人之国，不称其讳，不犯其禁"③，而且要做到"入境而问禁，入国而问俗，入门而问讳"④。加之中国古代社会的现实是"十里不同风，百里不同俗，千里不

---

① [英] 弗雷泽：《金枝，对法术与宗教的研究》，徐育新等译，大众文艺出版社1998年版，第364页。
② 老子：《道德经》（第二十五章）。
③ 《大戴礼记·曾子立事》。
④ 《礼记·曲礼》。

同情"。所以，对于明确的禁忌或"忌讳"之事，中国古代先民表现得尤其敏感而严谨，对既定的风俗习惯或因畏惧权势神力而对某些不吉利的言行顾忌有加。

汉语中的"禁忌"一词见于《汉书·艺文志》："阴阳家者流，盖出于羲和之官，敬顺昊天，历象日月星辰，敬授民时，此其所长也。及拘者为之，则牵于禁忌，泥于小数，舍人事而任鬼神。"① 《说文解字》释词曰："禁，吉凶之忌也。"② 在中国古代，统治者普遍认为："国之大事，在祀在戎。"那时人们的生活生产很大程度上受到风、雨、雷、电、干旱、酷暑、严寒、洪水、猛兽等外力的影响，当时人们缺乏科学知识，还不能认识其规律，"星坠木鸣，国人皆恐"，对于"天地之变，阴阳之化，物之罕至者也，怪之"，对于"日月之薄蚀，怪星之党见，风雨之不时"畏惧恐惶，将"枯耕伤稼，枯耘伤岁，田秽稼恶，籴贵民饥，牛马相生，六畜作妖"③ 视为反常，所以往往认为是神在支配着这些自然现象，他们希望通过祭祈活动以求得神的保佑，以求得风调雨顺，物产丰富，生活安定。作为一种心理观念，禁忌的产生则与原始先民的思想特质密切相关。上古殷商之前，初民们的原始思维特征比较明显，由于科技和人的认识能力限制，他们对自然界的变幻莫测不能正确理解，对诸如人的生老病死等的恐惧感使他们产生了对山川河流、四季年节等自然物和自然现象的崇拜。"夫阴阳四时、八位、十二度、二十四节，各有教令，顺之者昌，逆之者不死则亡。未必然也，故曰'使人拘而多畏'。夫春生夏长，秋收冬藏，此天道之大经也，弗顺则无以为天下纲纪，故曰'四时之大顺，不可失也'。"④ 加之对人之生死状态的不明，以为梦境是人死后灵魂的活动，导致早期先民们普遍认为万物有灵，而人的灵魂不灭，操控宇宙和人的精神存在物便成为人们奉若神灵的对象。他们把生老病死、自然灾害等看作是鬼魂神灵在作祟，对一切不可知现象也认为有神或鬼操控。"先圣王之所以使民信时日，敬鬼神，畏法令也。"⑤ 可

---

① 《汉书卷三〇·志第一〇·艺文》。
② （汉）许慎撰，（宋）徐铉校注：《说文解字》，中华书局1963年版，第171页。
③ 《韩诗外传卷二》。
④ 《史记卷一三〇·自序第七〇·太史公自序》。
⑤ 《礼记·曲礼上》。

见，守规矩、不犯忌、凡事有讲究的人格德性，不是人生来具有的，而是出于禁忌压力和畏惧意识的行为约束结果。

在人类文明的初级阶段，禁忌几乎包含了宗教和道德的全部内容，对人们的言行在各方面都有所规制。如前所述，禁忌一方面反映了先民对自然现象的畏惧，另一方面则预示着社会规则的形成。德国实验心理学之父威廉·冯特将禁忌称为"对某种物体产生了一种与宗教信仰有关的畏惧心理的本能"[①]，他通过实验和宗教考察，在分析了禁忌所具有的先验畏惧心理特征，以及社会禁忌和宗教都普遍认同世间存在着超自然的神灵、鬼魂的基础上，揭示出人类最终将禁忌以社会契约的方式上升成为社会规则的最初形态，探明了基于禁忌的行为约束何以内化为人的规范意识，并最终外显为社会规则的文明之路。同样，针对人的行为习惯养成，恩斯特·卡西尔的《人论》甚至提出："禁忌体系尽管有其一切明显的缺点，但却是人迄今所发现的唯一的社会约束和义务的体系。它是整个社会秩序的基石。社会体系中没有哪个方面不是靠特殊的禁忌来调节和管理的。统治者和臣民的关系，政治生活、性生活、家庭生活，无不具有神圣的契约。这同样适用于整个经济生活。"[②] 纵观中国古代历史，大约在西周时期，我国的先民特别是汉族社会就将禁忌上升到礼仪与道德教化的层面，使禁忌制度化进而在全国推广形成祭礼、丧礼、婚礼等各种仪式规范。正如费孝通指出的："如果我们对行为和目的之间的关系不加推究，只按着规定的方法做，而且对于规定的方法带着不这样做就会有不幸的信念时，这套行为也就成了我们普通所谓'仪式'了。"[③] 至此，仪式便成为人生活中的一部分，且不这样去做，就会有"不幸"。其中，丧葬礼仪最为隆重严格，无所不包的仪式禁忌与禁止性行为约束也最多最严格。

第二，礼仪规范与限制性行为约束。进入文明社会以后，"礼"逐渐成为人们行为的约束方式。相对于禁忌仪式而言，礼是对宗教禁忌的包容性超越，丧葬禁忌最先从风俗习惯之中上升为葬祭之礼，因为孝子失

---

① ［奥］弗洛伊德：《图腾与禁忌》，文良文化译，中央编译出版社2005年版，第25页。
② ［德］恩斯特·卡西尔：《人论》，甘阳译，上海译文出版社1985年版，第138页。
③ 费孝通：《乡土中国》，生活·读书·新知三联书店1991年版，第57页。

去亲人之后的悲伤之情是制定丧礼的理论基础。在这人情练达和理论提炼方面，以孔子为代表的儒家功不可没，孔子提出"不知命，无以为君子也；不知礼，无以立也；不知言，无以知人也"。① 管子看到了通行于社会的诸种礼仪，绝不是空穴来风，而是缘于人情世故，目标指向规范和限制人的行为，以期建立社会秩序。"礼者，因人之情，缘义之理，而为之节文者也。故礼也者，谓有理也；理也者，明分以谕义之意也。故礼出乎义，义出乎理，理因乎宜者也；法者所以同出，不得不然者也。"② 因此，"在古代历史上，很大一部分制度规程就是'礼'。具体地说，就是根据政教、外事、兵戎、农耕、狩猎、宗族、文化等方面的实际需要，逐渐形成各个门类如朝觐、盟会、锡命、军旅、祭祷、藉蜡、丧葬、搜阅、射御、聘问、宾客、学校、选举、婚配、冠笄等礼典"③，成为众多的行为规范，限制和约束着人们的言行。

揭开仪式的神秘面纱，各种仪式实质上就是中国古代礼仪的实践形态，是生活化具体化的礼仪规范和言行约束，它对人的成长和社会的治理非常重要。对此，孔子有着十分经典的论说："礼者何也？即事之治也。君子有其事，必有其治。治国而无礼，譬犹瞽之无相与？伥伥乎何之？譬如终夜有求于幽室之中，非烛何见。若无礼则手足无所错，耳目无所加，进退揖让无所制。是故以之居处，长幼失其别，闺门三族失其和，朝廷官爵失其序，田猎戎事失其策，军旅武功失其制，宫室失其度，量鼎失其象，味失其时，乐失其节，车失其式，鬼神失其飨，丧纪失其哀，辩说失其党，官失其体，政事失其施，加于身而错于前，凡众之动失其宜，如此，则无以祖洽于众也。"④ 由此观之，礼仪仪式之于轨物范世和限制人的言行，其作用范围之广、对人的认识影响之深，可见一斑。当年周公（姬旦）制礼作乐，分明是看到了礼仪对人的教化和规范作用，"郊社之礼，所以仁鬼神也；禘尝之礼，所以仁昭穆也；馈奠之礼，所以仁死丧也；射飨之礼，所以仁乡党也；食飨之礼，所以仁宾客也。明乎

---

① 《论语卷十·尧曰第二十》。
② 《管子·心术篇》。
③ 沈文倬：《宗周礼乐文明考论》，浙江大学出版社1999年版，第4页。
④ 《礼记·仲尼燕居》。

郊社之义，禘尝之礼，治国其如指诸掌而已。是故居家有礼，故长幼辨；以之闺门有礼，故三族和；以之朝廷有礼，故官爵序；以之田猎有礼，故戎事闲；以之军旅有礼，故武功成。是以宫室得其度，鼎俎得其象，物得其时，乐得其节，车得其式，鬼神得其飨，丧纪得其哀，辩说得其党，百官得其体，政事得其施，加于身而错于前，凡众之动，得其宜也"①。

"礼"作为法的重要起源，主要来源于民间的风俗习惯。马克斯·韦伯认为习俗是惯例与法的源泉。"'习俗'是一种外在方面没有保障的规则，习俗在这个意义上并不是什么'适用的'；谁也没有'要求'人们一定要遵守它。当然从这里过渡到适用的惯例和法，其界限是极为模糊的。"②他认为法的适用性蕴含于习俗之中，"正常情况是，法的制度并非由于存在着强制的保障才在现实中在经验上'适用'，而是它的适用作为'习俗'已经扎了根，'约定俗成'，而惯例又往往对公然偏离它的举止表示不赞同"③。人类社会任何道德规范体系的产生，实则是维护自身生活的共同体秩序正义的结果，一些风俗、习惯、礼仪上升为国家意志的法律，内在原因是它们的一部分内容代表了特定时代全社会（至少是大多数人）的正义诉求，而这正是法律之中蕴含的实质正义。英国著名哲学家约翰·洛克认为，习俗性的社会决定了人的生活方式和道德价值观，建立在社会普遍一致基础上的社会习俗性道德是特定社会的人们根据意见法则得出的道德判断和道德知识，国家法律必须稳固地建立在这些道德规范之上。"人类大部分虽然不以这种风尚法为规制自己行为的唯一律法，亦以它为主要的律法。"④ 从我国汉族传统丧礼的形成过程来看，实质正义最初表现为不忍丧者遗体置于荒野，随后是血缘亲情的正当性发挥，最后发展成为全社会认同的宗法制度。以丧礼中遗嘱的形成来看，就是以法律的形式确认了死者遗愿的实质正义。在传统社

---

① 《礼记·仲尼燕居》。
② ［德］马克斯·韦伯：《经济与社会》上卷，林荣远译，商务印书馆1997年版，第60页。
③ 同上书，第369页。
④ 转引自王涛《洛克的政治社会概念与自然法学说》，《清华法学》2011年第6期，第31页。

会，作为限制性较强的意愿，死者遗愿的强制约束力一方面源于生者对于死者的尊重和爱戴；另一方面是来自社会监督的压力。如果听从并照办，对自己来说问心无愧，在别人看来也是孝顺，否则将是"忤逆"或"不孝"。

中国传统社会是典型的"礼治"社会，各种限制性的礼仪规范维系着王朝的存续。从理性的角度来看，虽然礼和法都是统治阶级意志的体现，但是"礼"一直在整个中国古代社会生活中居于主导地位，礼是传统社会所要维护的权力秩序，而见诸文本的法律只是对"礼"的正义的守护，法律的制定或修改往往要依照礼的要求才能进行下去。凡"考礼正刑，一德以尊于天子"。①"凡制五刑②，必即天论，邮罚丽于事。凡听五刑之讼，必原父子之亲，立君臣之义以权之，意论轻重之序，慎测浅深之量以别之，悉其聪明，致其忠爱以尽之。"③可见，在中国古代，"礼"植根于家庭、宗族和国家日常生活之中，既是国家治理的要器，又是全社会所有人生活践行的共同准则，其社会影响力要比"法"大得多。而且"班朝治军，莅官行法，非礼威严不行"④。"是故礼者，君之大柄也，所以别嫌明微、傧鬼神、考制度、别仁义，所以治政安君也。故政不正，则君位危；君位危，则大臣倍，小臣窃。刑肃而俗敝，则法无常；法无常而礼无列；礼无列则士不事也。刑肃而俗敝，则民弗归也。是谓疵国。"⑤实际上，"礼"就存在于百姓日用而不知的各种仪式之中，就是民众的生活必不可少的组成部分。"故夫礼，必本于天，殽于地，列于鬼神，达于丧、祭、射、御、冠、昏、朝、聘。故圣人以礼示之，故天下国家可得而正也。"⑥因此，在中国古代，"法"是对"礼"的必要补充，是防备奸邪的一种手段，"君子之道，辟⑦则坊⑧与！坊民之所不足

---

① 《礼记·王制》。
② 五刑：指墨、刖、劓、宫、大辟五种肉刑。
③ 《礼记·王制》。
④ 《礼记·曲礼上》。
⑤ 《礼记·礼运》。
⑥ 《礼记·礼运》。
⑦ 辟：通"譬"，譬如。
⑧ 坊：防水的堤防。

者也。大为之坊，民犹逾之。故君子礼以坊德，刑以坊淫，命①以坊欲"②。以礼乐为载体的礼仪或仪式，其作用发挥的目的就在于教人社会化，因此，为礼者，身当履而行之，"人而不仁，如礼何？人而不仁，如乐何？"③ 一个人如果麻木不仁，则人心亡矣，其对礼乐之禁、规范约束早已置之脑后，言虽欲用之，而礼乐不为之用也。

第三，崇尚仪式与倡导性行为约束。历经数千年而不衰的中华传统文化，其博大精深的不竭生命源泉在于文化体系的开放性，以及其既济未济追求圆满的理性动力。值得指出的是，尽管有人对这种文化的育人功能提出这样那样的非议，认为传统文化更多地致力于培养为统治阶级认可和需要的顺民，而没有看到传统文化对以人为本等民本思想的倾心和关注，对合乎道义之下的言行通过社会倡导性的礼仪或仪式加以提倡和旌表，引领社会民众认同和追随名流文化倡导的生活方式，从而造就了中国礼仪之邦的美誉。

"仪式"一词最早出自《毛诗·周颂》："我将我享，维羊维牛，维天其佑之，仪式刑文王之典，日靖四方，伊嘏文王，既右飨之，我其夙夜，畏天之威，于时保之。"在这里，显示出以诗歌传唱的形式，称颂西周统治者沿袭文王的旧典，并以之为仪式，来安靖四方的社会状况。与此相适应，崇尚仪式与倡导性行为表现在其不仅仅在传统人生仪式文化中，将忠、孝、慈、悌等伦理规范渗透于日常生活之中，而且使其成为一种不用思考、理应如此的观念东西，这也就成为世代传承文化心理了。在古代中国，人一出生就感受着家庭、家族、学堂传授教导的人生道德教育，这些观念和行为模式早已烙印在个体的心灵深处，其影响也将是长久的。《仪礼》《礼记》《周礼》《朱子家礼》都是传统礼仪的精神实质的现实化操作蓝本，许多正统思想、生活伦常、实用逻辑都能在其中找到传统文化的影子，倡导"尊祖宗、重人伦、崇道德、尚礼仪"④ 的传统美德，注重个体品德培育或个体道德修养。这些倡导性的许多仪式规程，

---

① 命：法令。
② 《礼记·坊记》。
③ 《论语卷二·八佾第三》。
④ 司马云杰：《文化社会学》，山东人民出版社2001年版，第398页。

细致入微、循序善诱，并在后代反复实践解读、传承与变通中相辅相成，保持了历史上的连续传衍。从这个意义上讲，儒家经典及其思想实质不是高高在上，它们也通过这些看得见、照着做的礼仪仪式贯穿于底层民众生活之中，在社会底层的生活实践中不断完善，有效地实现了人生礼仪仪式在全社会的推行，自然也倡导出了一系列规范模式。

成人仪式——告别童稚，迈向成年，担当责任

与刑和法的强制性规范不同，传统仪式约束的一个重要原则就是通过畏惧和戒备而实现自律。其实，自律是传统仪式得以稳定传承的内部推动力，而且在倡导性的仪式规范当中更是如此。自律要求在个体的内心树立起坚定的道德信念，自觉以公认的行为准则来要求和约束自己，而不依靠他者的监督。中国传统文化的育人功能，在这方面表现得尤为突出，中国人认为个体品德培育过程一方面要坚持以个人为本位，修身养性，积善成德，除了自觉接受外在的教化和影响即自觉接受道德他律外，另一方面还应时时恭省内求，即便是在自己独处之时也要严于自律，"戒慎乎其所不睹，恐惧乎其所不闻。莫见乎隐，莫显乎微，故君子慎其独也"①。自律和他律在传统仪式之中都广泛存在,事实上,众多的仪式约束力往往一开始是他律,依照他人的教导监督规范自己的言行,发展到后来有了相关的心理认识后,自律便成为内心的道德准则,他律的成分变得少了,这一点在倡导性的仪式规范作用发挥当中意义非凡。当然,传统人生仪式文化之所以被世世代代的人们认同和遵守,并成为适用于社会成员普遍的行为规范,除了自律的因素外,实则是传统礼仪仪式及其内在的文化表达了人们内心的真实情感和社会需要。因此,仪式文化的教化功能不是僵硬的说教和思想灌输,而是使人产生情感认同,在此基础上依靠人的道德意识觉醒来指导人生实践,并在实践中不断地提高自己的道德素质。

  法律是人类社会发展到一定社会阶段的产物。"礼"作为法的重要起源,主要来源于民间的风俗习惯。"刑"和"礼"是中国古代法律的两个渊源。"刑"是早期的部落战争的结果。夏朝(前21—前16世纪)时,随着氏族制度的解体、国家的产生,就有了"兵刑合一""刑起于兵""大刑用甲兵"②等立法根据。《尔雅·释诂》曰:"刑,常也,法也。"《易经》云:"井(刑),法也。"《左传·昭公六年》:"夏有乱政,而作禹刑;商有乱政,而作汤刑;周有乱政,而作九刑。"孔子说:"道之以政,齐之以刑,民免而无耻;道之以德,齐之以礼,有耻且格。"③管子认为法的出现是因为:"法者,所以兴功惧暴也;律者,所以定分止争也。"④在古代中国,法还是对君臣家国意识的维护,《旧唐书·刑法志》:"古之圣人,为人父母,莫不制礼以崇敬,立刑以明威,防闲于未然,惧争心之将作也。"中国在西周就确立了明德慎罚的法律思想,《尚书·康诰》载:"惟乃丕显考文王,克明德慎罚。"《唐律疏议·名例》载:"德礼为政教之本,刑罚为政教之用,犹昏晓阳秋相须而成者也。"

  费孝通先生认为在传统乡村社会"礼"具有法律的规范功能。"如果单从行为规范一点说,礼和法律无异,法律也是一种行为规范。礼和法

---

① 《礼记·中庸》。
② (汉)班固撰,(唐)颜师古注:《汉书》卷22《刑法志》,中华书局1999年版,第917页。
③ 《论语·颜渊》。
④ 《管子·七臣七主》。

的不相同的地方是维持规范的力量。法律是靠国家的权力来推行的。'国家'是政治权力，在现代国家没有形成前，部落也是政治权力，而礼却不需要这有形的权力机构来维持。维持礼这样的规范的是传统。"① 他还认为社会变迁是传统礼治走向法治的必然要求。"在一个变迁很快的社会，传统的效力是无法保证的。尽管一种生活的方法在过去是怎样有效，如果环境一改变，谁也不能再依着老法子去应付新的问题了。所应付的问题如果要由团体合作的时候，就得大家接受个统一的办法，要保证大家在规定的办法下合作应付共同问题，就得有个力量来控制各个人了。这其实就是法律。也就是所谓'法治'。"法律是从外部强制性地约束人的行为，人生礼仪仪式规范依靠人的道德自觉。人生礼仪仪式价值、规则和审美观被社会认同之后，比法律规范的效果更为深入全面和有效。而且，当这种观念成为人的道德律令，就会对人产生内在的威慑力，当自己言行与之不符时，就会感到羞耻和窘迫。因此，传统人生仪式文化正是通过灵魂感化、行为习得、修身养性来提高人的道德认知，使人摆脱低级趣味，追寻心灵与秩序的完善。

传统人生礼仪仪式的实践特征非常明显，它具体到日常生活中的衣着打扮、饮食起居、待人接物、言谈举止等细节，通过道德榜样示范、行为模仿、规则强化，优化人的行为，完成主体的行为和心理建构。应该说，传统人生礼仪仪式中的很多活动是为了标记人生某个节点的重大事件，这对个体心理具有建设功能。它的意义在于，使接受仪式者产生一种认同感、责任感。这也被称为"角色自居—内化"原理，理论创立者美国心理学家杜拉德和米勒认为，儿童的道德是通过学习模仿和认同成人的角色以内化社会道德而来的。人生礼仪仪式可以将个体定位在一个新角色上，通过角色体验、情感共鸣机制使人从新旧角色转换中调整自己的行动和观念，树立符合社会发展主流的价值观念和自我形象。个体往往是在学习这些人生礼仪仪式的过程中逐步认识自身、认识家庭、认识社会，并逐步克服自身的缺点与不足，最终达到完善个体品德心理的目的。另外，传统人生礼仪仪式也是传授和学习人际交往知识的重要载体，其特殊性表现在主要是通过日常生活来实现的，需要每个人设身

---

① 费孝通：《乡土中国》，北京出版社2005年版，第70页。

处地去观察、体验、参与，而且要反复地观察、体验、参与，才能使这种知识内化为自己内心深处的一种自然的诉求；而且学习人生礼仪仪式只是从自己最亲近的人开始，这就使人生礼仪仪式的学习一开始就带有强烈的感情亲情色彩，这种感情亲情色彩既是人生礼仪仪式区别于其他知识的一个特殊性，也是它易于为人们所接受，从而塑造个体品德心理的根本原因所在。檀传宝认为："道德教育的核心任务是要赋予每一个个体以科学的价值观、道德原则和行为规范等等。"[①] 道德教育就是要促使社会道德规范内化，让受教育者养成既符合社会要求又为个体所认知认可并自觉遵循的道德准则，形成相应的个体道德人格。外部价值导向能够对人的世界观、价值观产生影响，但个体行为习惯、人生实践经验的获得与社会生活密切联系，日常生活中的重要环节对人的观念影响更加细微有效，道德规范只有进入人们的生活才对之进行规范和引导，才可以构建社会认同的人文基础，达到社会普遍认可的道德规范的内化，充分树立对传统文明的自信心与归属感。

第四，传统仪式之所以对人的行为方式产生深刻影响，有赖于传统文化心理这一稳定支撑。文化心理是群体共有的文化气质和心理特征，它长期流传稳定不变。时代变迁可以使人的衣着体貌等外在特征发生变化，但文化心理却是一脉相承的。个体心智结构的形成，既有先天集体无意识的文化遗传，又有后天社会因素的积淀。社会习俗和仪式中蕴含的行为和信念，在个体心灵无数的确认之后就能够转化为潜意识。社会因素从人的意识发生和道德认知双重维度建构人类的心灵，它是人的道德心理和道德感启蒙的真正动力。传统儒学较早地认识到社会生活孕育着群体信念。殷人认为自己是玄鸟的后代，玄鸟生商神话反映了后人对始祖"契"的崇拜，其"感天而生"的创生形式在当时具有普遍性，如尧是其母庆都与赤龙"合昏"而生，舜为"握登"感"枢星"而生，禹为其母女嬉吞"薏苡"而生，"弃"（周的始祖）为其母履巨人迹因感而生，诸如此类的远古传说都蕴含了时人共同信奉的神话原型。周取代了殷商的地位后，提出他们是以"德"来辅"天"，即"皇天无亲，惟德是辅"。通过这一转换，既使人帝具有了神圣性，又使在后天社会

[①] 檀传宝：《学校道德教育原理》，教育科学出版社2003年版，第32页。

生活中生成的"道德"拥有了先天特征。于是孔孟认为人天生就有向善的道德本能，孟子指出恻隐、羞恶、辞让、是非之心是"天之所与我者"①。传统儒学在对先天意识进行理论论证的同时，还以社会生活中习俗习惯对其确证，在他们看来丧葬仪式是最有说服力的证明。这是由于丧礼既包含人类早期社会信念，又符合个体切身情感生活，还具有移性化质的作用。正是理论与生活的双向作用使人们确信"仁义礼智根于心"②，人先天具有良知良能。换句话说，传统儒学对个体心智结构的塑造实质上是将人后天形成的道德认知转化为了生存智慧和文化心理。

美国著名文化学家 L. A. 怀特认为："人作为一个生物有机体，作为一个种类，存在于人——文化系统之内。"③ 整个文化领域对绝大多数普通人，甚至对许多科学家来说都是一个"无意识"的领域。人的行为在他看来，一方面"是机体作用的结果，另一方面它又是超机体的文化传统或文化过程作用的结果。个人对决定其行为的两类因素——生物的和文化的某些方面或多或少有点意识，但对其大部分是全然无知的，由此便构成了两大无意识领域：生物机体内的无意识领域和外部的文化无意识领域"④。泰勒认为："人类情感与观念中有一种系统；这个系统有某种总体特征，有属于同一个种族、年代或国家的人们共同拥有的理智和心灵的某些标志，这一切都是这个系统的原动力……有三个不同的原因有助于产生这种基本的道德状态——种族、环境和时代。"⑤ 列维·斯特劳斯认为原始思维"借助于形象的世界深化了自己的知识。它建立了各种与世界相像的心智系统，从而推进了对世界的理解"⑥。

荣格将产生于人类史前史的前意识称为"集体无意识"。荣格认为，个人无意识是个体生活中累积的记忆和印象，集体无意识是人类经由遗

---

① 杨伯峻：《孟子译注》，中华书局1960年版，第270页。
② 同上书，第309页。
③ ［美］怀特：《文化科学——人和文明的研究》，浙江人民出版社1988年版，第336页。
④ 同上书，第153页。
⑤ ［英］泰勒：《英国文学史》（原版于1864年），载拉曼、塞尔登编《文学批评理论——从柏拉图到现在》，刘象愚等译，北京大学出版社2000年版，第456页。
⑥ ［法］列维-斯特劳斯：《野性的思维》，商务印书馆1987年版，第301页。

传而继承下来的共同的无意识要素，它比个人无意识更深一层，是人类心理中最深层的无意识内容。集体无意识提供了人的思维、行为的预先可能性，它的特点是："尽管它不用感官的辅助以行使其功能，它还是保持着生活的平衡，并通过交感神经兴奋的神秘路径向我们提供他人内心生活的知识，同时对他们施行内在的影响。"荣格对集体无意识与本能做了区分，"本能起源于反复重演的意识行为，这些意识行为先是个别的，以后则成为共同的"[①]，而集体无意识是人先天就有并以类的特征显现，是每个个体身上一开始就存在的共同基质。"集体无意识是人的演化发展的精神剩余物，它是经过许多世代的反复经验的结果所积累起来的剩余物。"[②]对于一个民族而言，集体无意识总是与其创世神话密切相关。远古时代人类思维自我意识不强，个体意识很少超越集体意识，神话是以世代相传的集体表象为基础的思维活动，创世神话提供了特定族群的解释体系。学界普遍将神话看作是"原始的哲学，最简单的思想表达形式，了解世界和解释生与死、命运和自然、神和崇拜的一系列尝试"[③]。

潜意识（subconsciousness）是一种未被直接察觉到的非自觉的"内隐"式意识，它由本能、遗传、训练等积淀而成，以人的生物属性和社会属性为反映方式参与大脑思维功能的实现。潜意识包括未被察觉的欲望、被遗忘的记忆、习惯形成的心理定势等，通常在梦中或突然间不自觉地表现出来。后天潜意识指被潜意识化了的人类意识，它的形成机理是人通过后天学习得来的社会文化意识（如政治、法律、道德、艺术、宗教、习俗和自然科学知识等），经过天长日久的践行和体认，潜移默化为个体社会心理的沉淀物，存在于人的意识深层进而转化为一种文化潜意识。马克思曾经客观地分析人的自然属性，认为"人来源于动物界这一事实已经决定人永远不能完全摆脱兽性……"[④]他指出："人以其需要的无限性和广泛性区别于其他一切动物。"[⑤]

[①]《荣格文集》，改革出版社1997年版，第4页。
[②] 转引自［美］舒尔茨《现代心理学史》，人民出版社1981年版，第360页。
[③]［美］托马斯·F. 奥戴、珍妮特·奥戴：《宗教社会学》，中国社会科学出版社1990年版。
[④]《马克思恩格斯全集》第20卷，人民出版社1971年版，第110页。
[⑤]《马克思恩格斯全集》第49卷，人民出版社1982年版，第130页。

弗洛伊德认为，潜意识即"无意识"，主要指人的非理性的本能冲动，无意识是人的一切行为最根本的动力所在。弗洛伊德把无意识看成是个人本能和个人早期生活特别是童年生活中受压抑的心理内容。弗洛伊德深入分析了梦、遗忘、失言、病征、误记、玩笑，以及言行癖习等人们日常生活的现象，从中发现了无意识心理机制。他指出，人的精神结构有潜意识、前意识和意识三个层次，其中潜意识属于无意识层次，处于精神底层，人无法直接了解。弗洛伊德认为神话仪式是人"内部心理的反射"（reflection of our innerpsyche），潜意识是精神生活的一般性基础，"潜意识乃是真正的精神实质"，"每一种思维活动开始于无意识行为；根据它遇到抗拒与否，它或者仍保持如此，或者发展成意识"①。弗洛伊德强调，"这种象征并非是梦所特有，而是潜意识意念的特征——尤其是源于人的。通常可以在民谣、通俗神话、传奇故事、文学典故、成语和流行的神话中发现"。② 按照他的思想，仪式中的个体只要对道德义务在情感上保持认同的态度，那么指引他行动的规范就不再是外在的，用他的话来说即被"注入"（introjected）以形成"超我"（su-perego），成为个体人格本身的一个组成部分。也就是说，个体生活的情境反复刺激于心灵结构时，就会形成一种印象，印象的多次重现交融就会形成一种新的观念，以及特定的有规律的思考问题的方式，这种观念方式会以隐性结构潜伏下来，当合适的情境再次出现时，这种思维模式会自动地链接激活，迅速地展现演绎出来，而不经过推理。

第三节　内在德性修养

在中国古代传统文化中，君子人格历来是儒家伦理体系的核心价值与追求目标，而人格的养成重在德性和德行塑造。德性是内化的道德观念，德行是其外化的行为实践。"德性文化堪称是儒家文化最本质的特征，西方学人甚至将儒家文化等同于德性文化。中国传统文化讲求德性，

---

① Freud, Sigmund, *Collected papers Vol. 4*, Authorized translation under the supervision of Joan Riviere, New York: Basic Books Inc. Publishers, 1959, p. 27.

② ［奥］弗洛伊德：《梦的解析》，作家出版社1986年版，第204页。

将德性文化置于首位。"① 儒学代表孔子以道德属性来定义人的本质，将人的德性概括为"仁者，人也"②。而"仁、义、礼、智、信"等儒家伦理核心范畴的道德规范内涵更加显见，是个体德性培养的重要内容。孟子说，"学则三代共之，皆所以明人伦也"③，人伦即指人与人之间的道德关系。"君子以仁存心，以礼存心。仁者爱人，有礼者敬人。"④ 荀子说，"今人之恶性，必将待师法然后正，得礼仪然后治"，⑤ 提出儒家传统文化设定的教育目的就是矫正"恶"，使其变为"善"，使人明白人伦规范，注重道德人格的养成。王海明提倡的德性培育实质上也是社会普遍价值原则与道德规范内化为个体的道德意识、道德素质进而外化为道德行为的过程。他说，德性是"一种摸不着看不见的、存在于每个人自身内部的东西，是通过一个人的行为所表现出来的行为者的内心状态或心理特征"⑥，它"是一定社会或一定阶级的道德原则、规范在个人身上的体现和凝结，是在处理个人与他人、个人与社会关系的一系列行为中所表现出来的比较稳定的特征和倾向"⑦。

传统仪式作为贯穿人生整个过程的一种道德约束机制，在上述个体品德培育和人格养成方面具有十分重要的意义。传统仪式的作用就在于培养人的伦理道德意识，养成自觉遵从人间道德秩序的行为习惯。一方面，仪式这一道德约束的本质在于维护集体利益，维持既定的社会分工和身份秩序，约束或限制个人利益对集体利益可能发生的侵害；另一方面，仪式通过情景式确认和生活化阐释，实现人们对过去旧有传统的心理认同和情感满足，从而确定每个个体作为生活角色在社会中的权利义务关系。一般而言，仪式这一道德约束同道德主体的自觉能动性发挥是统一的，道德约束对仍停留在他律水平的人，往往以一种非强制性的方式对其行为进行规范和制约，而对于德性修养上升到自律水平的人们或

---

① 陈力祥：《儒家核心价值观对封建社会思潮的有效引领之策略探析》，《天府新论》2009年第4期。
② 《礼记·中庸·十三经今注今译》（上册），岳麓书社1994年版，第962页。
③ 《孟子·滕文公上》。
④ 《孟子·离娄下》。
⑤ （清）王先谦：《性恶篇》，《荀子集解》卷17，中华书局2012年版，第421页。
⑥ 王海明：《新伦理学》，商务印书馆2001年版，第603页。
⑦ 罗国杰：《思想道德修养》，高等教育出版社1995年版，第295页。

将社会道德规范内化为个人内心信念的人，则会主动地、自觉自愿地选择合乎仪式要求的道德行为，而并不感到受约束或限制。

第一，仪式是参与者亲力亲为的道德实践活动，其培养个体德行的有效机制便是神圣的榜样示范。不论是禁止性规范，还是倡导性行为，也不论是一家之内，还是广及国家社稷，仪式都以鲜活的神性人格榜样示范在每个人眼前身边，其严肃的象征意义、教化范导作用分明而直观。关于仪式的教诫作用，我国的古代典籍有大量的详细记载，其中最详备的莫过于对丧祭仪式的表述和推崇。如《孟子·滕文公上》："三年之丧，斋疏之服，飦粥之食，自天子达于庶人，三代共之。"因为儒家文化认为忠信是德行的重要内容，丧祭礼最能培养人的忠信之德。《礼记·礼器》曰："祀帝于郊，敬之至也。宗庙之祭，仁之至也。丧礼，忠之至也。"显示时间地点和致礼对象不同，仪式的规范和要求迥异，天尊弥远，祭之宜极尽于敬，故云敬之至也；宗庙主亲，祭之必极尽于仁爱，故云仁之至也；亲戚之丧，必尽忠心追念，故云忠之至也。《礼记·礼器》曰："忠信，礼之本也；义理，礼之文也。无本不立，无文不行。"孔颖达注疏本段意为，礼之为本，即忠信是也。忠者内尽于心也，信者外不欺于物也。内尽于心，故与物无怨；外不欺物，故与相谐也。义理，礼之文也。礼虽用忠信为本，而又须义理为文饰也。得理合宜，是其文也。无本不立，解须本也。无忠信，则礼不立也。无文不行，解须文也。行礼若不合宜得理，则礼不行也。孔子教育自己的儿子："不学礼，无以立。"[①] 因为"忠信之人，可以学礼。苟无忠信之人，则礼不虚道"。所以"不知礼，则耳目无所加，手足无所错"[②]。心致忠诚，言又信实，质素为本，不有杂行，故可以学礼也。苟犹诚也，道犹从也；人若诚无忠信为本，则礼亦不虚空而从人也。言虽学礼而不得也。"忠信，礼之器也。卑让，礼之宗也。辞不忘国，忠信也。先国后己，卑让也。《诗》曰：'敬慎威仪，以近有德。'夫子近德矣。"[③] 可见，中国先民们不仅认真恪守原有的礼仪仪式规范，也在现实生活中塑造并模仿着那些鲜活的

---

① 《论语卷八·季氏第十六》。
② 《四书章句集注·论语集注卷十》。
③ 《春秋左传·昭公二年》。

道德楷模。

中国人崇祖敬德的传统美德，体现在禁忌和要求繁芜的众多丧礼之中，也成为仪式培育个体品德的一大特色。《荀子·礼论》指出要本着"事死如事生"的态度对待和处理丧礼事务："丧礼者，以生者饰死者也，大象其生以送其死也。故事死如生，事亡如存，终始一也。……凡礼，事生，饰欢也；送死，饰哀也；祭祀，饰敬也；师旅，饰威也。是百王之所同，古今之所一也，未有知其所由来者也。故圹垄，其貌象室屋也；棺椁，其貌象版盖斯象拂也；无幠丝嶲缕翣，其貌以象菲帷帱尉也；抗折，其以象槾茨番阏也。故丧礼者，无它焉，明死生之义，送以哀敬而终周藏也。故葬埋，敬藏其形也；祭祀，敬事其神也；其铭诔系世，敬传其名也。事生，饰始也；送死，饰终也。终始具而孝子之事毕，圣人之道备矣。"①《礼记》则详细规定了子女守丧时应有的德行："丧食虽恶，必充饥。饥而废事，非礼也。饱而忘哀，亦非礼也。视不明，听不聪，行不正，不知哀，君子病之。故有疾，饮酒食肉。五十不致毁，六十不毁，七十饮酒食肉，皆为疑②死。有服，人召之食，不往。大功以下，既葬，适人；人食之；其党也，食之；非其党，弗食也。功衰，食菜果，饮水浆，无盐酪。不能食食，盐酪可也。孔子曰：'身有疡则浴，首有创则沐，病则饮酒食肉。毁瘠为病，君子弗为也。毁而死，君子谓之无子。'"③ 同时，《礼记·丧服四制》还具体规定了服丧时的衣食要求。"父母之丧，衰、冠绳缨，菅屦，三日而食粥，三月而沐，期十三月而练冠，三年而祥。比终兹三节者，仁者可以观其爱焉，知者可以观其理焉，强者可以观其志焉。礼以治之，义以正之。孝子、悌弟、贞妇，皆可得而察焉。"要求服父母丧者，开始要穿麻衣，着绳制的帽带、丧冠、菅草鞋，三天后才可以开始吃粥，三月后才可以洗头，到第十三个月才戴练麻制的布冠，大祥祭后才过正常生活。能够做到这些仪式要求的人，就可看到和体会出仁者的爱心、智者的理性、强者的毅力。以此用礼来治丧，以道义来指正，一个人是不是孝子、悌弟、贞妇，都可以

---

① 《荀子·礼论篇第十九》。

② 疑：恐惧。

③ 《礼记·杂记下》。

分明地看出来。

然而，中国人对尊崇丧祭礼仪，并非一味苟同和盲目尊奉，相反，中国古代社会还通过圣贤帝王等对丧祭仪式的改革树立伦序改革的榜样，用来昭示民众与时俱进修德尊礼。《史记·孝文本纪》记载了西汉孝文帝对自己丧事主张从简的厚德仁心，就颇具典型意义："后七年六月己亥，帝崩于未央宫。遗诏曰：'朕闻盖天下万物之萌生，靡不有死，死者天地之理，物之自然者，奚可甚哀。当今之时，世咸嘉生而恶死，厚葬以破业，重服以伤生，吾甚不取。且朕既不德，无以佐百姓；今崩，又使重服久临（哭吊），以离（通"罹"）寒暑之数，哀人之父子，伤长幼之志，损其饮食，绝鬼神之祭祀，以重吾不德也，谓天下何！……其令天下吏民，令到出临三日，皆释服。毋禁取妇嫁女祠祀饮酒食肉者。自当给丧事服临者，皆无践（通"跣"，赤足）。绖带无过三寸，毋布车及兵器，毋发民男女哭临宫殿。宫殿中当临者，皆以旦夕各十五举声，礼毕罢。非旦夕临时，禁毋得擅哭。已下（下葬以后），服大红（即小功）十五日，小红十四日，纤七日，释服。他不在令中者，皆以此令比率从事。布告天下，使明知朕意。霸陵山川因其故，毋有所改。归夫人以下至少使。①'"当然，对于违背传统，不按礼仪仪式行事的人，即便是帝王，国人也会据理矫正。如《礼记·檀弓下》记述："鲁人有周丰也者，哀公执挚请见之，而曰不可。公曰：'我其已夫。'使人问焉，曰：'有虞氏未施信于民而民信之，夏后氏未施敬于民而民敬之，何施而得斯于民也？'对曰：'墟墓之间，未施哀于民而民哀；社稷宗庙之中，未施敬于民而民敬。殷人作誓而民始畔，周人作会而民始疑。苟无礼义忠信诚悫之心以莅之，虽固结之，民其不解乎？'"意思是：鲁国有个叫周丰的人，哀公拿礼物欲拜访他，他却说不行。哀公说："那我就不去了。"就派了人向周丰请教道："有虞氏并没有教导人诚信，而人们却信任他；夏后氏并没有教导人诚敬，而人们却敬重他，他们推行什么而取信于民的呢？"周丰说："在先民遗迹或祖墓前，没有教导人要悲哀，而他们却自然流露出悲哀的神色；在神社或宗庙里，没有教导人要肃敬，而他们却自然表现出

---

① 夫人以下至少使：《集解》引石勐曰："夫人以下有美人、良人、八子、七子、长使、少使，凡七辈。"

肃敬的神情。殷人兴起设誓，而人们开始背弃盟约；周人热衷于会盟，而人们开始互不信任。如果没有以礼义、忠信、诚实的心治理，即使设法团结人民，难道不会离散吗？"可见违背传统和破坏礼仪仪式的言行，后果往往是非常严重的。

第二，让每个参与者明于情理，是培育个体具备仪式所蕴含的秩序和规范理念的前提。说理彻底，才能让人信服。对诸如"君子上不僭上，下不逼下"①"君子不夺人之亲，亦不可夺亲也"②等礼仪规范的理解和认识问题，一代又一代明于道德教化的先哲们对其极尽用心，在注疏经典的同时解读和传播着久已有之的传统。正如有德行的人不剥夺别人对父母的哀情，也不剥夺自己的哀情，通过典型故事，讲述并提倡着传统规范。《礼记·檀弓下》载：成子高寝疾，庆遗人，请曰："子之病革矣，如至乎大病，则如之何？"子高曰："吾闻之也，生有益于人，死不害于人。吾纵生无益于人，吾可以死害于人乎哉？我死，则择不食之地而葬我焉。"《春秋左传》载："夏，楚子西、子期伐吴，乃桐汭。陈侯使公孙贞子吊焉，及良而卒，将以尸入。吴子使大宰嚭劳，且辞曰：'以水潦之不时，无乃廪然陨大夫之尸，以重寡君之忧。寡君敢辞。'上介芋尹盖对曰：'寡君闻楚为不道，荐伐吴国，灭厥民人。寡君使盖备使，吊君之下吏。无禄，使人逢天之戚，大命陨队，绝世于良，废日共积，一日迁次。今君命逆使人曰：无以尸造于门。是我寡君之命委于草莽也。且臣闻之曰：事死如事生，礼也。于是乎有朝聘而终，以尸将事之礼。又有朝聘而遭丧之礼。若不以尸将命，是遭丧而还也，无乃不可乎！以礼防民，犹或逾之。今大夫曰：死而弃之，是弃礼也。其何以为诸侯主？先民有言曰：无秽虐士。备使奉尸将命，苟我寡君之命达于君所，虽陨于深渊，则天命也，非君与涉人之过也。'吴人内之。"③可见，传统礼仪或仪式的价值，还必须合乎义理。关于"义"对个体或社会的意义，孔子指出："君子义以为质，礼以行之，逊以出

---

① 《礼记·杂记下》。
② 《礼记·曾子问》。
③ 《春秋左传·哀公十五年》。

之，信以成之。"①《礼记·礼运》曰："故礼义也者，人之大端也。所以讲信修睦，而固人之肌肤之会、筋骸之束也；所以养生、送死，事鬼神之大端也；所以达天道、顺人情之大窦也。"《礼记·表记》曰："后世虽有作者，虞帝弗可及也已矣；君天下，生无私，死不厚其子。子民如父母，有憯怛②之爱，有忠利之教。亲而尊，安而敬，威而爱，富而有礼，惠而能散。其君子尊仁畏义，耻费轻实，忠而不犯，义而顺，文而静，宽而有辨。《甫刑》③曰：'德威惟威，德明惟明。'④"所以，"礼之所尊，尊其义也"⑤。

君臣大义是丧礼首要关注的德性观念，而且也主张这种大义是彼此相互的理念。大义即"贵贵尊尊"（按《孔子家语·本命解》意）。《论语·八佾》曰："君使臣以礼，臣事君以忠。"《礼记·郊特牲》认为天子举行庄重的蜡祭是仁至义尽的表现："皮弁素服而祭。素服，以送终也。葛带榛杖，丧杀也⑥。蜡之祭，仁之至，义之尽也。黄衣黄冠而祭，息田夫也。野夫黄冠，黄冠，草服也。"《礼记·表记》曰："君子之所谓义者，贵贱皆有事于天下。天子亲耕，粢盛秬鬯⑦以事上帝，故诸侯勤以辅事于天子。"在儒家看来，仁是义的根源，义是区分是非的标准，又是衡量仁的尺度，这是顺应天理人情，当然也是礼仪仪式所遵从的道德规范。"故唯圣人为知礼之不可以已也，故坏国、丧家、亡人，必先去其礼。故礼之于人也，犹酒之有糵⑧也，君子以厚，小人以薄。故圣王修义之柄、礼之序，以治人情。故人情者，圣王之田也，修礼以耕之，陈义以种之，讲学以耨⑨之，本仁以聚之，播乐以安之。故礼也者，义之实

---

① 《论语卷八·卫灵公第十五》。
② 憯怛（音 cǎn dá）：忧伤，忧愁，忧思。
③ 《甫刑》：即《尚书·吕刑》。周穆王时刑罚的文告由吕侯请命而颁，后因吕侯后代改封甫侯，故《吕刑》又称《甫刑》。
④ "德威惟威，德明惟明"：以德行威则威行，以德阐明则明白。
⑤ 《礼记·效特牲》。
⑥ 葛带：以葛草织成的腰带。榛：一种丛生的荆棘。用它做手杖叫榛杖。杀：减轻。丧杀：减轻丧礼。丧服用粗麻布，杖用竹桐，蜡祭时用葛与榛，所以比丧礼轻。
⑦ 亲耕：古代天子耕籍田，亲自掌犁推行三周，表示劝农。粢盛：盛在祭器内的黍稷。秬鬯（音 jù chàng）：祭祀时灌地所用的酒。用黑黍合郁金草酿造，色黄而芳香。
⑧ 糵（音 niè）：酿酒所用的曲。
⑨ 耨（音 nòu）：锄草。

也，协诸义而协。则礼虽先王未之有，可以义起也。义者，艺之分，而仁之节也。协于艺，讲于仁，得之者强。仁者，义之本也，顺之体也，得之者尊。"① 此外，儒家认为检验君子行为是否合"义"，还要看他的财富观与人生观。《论语·述而》曰："不义而富且贵，于我如浮云。"《礼记·乐记》曰："见利而让，义也。"《礼记·儒行》曰："儒不宝金玉，而忠信以为宝；不祈土地，立义以为土地；不祈多积，多文以为富。"儒家文化强调，对于真正的儒者，金玉财货并非人生至宝，而忠信美德才是无价之宝。

在中国传统文化中，拘束和引导人之言行的品格是良心，中国人普遍认为良心的形成始自人的葬亲意识，而葬亲意识发源于人类在最初的集体生活特别是原始仪式中产生的情感认同。按照马克思主义的观点，良心是人们在对他人、社会的关系处理上，内心产生的对自己行为负有的道德责任感。而且马克思认为："良心是由人的知识和全部生活方式来决定的。"② 一般而言，特定仪式给先民们带来了相应的快乐体验、安全感和责任意识。与此相适应，对仪式的笃信使他们逐渐将世俗的观念融入到仪式活动之中，历经反复便历史地创制出了一套完整的丧礼仪式，最终形成了"孝"的生活化样式和理论体系。随着"孝"的观念与事关个体生活的重大事件——丧礼仪式的进一步融合与彼此促进，最终衍生出先民群体共同的信仰模式。如比较通行的丧祭仪式，其中就包含了汉族人对伦常的道德信念："夫祭有十伦焉：见事鬼神之道焉，见君臣之义焉，见父子之伦焉，见贵贱之等焉，见亲疏之杀焉，见爵赏之施焉，见夫妇之别焉，见政事之均焉，见长幼之序焉，见上下之际焉。"③

实际上，"孝"的观念来源于丧礼仪式并被其反复强化，"良心"就是其中的发生机制。儒家代表孔子认为培养良心最直接的方法是教人孝悌，提出心之相通，必自孝始，进而推扩为人心与世道的关联。他以"仁"为核心，提出了礼、孝、悌、忠、恕、恭、宽、信、敏、惠、中庸

---

① 《礼记·礼运》。
② 《马克思恩格斯全集》第6卷，人民出版社1961年版，第151页。
③ 《礼记·祭统》。

等修养德目。《礼记·礼运》提出："天子以德为车，以乐为御。诸侯以礼相与，大夫以法相序。士以信相考，百姓以睦相守，天下之肥也。是谓大顺。大顺者，所以养生、送死、事鬼神之常也。"孔颖达认为这里的"德"指的是孝悌之理。费孝通先生说："礼治就是对传统规则的服膺。生活各方面，人和人的关系，都有着一定的规则。行为者对于这些规则从小就熟习，不问理由而认为是当然的。长期的教育已把外在的规则化成了内在的习惯。维持礼俗的力量不在身外的权力，而是在身内的良心。"① 正如西塞罗所言："对于道德实践来说，最好的观众就是人们自己的良心。"② 德国著名伦理学家和教育家包尔生也指出："确实没有人会相信：一个民族，倘若它完全缺乏我们称之为风俗和良心的东西，缺乏个人在其中通过审慎和畏惧控制自己行为的东西，能够支持哪怕一天以上。"③ 对于良心道德教化机制的重要性，前苏联著名教育实践家和教育理论家苏霍姆林斯基指出："压抑自己良心的声音，这是很危险的事情。如果你养成一种对某件事情毫不在乎的习惯，那你很快就会对任何事情也都满不在乎。"④ 就孝的理性化——孝道来说，汉族传统丧礼仪式重在培养人的感恩良心。在儒家看来，子女对父母的孝是最天然的感恩之情。孔子认为孝悌之情是"为人之本"，一个人"其为人也孝弟，而好犯上者，鲜矣；不好犯上，而好作乱者，未之有也。君子务本，本立而道生。孝弟也者，其为仁之本与！"⑤ 李景林教授提出，就丧祭礼而言，这个"本"，即指人的亲亲孝思之情。当然，儒家言"情"，并不局限于亲亲，其所以强调亲亲，乃是因为在儒家看来，孝道亲亲之情对人来说是一切情感中最真挚自然的情感。他的上述观点也得到了考古成果的印证，郭店楚简《语丛三》记载："父孝子爱，非有为也。"表明孝是人之常情的流露，非有意为之。《语丛一》载："为孝，此非孝也；为弟，此非弟也，

---

① 费孝通：《乡土中国》，生活·读书·新知三联书店1985年版，第35页。
② ［古罗马］西塞罗：《论辩集》，转引自魏英敏《新伦理学教程》，北京大学出版社1993年版，第452页。
③ ［德］弗里德里希·包尔生：《伦理学体系》，中国社会科学出版社1988年版，第312页。
④ ［苏联］苏霍姆林斯基：《给儿子的信》，教育科学出版社1981年版，第6页。
⑤ 《论语卷一·学而第一》。

不可为也。"这样的理念在以宗法家族组织为基础的古代社会具有重要的意义。当然，丧祭是儒家最看重的民间人生仪式，原因在于丧祭最能体现孝，而且具有评介前人、教化后人的沿袭功效。北宋哲学家、理学创始人张载提出："德不胜气，性命于气，德胜其气，性命于德。穷理尽性，则性天德，命天理，气之不可变者，独死生修夭而已。"①儒家要求孝子"能尽祭之义"，原因就在于"丧祭之重质（情）、复古，其实乃是一种象征，其实质在于使人文施设的实行本身能够唤起人的自然真实情感，以达成人的真实的道德成就"②。

除此之外，"爱"和"敬"也是汉族丧礼仪式中个体最真切的感受，而爱与敬正是儒家原创儒学的主要德性理念。孔子曰："弗爱不亲；弗敬不正。爱与敬，其政之本与？"③ 孟子曰："君子所以异于人者，以其存心也。君子以仁存心，以礼存心。仁者爱人，有礼者敬人。爱人者，人恒爱之；敬人者，人恒敬之。"④《礼记·祭义》载："君子反古复始，不忘其所由生也，是以致其敬，发其情，竭力从事，以报其亲，不敢弗尽也。"《礼记·檀弓下》："唯祭祀之礼，主人自尽焉尔，岂知神之所飨，亦以主人有齐敬之心也。"意思是敬作为礼的基本要求，能够对个体行为起到示范作用。"身致其诚信，诚信之谓尽，尽之谓敬，敬尽然后可以事神明，此祭之道也。"⑤《礼记·檀弓上》："丧礼，与其哀不足而礼有余也，不若礼不足而哀有余也。祭礼，与其敬不足而礼有余也，不若礼不足而敬有余。"在儒家看来，丧祭礼仪的本质在于表达哀敬之情，作为形式的礼要服以情感，而且"爱"与"敬"的情感还能够转化。"古之为政，爱人为大。所以治爱人，礼为大。所以治礼，敬为大。"⑥

第三，"克己复礼为仁"，是传统仪式实现个体品德培育的实践理路和通途。当颜渊问仁于孔子时，子曰："克己复礼为仁。一日克己复礼，

---

① （北宋）张载：《正蒙·诚明》。
② 李景林：《儒家的丧祭理论与终极关怀》，《中国社会科学》2004 年第 2 期，第 116—117 页。
③ 《大戴礼记·哀公问于孔子第四十一》。
④ 《孟子卷八·离娄章句下》。
⑤ 《礼记·祭统》。
⑥ 《礼记·哀公问》。

天下归仁焉。"① 其中的礼，自然包括了遵循传统仪式规范的要求。提倡"独尊儒术，罢黜百家"的董仲舒认为："礼之所重者在其志。志敬而节具，则君子予之知礼。"② 在记述礼仪仪式规范和传统的专书《礼记》中，则援引祭祀礼仪将仪式锻造人之礼德机理分析得透彻而明晰："凡治人之道，莫急于礼。礼有五经，莫重于祭。夫祭者，非物自外至者也，自中出生于心也，心怵而奉之以礼。是故，唯贤者能尽祭之义。"③ 朱熹认为礼可以节制和裁度人的行为："言非礼义，谓之自暴也。（朱注：自害其身者，不知礼义之为美而非毁之，虽与之言，必不见信也。）"④ 此外，《礼记·祭义》还就"义"与"让"的社会功能阐述如下："天下之礼，致反始也，致鬼神也。致和用也，致义也，致让也。致反始，以厚其本也；致鬼神，以尊上也；致物用，以立民纪也。致义，则上下不悖逆矣。致让，以去争也。合此五者，以治天下之礼也，虽有奇邪，而不治者则微矣。"⑤

在中国传统儒学思想中，节制的内在尺度和标准是"仁"和"安"，外在尺度和标准则是"礼"，但在文字表达形式上却有"节""宜""义""让""曲""克己""拘束"等。礼仪仪式通过形式安排调选人体心神、意志和言行，克服一个人已有和将有的与礼不合之处，以实现克己修德复礼成人的功效，在本质上都是向仁义等核心价值和优良道德的统一回归。所谓"节"，就是节制。《易·说卦传》说："节，止也。"《节卦》说："节者，制度之名，节止之义，制事有节，其道乃亨。"《礼记·丧服四制》曰："告民有终也，以节制者也……节者礼也。"《礼记·王制》："丧祭，用不足曰暴，有余曰浩。祭，丰年不奢，凶年不俭。"《礼记·礼器》曰："礼也者，反其所自生；乐也者，乐其所自成。是故先王之制礼也以节事，修乐也以道志。"《礼记·曲礼上》："礼从宜，使从俗。"体现出礼仪或仪式地区差异，也是仪式修德之权变。《礼记·礼运》："义者，艺之分，仁之节也。"《左传·昭公二年》："礼以敬为本，卑让，礼

---

① 《论语卷六·颜渊第十二》。
② 《春秋繁露·玉杯》。
③ 《礼记·祭统》。
④ 《四书章句集注·孟子集注卷七·离娄章句上》。
⑤ 《礼记·祭义》。

之宗。"《礼记·仲尼燕居》:"夫礼所以制中也。"《帛书五行》:"夫丧,正经修领而哀杀矣,其至内者之不在外也。"[①] 礼仪仪式的内敛敦化和委曲修德的功夫正是培育个体品德的有效途径,这也是礼仪、仪式和礼节异曲同工,以文化层面对社会成员的规范、约束与节制。

[①] 庞朴:《帛书五行篇研究》,齐鲁书社1988年版,第52页。

第五章

古代书院对个体品德的培育

培育新人是人类生存与发展共同的要求，也是所有社会文明永恒的主题。中华民族历经数千年积淀而成的优秀传统文化，是以儒家成人亦即德性人格塑造思想为核心，在儒释道三教争鸣融合的基础上结晶而成的中国传统人生智慧。中华的先知觉者深信人性具备教化的一切要素和可能，以"天之生斯民也，使先知觉后知，使先觉觉后觉。予，天民之先觉者也，予将以此道觉此民也"[1]。孔子以当仁不让、舍我其谁的认识和胸怀，自觉担当起传道授业解惑的历史使命。于是，他在"天子失官，学在四夷"的古代农业社会，"有教无类"积极创办私学建立书院，带领众多弟子"游憩于礼、乐、射、御、书、数六艺之中"[2]，坚持立德树人，"以《诗》《书》《礼》《乐》《易》《春秋》教弟子"[3]，培育出一代又一代通五经贯六艺的文武才略兼备之人。当然，提及私学和书院教育，人们自然就会联想到万世师表孔子。孔子不仅是儒家思想最重要的开创者，而且是中国历史上最有影响的私学创办者，他最突出的教育理念便是坚持以人为本、立德树人，将学生的品德和人格养成贯穿于教育和人们的日用伦常之中，坚持以"仁"为道德信念澄明人的思想观念，以"礼"规范人的言行，通过个体内省修养功夫确立和坚定人的道德理想。在施教过程中教育和要求弟子将国家、社会、家庭和个人成长目标统一起来，立定志向、内省自悟，确立正确的人生蓝图和努力方向，不断提升个人

---

[1] 《孟子卷十·万章章句下》。
[2] 杨伯峻：《论语译注》，中华书局1980年版。
[3] 《经学通论·〈书经〉》。

道德修养，最大限度地发挥人的潜在智慧和能力，最终使个体在各种严峻考验与激烈冲突面前都能保持应有的道德人格，从而实现"上可以美政，下可以移俗"的人生境界，达到生命个体与宇宙万物的和谐发展。

按照现代教育标准来分析，作为全世界最有影响的教育家，孔子将教育分为德行、言语、政事和文学四大科目。其中，"德行"在所有的科目中居于首位，可见儒家自古以来就特别注重人的道德品质培养。而且孔子认为，培养满足社会需要的道德品质与修养是包括私学（学校）在内的所有教育工作的重心。通过学校道德教育，要使学生明白基本的伦理规范和其中蕴含的人生哲理，自觉养成孝、敬、爱、诚、信、礼等做人做事的必备道德品质。后来，儒学思想的集大成者孟子认为人生来就具有"仁、义、礼、智"四个善端，所有教育（尤其是学校教育）的目的就在于"明人伦、兴教化"。他说："学则三代共之，皆所以明人伦也。"[1] 所以，"凡有四端于我者，知皆而扩而充之矣，若火之始然，泉之始达。苟能充之，足以保四海；苟不充之，不足以事父母"[2]。与之相反，荀子认为人生来性恶，需要"化性起伪"。"今人之性恶，必将待师法然后正，得礼义然后治。古者圣王以人性恶，以为偏险而不正，悖乱而不治，是以为之起礼义，制法度，以矫饰人之情性而正之，以扰化人之情性而导之也……"[3] 因此，他提出教育要更加注重通过外在教化和约束来塑造个体德性人格。孔孟和荀子的观点虽然有明显差异，但都足以说明古代先哲提倡道德教育的重要性和必要性，在这样的教育理念引导下，古代私学教育始终坚持立德树人宗旨，在德育为先的基础上，才教给弟子技术和文化知识。

纵观中国古代私学教育的历史，古代书院始终坚持儒家正统的教育思想，教生徒"明乎人伦"而"传道济民"。事实上，书院的确也是儒学思想长期坚守和积极传播的主要阵地，这在王朝更替频繁的古代社会变迁中显得尤为珍贵和更为重要。在书院的日常教学管理中，山长和先生的选聘、学规制度推行、书院环境建设，都始终贯穿着培育人的道德观

---

[1] 《孟子·滕文公上》。

[2] 《孟子·公孙丑上》。

[3] （清）王先谦：《性恶篇》，载《荀子集解》卷17，中华书局2012年版，第421页。

念这一根本宗旨。"儒家以圣人为决定历史的关键人物，承担着为天地立心，为生民立命，为往圣继绝学，为万世开太平的崇高历史使命。圣人的不朽功勋、伟大价值，不仅在于他自身实现了道德完善，更在于他所开辟的伟大事业，成就的伟大功业，他的道德光辉，泽被苍生，流芳万世。"① 所以，儒家思考学说及其道德观念成为国家主流价值以来，无数的先哲以积极入世的态度，自觉担当起通过立德树人来实现治国平天下的普世目标。在具体确定教育内容和施教原则时，书院都更加注重对人的社会属性的培养，强调人的社会化，"人伦之在天下，不可一日废，废则国随之"②。如宋代学者张栻在岳麓书院的教学中，就把日用伦常之事看作"天职"，强调把德性培育当作书院教育的首要目标，提出"凡天下之事，皆人之所当为。君臣、父子、兄弟、夫妇、朋友之际，人事之大者也……学所以明万事而奉天职也"③。张栻的这个观点在传统思想中是非常引人注目的，他将日常道德生活实践提高到了前所未有的高度。他认为："考先王所以建学造士之本意，盖将使士者讲夫仁、义、礼、智之彝，以明夫君臣、父子、兄弟、夫妇、朋友之伦，以之修身、齐家、治国、平天下，其事盖甚大矣。"④ 这样一来，不仅确立了私学道德教育的应然之意，而且还从认定生命成长的角度阐述了书院对未成年人道德教育的天然合理性。他进一步论证指出："孩提之童，莫不知爱其亲；及其长也，莫不知敬其兄……迁于物欲而天理不明，是以处之不尽其道，以至于伤恩害义者有之。此先王之所以为忧而为之学以教之也。"⑤ 由于人在小时候"天理不明"，这时"不尽其道"是自然的，为避免成长过程中可能出现的"伤恩害义"，必须对其进行品德教育，从而将儒家正统的伦理道德观念内化为他们的道德信念和行为准则。再如，曾创立湖湘学派

---

① 唐凯麟、张怀承：《成人与成圣》，湖南大学出版社1999年版，第111页。
② （宋）张栻：《邵州复旧学记》，载《南轩集》卷10，文渊阁四库全书，第1167册，第498页。
③ （宋）张栻：《静江府学记》，载《南轩集》卷9，文渊阁四库全书，第1167册，第497页。
④ （宋）张栻：《邵州复旧学记》，载《南轩集》卷10，文渊阁四库全书，第1167册，第498页。
⑤ （宋）张栻：《送张荆州序》，载《南轩集》卷15，文渊阁四库全书，第1167册，第546页。

的胡宏先生也认为，书院讲学在于"义理明、心志定、济人利物"，"论为学者贵于穷万物之义，论为治者贵于识百职之体。孔子曰：'学之不讲，是吾忧也。'夫圣人何忧？学者所以以学为治也。讲之熟则义理明，义理明则心志定，心志定则当其职，而行其事无不中节，可以济人利物矣。"①

理学集大成者朱熹也认为"明人伦"是教育的根本，自然是书院和私学效仿的范本。他提倡在学校教育中应侧重于明道和传道，而所要明和传的道更多地指向人伦道德。"学校之设，所以教天下之人为忠为孝也。"② 他认为德育为本是自古以来的通行道理，其重要性得到了社会的公认。"古者圣王设为学校，以教其民，由家及国，大小有序，使其民无不入乎其中而受学焉。而其所以教之具，则皆因天赋秉彝而为之，品节以开导而劝勉之，使其明诸心，修诸身，行于父子、兄弟、夫妇、朋友之间，而推之以达君臣、上下、人民、事物之际，必无不尽其分焉……先王学校之官，所以为政事之本，道德之归，然不可以一日废焉者。"③ 朱熹主张和推行的德育就是为了让民众接受齐家爱国之道，恪守尊卑贵贱的社会伦理秩序，明白家庭伦常观念。道德教育的途径是"明诸心、修诸身"。而且他将这些预设真正付诸书院的日常教学之中，坚持把道德教育放在首位，尊重生徒个体特点，"传道"生徒以使其"明道"，培养有学识、通达人生道理、德性品质良好的人才。可见，经过张栻、朱熹等儒学大师的倡导与阐发，德育为先的教育理念就成为古代书院教育的基本理念，始终成为包括私学在内的教育机构沿袭秉承的传统。甚至后来出现德教崇拜和神圣化倾向，如明万历年间冯从吾在关中书院讲学时就明确提出"德教为先"，教导生徒"无驰于功利，无溺于词章，无夺于毁誉"④，潜心学习儒学思想，把握做人处世的道理。他说："存此谓之道

---

① 转引自陈谷嘉、朱汉民主编《中国德育思想研究》，浙江教育出版社1998年版，第569页。

② （宋）黎靖德编：《朱子六·论取士》，载《朱子语类》卷第109，中华书局1986年版，第2703页。

③ （宋）朱熹：《静江府学记》，载《朱文公文集》卷78，四部丛刊（初编），第181册。

④ 转引自唐亚阳《中国书院德育研究》，博士学位论文，湖南师范大学，2006年，第58页。

心，悖此谓之人心，惟精精此者也，惟一一此者也。此之谓允执厥中，此之谓尽性至命之圣学。"① 清初蕺山书院创办者刘宗周提出"明人心本然之善"的教育原则。应天府书院要求生徒以德育为先，进而心忧天下、退而道乐古人。

总的来看，重视德教和"明人伦"是古代书院的教育传统。后来，"自科举之业盛，士皆驰骛于记诵辞章，而功利得丧，分惑其心，于是师之所教弟子之所学者，遂不复知有明伦之意矣"②。但是，书院教育作为官学的有益补充，不仅在广大的农村基层社会很好地发挥了传道授业、教化人心和移风易俗的功效，而且不同时期书院都以儒家的伦理纲常、道德规范为"学之有本"，讲授修齐治平的道理，培育有德有才之人。由于书院的影响和作用，明代著名的思想家王阳明甚至还提出以书院来匡翼学校，提出"惟我皇明，自国都至于郡邑，咸建庙学，群士之秀，

风声雨声读书声声声入耳，家事国事天下事事事关心

---

① 转引自唐亚阳《中国书院德育研究》，博士学位论文，湖南师范大学，2006年，第58页。

② （明）王守仁：《增修万松书院记》，载陈谷嘉、邓洪波《中国书院史资料》（上册），浙江教育出版社1998年版，第542页。

专官列职而教育之。其于学校之制，可谓详且备矣。而名区胜地，往往复有书院之设，何哉？所以匡翼夫学校之不逮也"[①]。可见书院在当时的地位和影响之盛。

第一节　德育为先明乎人伦

在我们的先民看来，个体修身必须以儒家经典为蓝本，不坚持儒学正统思想将"终为无根之学"[②]。古代书院秉承儒家德育为先的教育理念，坚持君权神授和皇权至上的正统思想，强调要把个人命运置身于国家社会的雄伟大业中，各种学堂施教尤其注重对个体品德的培育，一般均以教生徒"明乎人伦""传道济民"为其根本宗旨，坚信德性是所有能力的统帅，一个人的德性越好，就越能最大限度地发挥其潜在的智慧和能力，实现自己的人生抱负和社会价值，也才能达到"上可以美政，下可以移俗"的人生境界与修养目标。否则，有才无德可能对社会的破坏力更大。因此，古代书院基本上都是以儒家经典著作为教材，传授正统的儒学思想、中华民族文化和伦理道德理性。在施教过程中，突出励志修身的重要性，要求学生"穷则独善其身，达则兼善天下"[③]，坚守社会伦理纲常，将道德修养和学识提高贯穿于自身的日常生活中。

书院作为古代学者聚集生徒、私家讲学之所，通过道德理性的思辨和体验，将道德知识融合于生徒个体道德情感、道德意志的培育之中，最终积淀成为一个人遵循社会道德规范行事的前提基础与学识保证。书院讲学论道一方面让德性融入众生徒日常知识结构之中，预设了个体的社会化的理路与模式；另一方面，以德性修养引导知识储备，让有知识有文化之人成为社会的有用之才，为人类进步和文化延续有益的力量，将德性修养与知识掌握在人的自我完善中统一起来。古代书院还引导生徒广泛地阅览甚至背诵书籍，"及周之衰，贤圣之君不作，学校之政不

---

① （明）王守仁：《增修万松书院记》，载陈谷嘉、邓洪波《中国书院史资料》（上册），浙江教育出版社1998年版，第542页。

② （清）周在炽：《玉潭书院条约》，载邓洪波《中国书院学规》，湖南大学出版社2000年版，第178页。

③ 《孟子·尽心章句上》。

修，教化陵夷，风俗颓败，时则有若孔子之圣，而不得君师之位以行其政教，于是独取先王之法，诵而传之以诏后世"①。使人"上之研究理性，讲究经济，次之博通考据，练习词章"，成为全面发展的人。书院非常注重讲学、会讲、质疑辩难和社会宣教等教学形式，以此法集思广益，博采众长，充分挖掘儒家经典著作中所蕴含的诸多道德知识和实践经验，促进生徒的道德分析能力和践履能力，"果能多阅汉、唐、宋、元、明诸儒之书，其识必广，其义必明，虽不能尽举其辞，尽会其趣，而于是经之纲领条目必有卓然不爽者"②。如主张"先天下之忧而忧，后天下之乐而乐"的北宋著名的思想家范仲淹，执掌应天书院教席期间，勤勉督学、以身示教、严于律己、崇尚节操，书院学风渐盛厚誉日隆。他认为个人只有广泛涉猎各种知识并真正理解其蕴含的深刻哲理之后，才能做到"聚学为海"，让知识反复集聚内化，才能够达到"九河我吞、百谷我尊"的境界；只有在这个时候，自己才能真正成为行为的决定者与责任的担当者，而不是被动的模仿者或追随者。他在《南京书院题名记》中阐发了这一办学旨趣，"经以明道，若太阳之御六合焉；文以通理，若四时之妙万物焉。诚以日至，义以日精。聚学为海，则九河我吞，百谷我尊；淬词为锋，则浮云我决，良玉我砥"③。孙复创立的泰山书院传扬圣贤之道放在书院教育的第一位，《泰山书院记》有云：（孙复）"乃于泰山之阳起学舍讲堂，聚先圣之书满屋，与群弟子而居之……门人之高弟者，石介、刘牧、姜潜……（等），足以相望于千百年之间矣，孰谓先生穷哉？大哉，圣贤之道无屯泰……先生尝以为尽孔子之心者'大易'，尽孔子之用者'春秋'，是二大经，圣人之极笔也，治世之大法也，故作'易说'六十四篇，'春秋尊王发微十二篇'。"

书院山长或著名执教学者对书院办学理念的树立和教授生徒的影响最大，对当时分散于全社会的学馆和书院也极具示范性，如周敦颐对石鼓书院的教育哲学思想影响就很大。他以"立人极""学为圣人"为书院的教

---

① 《四书章句集注·大学章句序》。
② （清）周在炽：《玉潭书院条约》，载邓洪波《中国书院学规》，湖南大学出版社2000年版，第179页。
③ （宋）范仲淹：《南京书院题名记》，载陈谷嘉、邓洪波《中国书院史资料》（上册），浙江教育出版社1998年版，第57页。

育宗旨，并形成"圣希天，贤希圣，士希贤"的教育目标体系。与孙复、石介等宋初几位为卫护本门"道统"而强力排佛的儒家学者不同，周敦颐是广泛汲取佛老思想精髓与修证方法的基础上建立起以"诚"为宇宙与心性本体的道德伦理体系，并将立"诚"作为"学为圣人"的根本途径，这就使得宋儒特别是理学家们"学为圣人"、承续"道统"的勇气因理论底蕴与修养境界的提升而大为增加。"学为圣人"经周敦颐明确提出并由其严密论证之后，遂逐渐成为宋代理学家办书院授生徒的首要任务。程颢的修养"圣人"观在周敦颐理学的基础上进一步形象化、具体化："圣人即天地也。天地中何物不有？天地岂尝有心拣别善恶？一切涵容覆载，但处之有道尔。若善者亲之，不善者远之，则物不与者多矣，安得为天地？故圣人之志，止欲'老者安之，朋友信之，少者怀之'。"① 此外，在二程看来，维护纲常伦理最主要就是要使"出义入利"的价值观在"学为圣人"的书院教育目标体系中占最重要的位置，并起引领"航向"的作用。他们告诫书院的先生和众生徒："昨日之会，大率谈禅，使人情思不乐。贵而怅恨者久之。此说天下已成风，其何能救！古亦有释氏，盛时尚只是崇设像教，其害至小。今日之风，便先言性命道德，先驱了知者，才愈高明，则陷溺愈深……清谈为害，却只是清谈，又岂若今日之害道？今虽故人有为此学而陷溺其中者，则既不可回，只有望于诸君尔。"②

古代书院惯常采用的教学方式是会讲、讨论和质疑问难。其中，会讲从"朱张会讲"开其先河以来就一直盛行于世，它作为一种重要的讲学制度，不仅有利于聚集生徒传授知识，而且还能够促进各书院和不同学派取长补短、共同发展，促进讲学和生徒个体知识水平两提高。实际上，书院会讲自由度还是比较高的，它允许参会之人各抒己见，没有身份地位和资历高下等偏见，甚至学术主张互相对立的学派之间也非常重视利用会讲机会沟通意见，拓宽生徒视野，深得人们的赞同，书院会讲活动的社会影响也由此日盛。据邓洪波编著、湖南大学出版社出版的《中国书院学规》所收《仁文书院讲规》记载："真修实践之士，往往出于布素，如吴聘君、王心斋其人者，故不尽由黉序中出。若必择其方类

---

① （宋）程颢、程颐：《二程遗书·二先生语二上》，中华书局2000年版，第67页。
② 同上。

而取之，恐长林丰草间不免有遗贤，而亦何以风励庶人之以修身为本者。是故，会讲之日，如或山林布衣，力行好修，但愿听讲，不妨与进。"①这也足以反映出，书院始终秉承着当年孔子首倡的"有教无类"的授徒理念。当然，书院会讲活动本是属于高层次的文人群体性的伦理道德问题辩难活动，也是书院建立学术理论体系、传播学术知识、普及儒家德育思想的重要途径。如乾道三年（1167年）的岳麓之会，是书院发展史上一大引人注目的盛事，堪比当今的高端学术研讨会。在此次会讲中，朱熹和张栻就仁说、太极说、中和说、知行说、察识持养之序等学术问题进行了深入的讨论和辩难。其中《重建岳麓书院记》就记载了当时的论辩细节："当张子无恙时，朱子自闽来潭，留止两月，相与讲论，阐明千古之秘，骤游岳麓，同跻岳顶而后去。自此之后，岳麓之为书院，非前之岳麓矣。地以人而重也。"两人当时的辩论影响很大，甚至出现"学徒千余，舆马之众至饮池水立竭，一时有潇湘洙泗之目"②的盛况。范伯崇也记述说："二先生论《中庸》，三日夜而不能合。"③自此以来，"朱张会讲"开启了书院史上的会讲之风。

与此相适应，伦理道德是书院会讲的主题，这完全继承和附和了儒学之风。冯从吾在其《宝庆寺学会》中明确规定会讲"其言当以纲常伦理为主"④。淳熙八年（1181年）"朱陆白鹿洞之会"就是以主张"理""气"二元论闻名的客观唯心主义代表人物朱熹，与以心外无理、心即是理闻名的主观唯心主义代表人物陆九渊，论辩和主导了历史上著名的"鹅湖之会"，吕祖谦也应邀参加。会讲辩论的中心议题是教人之法，陆九渊门人朱亨道有一段较为详细的记载："鹅湖讲道，诚当今盛事。伯恭盖虑朱、陆议论犹有异同，欲会归于一，而定所适从。……论及教人，元晦之意，欲令人泛观博览而后归之约，二陆之意欲先发明人之本心，而后使之博览。朱以陆之教人为太简，陆以朱

---

① 《仁文书院讲规》，载邓洪波《中国书院学规》，湖南大学出版社2000年版，第38页。
② （元）吴澄：《岳麓书院重修记》，载陈谷嘉、邓洪波《中国书院史资料》（上册），浙江教育出版社1998年版，第322页。
③ 转引自苗春德《宋代教育》，河南大学出版社1992年版，第164页。
④ （明）冯从吾：《宝庆寺学约》，载邓洪波《中国书院学规》，湖南大学出版社2000年版，第251页。

之教人为支离，此颇不合。"① 所谓教人之法，也就是认识论，在会讲会上朱熹也认识到每个人、每个学术流派都有其优势与不足。淳熙八年（1181年），朱熹还延请陆九渊到白鹿洞书院详细阐述了"君子喻于义，小人喻于利"的诸多含义。书院会讲制度不仅活跃了学术研究氛围，丰富了书院教学内容和方法，还极大地提高参与士人及普通民众的道德教化。

书院宣教讲学在促进学术交流与提高的同时，还注重解决道德生活中的一些实际问题。书院教学生徒往往着眼现实，以直观生动形象的形式提高普通民众（书院生徒大多来自于民间白屋之家）的道德理解能力，使他们在日用伦常中体味儒家传统道德文化的奥妙，在其身行言动中自觉地遵守道德规约。不仅如此，书院讲习论道还注意从当时的社会流弊说开去，既现实直观，又着眼长远。据明代萧雍《赤山会约》记载："民间大害，无过赌博。赌博之害，罪在开场。本是戏事，大张骗局，一入其网，不尽不止。大抵赌博之人，初皆起于利心。父母不肯苦戒，亦皆起于利心。投掷甚易，取利甚捷，冀其赢也，而姑纵之。既而输钱于甲也，取赢于乙以偿之，幸而偿也，又思益之。亡论骰子、纸牌，权不由我，胜负难必。纵赢得钱来，不由勤苦，谁肯爱惜，任意花费，缘手立尽，倒囊空归。东荡西走，田地荒芜，不问父母缺养，不顾室无片椽，家无寸土。债主逼取，借贷无门。力耕不能，饥寒难熬，则有聚而为盗耳。小则窃，大则强，身以盗亡，盗由赌至，悔无及矣。可哀也！官府法禁虽严，安能尽人而绳之。是在各家父兄捐去利心，严戒，轻而家法处治，重则送官刑罪。彼亦人耳，肯以身为戮辱乎？此风衰息，而家道日见殷富矣。"② 可见，当时书院的讲学取道平实贴近生活，说理论道讲求艺术，既针砭时弊讲明道理，又立意长远改善了民风。

书院坚持学无止境教学相长原则，打破了传统的师道尊严禁锢。"质疑辩难"是古代书院师徒间、生徒间的基本"日课"之一，因为"读书，始读未知有疑，其次则渐渐有疑，中则节节是疑。过了这一番后，疑渐

---

① 《陆九渊集·卷三六·年谱》。
② （明）萧雍：《赤山会约》，载邓洪波《中国书院学规》，湖南大学出版社2000年版，第74页。

渐解，以致融会贯通，都无所疑，方始是学"①。在此基础上，书院生徒与先生们围绕学习中有争议的学术和道德问题，各方展开自由讨论与辩驳，既丰富充实了生徒们的道德知识，消除了学习的困惑与修身的懈怠，也优化和提升了师道尊严的偏见与禁锢。高璜在主教白鹿洞书院时主张"先求开示于经、学长；不能决，再叩堂长；不能决，再叩副讲；不能决，再叩主洞；不许躐等"②。吕祖谦在《乾道五年规约》中写道："凡有所疑，专置册记录。同志异时相会，各出所习及所疑，互相商榷，仍手书名于册后。"③胡宏则提倡"存疑、精思、论辩"的问学理念，王阳明将此称为"因药发病"教学法。

嵩阳书院被称为研究古代书院建筑教育制度及儒家文化的标本

古代书院充分继承发扬了儒家注重礼乐的授徒传统，十分重视生徒的礼乐教育。因为"乐"是和伦理相通的，礼乐可以使个体的精神情感、理性意志、道德性情得以陶冶，使其精神真正获得一种"知、情、意"

---

① 《宋元学案·晦翁学案》（上）。
② （清）高璜：《白鹿洞书院经久规模议》，载邓洪波《中国书院章程》，湖南大学出版社2000年版，第127页。
③ （宋）吕祖谦：《丽泽书院学规》，载邓洪波《中国书院学规》，湖南大学出版社2000年版，第32页。

统一的整体提升；而且礼乐两者都有所得，才能称得上"有德"。"凡音者，生于人心者也。乐者，通伦理者也。是故知声而不知音者，禽兽是也；知音而不知乐者，众庶是也。唯君子为能知乐。是故审声以知音，审音以知乐，审乐以知政，而治道备矣。是故不知声者不可与言音，不知音者不可与言乐。知乐，则几于礼矣。礼乐皆得，谓之有德。德者得也。"① 书院教育家王阳明指出："凡诱之歌诗者，非但发其志意而已，亦以泄其跳号呼啸于咏歌，宣其幽抑结滞于音节也；导之习礼者，非但制其威仪而已，亦所以周旋揖让而动荡其血脉，拜起曲伸而固束其筋骸也；讽之读书者，非但开其知觉而已，亦所以沉潜反复而存其心，抑扬讽诵以宣其志也。凡此皆所以顺导其志意，调理其性情，潜消其鄙吝，默化其粗顽，日使之渐于礼义而不苦其难，入于中和而不知其故。是盖先王立教之微意也。"② 因此，可以清楚地看出，古代书院作为重要的传统文化传承机制，担当着"传道济民"的教育宗旨。坚持个体德性培育这一社会价值导向，注重德性教化和道德践履。一些在历史上非常著名的书院都以其实际行动为社会培养出了一大批传道济民、经世济国之士。吕祖谦在丽泽书院倡导"以讲求经旨明理躬行为本"③，张栻在主教岳麓书院时大声疾呼为国纾难赴义："夷虏盗据神州，有年于兹，国家仇耻未雪……盖君子于天下之事，无所不当究，况于兵者！世之兴废，生民之大本存焉，其可忽而不进哉！夫兵政之本在于仁义，其为教根乎三纲，然至于法度纪律、机谋权变，其务不可紊，其端为无穷，非素考索，乌能极其用！"④ 在此精神感召下，岳麓书院师生凭着顽强意志抗击元兵，诸生数百人"多感激死义"而"死者十九"，山长尹谷则举家自焚、以身殉国。⑤

---

① （明）王守仁：《语录二·传习录》中，《王阳明全集》卷2，上海古籍出版社1992年版，第88页。
② 同上。
③ （宋）吕祖谦：《丽泽书院学规》，载邓洪波《中国书院学规》，湖南大学出版社2000年版，第31页。
④ （宋）张栻：《张栻全集》，长春出版社1999年版，第1016页。
⑤ 参见杨慎初等《岳麓书院史略》，岳麓书社1986年版，第64—65页。

第二节　因材施教彰显个性

个性是一个人在性格、品质、思想、情感、意志和态度等方面不同于他人的独有特质，除了先天素质的决定因素外，绝大部分个性是在特定的社会条件和教育环境影响下形成的，这种特质的外在表现就是独有的身体特征、言语方式和行为方式。关于个性化教育问题，孟子指出，"君子之所以教者五（下文五者，盖因人品高下，或相去远近先后之不同）：有如时雨化之者（时雨，及时之雨也。草木之生，播种封植，人力已至而未能自化，所少者，雨露之滋耳。及此时而雨之，则其化速矣。教人之妙，亦犹是也，若孔子之于颜曾是已），有成德者，有达财者（财，与材同。此各因其所长而教之者也。成德，如孔子之于冉闵；达财，如孔子之于由赐），有答问者（就所问而答之，若孔孟之于樊迟、万章也），有私淑艾者（人或不能及门受业，但闻君子之道于人，而窃以善治其身，是亦君子教诲之所及，若孔孟之于陈亢、夷之是也）。此五者，君子之所以教也"①。由于禀赋、气质和性格的不同，以及自我意识、知识修养、理性意志的差异，书院生徒自然都表现出独立的、特殊的个性，他们的价值观念、人生态度、接受教育影响的方式等都存在着区别和差异，"生命的个体性意味着差异，从肉身到精神，每个人的生命质素、生命境遇都是不同的，差异性是人的生命存在的客观事实，是不容忽视、无法抹平的客观存在，人总是作为有差异的个体而不是作为标准件而生活着；生命的个体性意味着多样，正因为每个人的独特性、差异性的存在，这个'人类'的'生命世界'才成了一个丰富多彩而非千篇一律的'生活的世界'"②。根据生徒个性的不同，古代书院在个体德性培育方面特别是在施教方法上均有区别。王安石曾以良医为喻说明这种区别的重要性："药云则药，食云则食，坐云则坐，作云则作。夫然，故医也得肆其术而无憾焉，不幸而病且亡，则少矣。药云则食，坐云则作，曰姑如

---

① （宋）朱熹：《四书章句集注·孟子集注卷十三·尽心章句上》。
② 刘铁芳：《生命与教化——现代性道德教化问题审理》，湖南大学出版社2004年版，第23页。

吾所安焉尔，若人也，何必医，如吾所安焉可也。凡疾而使医之道皆然，而腹心为甚，有腹心之疾者，得吾说而思之其庶矣！"①朱熹提出"小以成小，大以成大"的圣贤施教法，也就是个性化教育的典范。由于"因材施教，是一种不仅能够反映道德教育对'人'的充分尊重而且能区分个体之间的差异，并尊重这种差异进行不同教育的方法。所以，因材施教的道德教育应关注人的心理发展阶段，关注人的个性倾向性及个性心理特征"②。

正因如此，古代书院的教育大师们都特别强调要充分考虑受教生徒的兴趣、个性、资质等特点，因势利导教授知识。当然，由于先天遗传因素、家庭环境影响以及个人生活条件等多方面的原因，每个人在问学资质、学习智商等方面是有一定差异的，资质好的生徒往往接受能力强，资质水平低的可能接受能力差。作为书院的举办者和文化教授的先生们，自然清楚这一点，孔子指出："弟子入则孝，出则弟，谨而信，泛爱众，而亲仁。行有余力，则以学文。"③作为生徒弟子之职，当于孝悌仁义等德性修养上下大功夫，在此基础上力有余则学文，否则，不修其职而先文，非为生徒之学也。"德行，本也。文艺，末也。穷其本末，知所先后，可以入德矣。"④因为"就品德的一种最基本的序列结构而言，它可以分为基础性品德素养和优良性品德修养两个既相互区别又相互联系的层面。前者作为基本的德性修养，更具他律性、功利性、世俗性、适应性，后者作为优良道德，更具自律性、理想性、神圣性、超越性。基础性价值质素是每个人都可以而且应当达到的基本要求，后者则只有少数个人才能达到"⑤。因此，书院道德教育一方面教给人生活的常识与基本伦理道德要求，这是社会和谐文明的基础；另一方面还关注人的更高层次的道德文化追求，正视生徒个体之间道德素养与资质水平的层次差异。

---

① （宋）王安石：《使医，王文公文集》卷第32，上海人民出版社1974年版，第386页。
② 赵雪江：《道德教育因材施教的聚材研究》，博士学位论文，东北师范大学，2006年，第13页。
③ 《论语卷一·学而第一》。
④ 王夫之：《四书章句集注·论语集注卷一·学而第一》。
⑤ 刘铁芳：《生命与教化——现代性道德教化问题审理》，湖南大学出版社2004年版，第173页。

夫子之施教也，先以诗世；道者孝悌，说之以义，而观诸体，成之以文德

作为书院制度化管理的雏形，唐代江州东佳书院陈氏七世掌门人陈崇订立的《陈氏家法三十三条》写道："立书堂一所于东佳庄，弟侄子姓有赋性聪敏者，令修学。稍有学成应举者。除现置书籍外，须令添置。于书生中立一个掌书籍，出入令照管，不得遗失。立书屋一所于住宅之西，训教童蒙。每年正月择吉日起馆，至冬月解散。童子年七岁令入学，至十五岁出学。有能者，令入东佳。逐年于书堂内次第抽二人归训，一人为先生，一人为副。……"① 可见，东佳书院对师资选聘、生徒升级、办学经费来源与分配、图书添置与书院管理等均有明文规定，也可以清楚地看到书院注意区分和因材施教的办学理念。又如《宋元学案演定学案》记载了"分斋教学"区分方法："先生初为直讲，有旨专掌一学之政。遂推诚教育多士，亦甄别人物。故好尚经术者，好谈兵战者，好文艺者，好尚节义者，使之以类群居讲习。先生亦时时召之，使论其所学，为其定理；或自出一义，使人人以对，为可否之，或及当时政事伸之折衷。"这些因材施教原则的顺利贯彻，推动了人才的"体用兼备"。受教生徒"有的长于经义……如朱临和翁仲通对于《春秋》的研究，以及杜汝霖对于《易》的研究；有的长于政事，如范纯仁、钱公辅等；有的长于兵战，如苗缓、卢秉；有的长于文学，如滕元发、林晨；有的长于节义，如徐积、周颖；有的长于治水，如刘彝；有的长于古乐钟律，如欧阳发，等等"②。王阳明也明确提出："人的资质不同，施教不可躐等。中

---

① 转引自邓洪波《中国书院史》，中国出版集团东方出版中心2006年版，第57页。
② 金林祥：《胡瑗教育思想研究》，《南通师范学院学报》（哲学社会科学版）2000年第2期。

人以下的人，便与他说性说命，他也不省得，也须慢慢琢磨起来。"① 他提倡"与人论学，亦须随人分限所及"②。认为每个人的资质水平是不同的，"拔苗助长"式道德教育只会欲速则不达。他主张充分了解生徒的个性、爱好及特长，要在道德教育过程中采取有针对性的教育方法，"学校之中，惟以成德为事，而才能之异，或有长于礼乐，长于政教，长于水土播植者，则就其德，而因使益精其能于学校之中"③。

书院立德树人的办学理念和止于至善的研修实践，不仅深受广大民众的欢迎，而且受到历代统治者的旌表甚至推广支持，历代官府往往通过管理和规范书院办学，为其政治社会和经济建设培养有用之才。如乾隆年间，为了防止重蹈官学沦为科举附庸的覆辙，书院被定位于"导进人才"和"广学校所不及"。提倡"教士之法"以生徒个体"上、中、下"资质水平为依据，采用不同的德育方法，指的就是要沿袭因材施教老传统："上则开来继往，为圣贤不朽之业；次则砥节励行，为豪杰有用之才；即等而下之，而仅仅以科举之学自奋，亦必经明行修，文章尔雅，不愧为读书种子，而后可不愧为书院之士。"④

纵观中国古代书院教育发展的历史，个性化教育在书院办学实践中得到了广泛贯彻，在所有教和学的活动中均依生徒个性差异而采用不同的方法，收到了良好的效果。与此同时，以重视因材施教、随人差异化教授的方法著称的吕祖谦还主张教育应该于生徒个性薄弱处着手，对于急躁者要教导他平缓，对于懦弱者要鼓励他坚强，以此取长补短，充分发挥生徒个性因素中的突出点。他明确提出："学者气质各有利钝，工夫各有浅深，要是不可限以一律。正须随根性，识时节，箴之中其病，发之当其可乃善。固有恐其无所向望而先示以蹊径者，亦有必待其愤悱而后启之者。"因为"大凡人之为学，当于矫揉气质上做工夫，如懦者当强，急者当缓，视其偏而用力"⑤。可见，书院对个体德性的培育是对个

---

① （明）王守仁：《王阳明全集》卷3，上海古籍出版社1992年版，第103页。
② 同上。
③ （明）王守仁：《王阳明全集》卷2，上海古籍出版社1992年版，第54页。
④ 杨绳武：《钟山书院碑记》，载陈谷嘉、邓洪波主编《中国书院史资料》（中册），浙江教育出版社1998年版，第878页。
⑤ 转引自王晶、王凌皓《南宋四大书院之教学艺术美》，《现代教育科学》2009年第6期。

性潜质不断的挖掘和知识水平不断提高的过程。一方面先生要充分把握生徒优缺点，并促使生徒正视自己的缺点和不足，有针对性地点拨积累和研习提高；另一方面是全面提升，完善知识结构，加强学术锻炼，提高认识水平。"是故善为师者，既美其道，有慎其行，齐时蚤晚，任多少，适疾徐，造而勿趋，稽而勿苦，省其所为，而成其所湛，故力不劳，而身大成，此之谓圣化。"① 古代先民一般认为只有君子才能当老师，而且君子只有既明白了教育成功的方法，又明白了教育失败的原因，然后才可以做老师。"君子知至学之难易，而知其美恶，然后能博喻。能博喻，然后能为师。能为师，然后能为长。能为长，然后能为君。故师也者，所以学为君也，是故择师不可不慎也。"② 而且，君子在教育学生的时候，只加引导，而不是拉着或逼着他前进；对学生学习要多加鼓励，而不是使他沮丧压抑；对问题讲解时在于启发，不把全部内容填鸭式讲尽。只引导而不强逼，则师生之间就感情融洽；多鼓励而不是压抑，则学生学习时就会感到比较积极；注意启发而不详尽讲解，则学生就用心思考。能做到这三点，就可称得上是善于教育人了。"君子既知教之所由兴，又知教之所由废，然后可以为人师也。故君子之教喻也，道而弗牵，强而弗抑，开而弗达。道而弗牵则和，强而弗抑则易，开而弗达则思。和易以思，可谓善喻矣。"针对生徒学习时出现"四失"，即"学者有四失，教者必知之。人之学也，或失则多，或失则寡，或失则易，或失则止。此四者，心之莫同也。知其心，然后能救其失也。教也者，长善而救其失者也"③。认为做教师的一定要先了解学生的基本情况和心理，然后才能加以补救。所谓教育，就是培养，在于发扬学生的优点而补足他们的过失，引导"四失"便可成功转化为其"四得"。正如明末清初著名学者王夫之所言："多、寡、易、止（四失），虽名有失，而多者便于博，寡者易以专，易者勇于行，止者安其序，亦各有善。救其失，则善长矣。"④ 他主张在追求专深的基础上群览博学，"惟博学然后有可得以参较

---

① 《春秋繁露卷第一·楚庄王第一》。
② 《礼记·学记》。
③ 《礼记·学记》，《十三经今注今译》（上册），岳麓书社1994年版，第883页。
④ （明）王夫之：《礼记章句》，载《船山全书（四）》，岳麓书社1998年版，第827页。

琢磨，学博则转密察，钻之弥坚，于实处转笃实，转诚转信。故只是要博学，学愈博则义愈精微"①。在这种理念的倡导下，鼓舞着众多先生勇于探索创新，循规律施教，"子深其深，浅其浅，益其益，尊其尊"②，培养出了一代代有德志士。

第三节 儒风熏染情境育人

书院作为儒家文化主要传承地之一，游学其中的众生徒深得儒家文化儒雅风范的熏陶，在塑造其完善的人格和修养品德方面发挥着直接而深刻的影响作用。有别于佛道两家崇拜菩萨和神仙，追求清雅出世而道法自然，相反，书院尊崇孔孟及本门贤哲，擅长用现实生活中的人格形象来表征自己的信仰和追求，启迪生徒智慧，熏陶儒生精神，养成学者儒行。"凡书院，皆为先贤作也。先贤，能传先圣之道，以植世教，故师之。先贤之上祀先圣，祖之也；先圣之下祀先贤，宗之也。祖一而宗分，是以所祠或不同焉。"③正因如此，各书院都坚持和发扬自己的办学传统，"必本其学之所自出而各自祭之，非其师弗学也，非其学弗祭也"④。其中，书院通过祭祀活动严格继承本学派的开山祖师及代表人物思想，传承着儒学的风骨，一方面表明了自己独有的学术风格，另一方面则继承和发扬着传统教育对生徒儒雅气质的培育。关于儒学或儒家风范，当年鲁哀公问于孔子时，孔子对此有着十分精辟的提炼和总结，下引为证：

> 儒有席上之珍以待聘，夙夜强学以待问，怀忠信以待举，力行以待取。其自立有如此者。
>
> 儒有衣冠中，动作慎，其大让如慢，小让如伪。大则如威，小则如愧。其难进而易退，粥粥若无能也。其容貌有如此者。

---

① （宋）张载：《经学理窟·气质》，载《张载集》，中华书局1978年版，第270页。
② 吴龙辉等：《墨子·大取，墨子白话今译》，中国书店1992年版，第198页。
③ （宋）黄文仲：《双峰书院新建四贤堂记》，载陈谷嘉、邓洪波《中国书院史资料》（上册），浙江教育出版社1998年版，第431—432页。
④ 转引自邓洪波《中国书院史》，中国出版集团东方出版中心2006年版，第158页。

儒有居处齐难，其坐起恭敬；言必先信，行必中正；道涂不争险易之利，冬夏不争阴阳之和；爱其死以有待也，养其身以有为也。其备豫有如此者。

儒有不宝金玉，而忠信以为宝；不祈土地，而仁义以为土地；不求多积，而多文以为富。难得而易禄也，易禄而难畜也。非时不见，不亦难得乎！非义不合，不亦难畜乎！先劳而后禄，不亦易禄乎！其近人情有如此者。

儒有委之以财货而不贪，淹之以乐好而不淫，却之以众而不惧，阻之以兵页不慑。见利不亏其义，见死不更其守。鸷虫攫搏，不程其勇。引重鼎，不程其力。往者不悔，来者不豫，过言不再，流言不极。不断其威，不习其谋。其特立有如此者。

儒有可亲而不可劫，可近而不可迫，可杀而不可辱。其居处不淫，其饮食不过，其过失可微辨，而不可面数也。其刚毅有如此者。

儒有忠信以为甲胄，礼义以为干橹。戴仁而行，抱义而处。虽有暴政，不更其所。其自立有如此者。

儒有一亩之宫，环堵之室，荜门圭窬，蓬户瓮牖。易衣而出，并日而食。上答之，不敢以疑；上不答之，不敢以谄。其为士有如此者。

儒有今人以居，古人以稽。今世行之，后世以为楷。适弗逢世，上所不援，下所不推。谗谄之民，有比党而危之者，身可危也，而志不可夺也。虽危，起居犹竟信其志，乃不忘百姓之病也。其忧思有如此者。

儒有博学而不穷，笃行而不倦，幽居而不淫，上通而不困。礼必以和，优游之法，慕贤而容众，毁方而瓦合。其宽裕有如此者。

儒有内称不辟亲，外举不辟怨。程功积事，不求厚禄，推贤达能，不望其报，君得其志，民赖其德。苟利国家，不求富贵。其举贤援能有如此者。

儒有闻善以相告也，见善以相示也，爵位相先也，患难相死也，久相待也，远相致也。其任举有如此者。

儒有澡身浴德，陈言而伏，静而正之，上弗知也。默而翘之，又不急为也。不临深而为高，不加少而为多。世治不轻，世乱不沮。同己不与，异己不非。其特立独行有如此者。

儒有上不臣天子，下不事诸侯。慎静尚宽，底厉廉隅。强毅以与人，博学以知服。虽视之如锱铢，弗肯臣仕。其规为有如此者。

儒有合志同方，营道同术，并立则乐，相下不厌。久不相见闻流言不信。其行本方立，义同而进，不同而退，其交友有如此者。①

同时，对儒者雅致人格和声行言动诸德目也给予了精到的阐释论述。孔子认为儒者品格中的"温良者，仁之本也。敬慎者，仁之地也。宽裕者，仁之作也。孙（逊）接者，仁之能也。礼节者，仁之貌也。言谈者，仁之文也"②。所有这些都是君子应当具备的优秀品格，自然也成为儒者教导生徒修养的功课。在这样的传统沿袭下，古代书院无一例外地尊奉孔子为万世师表的基础上，每个书院都树立有自己祭祀和尊奉的灵魂人物。例如，朱熹创办的竹林精舍就祭祀周敦颐、二程、司马光、张载、李桐、邵雍等"七先生"作为先贤，体现出与时俱进的时代精神。丽泽书院祭祀书院创建者吕祖谦，而让朱熹、张栻同享香火。象山书院祭祀陆九渊、杨简、袁燮等"三先生"。岳麓"书院旧有祠以祀晦翁、南轩，潭人请以山长式、郡倅纲配，若或寝之而专祀朱、张。潭人之言，文公集诸儒之成，以明圣贤之道，讲学于兹，吾师焉；安抚于兹，吾师焉。南轩世大儒，并时同业，夫所谓过化者存焉，吾祀之"③。甘泉学派都祀陈献章、湛若水。姚江学派都祀王守仁（王阳明）；等等。祭祀活动增强了生徒精神信仰的神圣感，这种神圣感使先圣先贤的渊博学识与高尚人格落地并具有很强的感召力，从而对本书院学派产生强烈的自豪感与归属感，这样一来，先哲的人格魅力与社会影响就会代代传承下去，成为道德榜样及其精神激励的重要途径。

---

① 《礼记·儒行》。
② 同上。
③ （清）黄裒：《岳麓书院祠祀记》，载陈谷嘉、邓洪波编著《中国书院史资料》（上册），浙江教育出版社1998年版，第788—789页。

◇ 第五章 古代书院对个体品德的培育 ◇ 177

儒者风范：书院建筑的雅致与尊严

书院通过一贯而严整的尊奉祭祀活动，传承弘扬着各自的办学理念和人格修养门风。祭祀及其祭礼仪式对精神领域的昭示和宣告意义，使祭祀成为书院的四大基本规制之一，通过祭祀先贤圣哲，生徒就能够领悟儒家纲常伦理及其道德感召力量，在认识上和行动上自觉向这些先贤看齐。书院祭祀虽不像国家祭祀那样威严神圣，但在书院事务中同样具有重要意义，也有许多禁忌体系和流程来维护其神圣性。仅仅从祭祀程序上看，书院祭祀的流程往往比较复杂，通常包括大师俯伏、鞠躬、上香、跪拜、献礼、献帛、献爵、献馔、读祝文、焚帛、焚祝文等仪式环节。这些仪式不只是一套简单的姿态动作，而且伴随着行礼者内心的真诚向往与尊崇之情的表达，外在的恭敬动作则表达着对先师先哲的人格魅力的尊重。"贤者之祭也，致其诚信，与其忠敬"①，这种尊崇之情并不是外界强加于行礼者的，而是行礼者发自内心的感动与模仿。"夫祭者，非物自外至者，自中出，生于心也。心怵而奉之以礼，是故唯贤者能尽祭之义。"② 由此可见，书院祭祀的

---

① 《礼记·祭统》，《十三经今注今译》（上册），岳麓书社1994年版，第937页。
② 同上。

意义不仅仅在于宣示本门派或学派的精髓,而且能够提升和修炼生徒的德性人格,故而是贤者之祭。

书院的兴盛的历史史实告诉我们,书院的大量普及和儒教问学活动的有效开展,使中国人对儒家提倡的君子人格的追求与尊奉社会化。其中最重要的标志就是,在所有的先哲之祭（包括书院之祭）中,孔子是古代书院祭祀和尊奉的主要对象,说明所有的书院无一例外崇拜孔子。孔子被看作是儒家学派的"大成至圣先师",他创立了系统完备的儒学思想理论体系,孔子倡导的价值观特别是君子人格思想对书院教育影响很大,也使孔孟儒学成为书院教育的主流价值导向。当然,作为时代变迁和学术进步的标志,书院祭祀的人物在南宋以后日渐增多,主要增加了一些当时有名的儒学思想的传承者。这些人物因为在儒学理论、儒家价值观念继承弘扬等方面做出过重大贡献,受到世人的广泛认可,有的还在某些著名书院讲过学,甚至做过山长。专门研究书院发展历史的当代学者胡青先生,在对书院的祭祀现象分析和评价时提出:"书院是具有学派性的,一代宗师创立学派,他们的门徒往往建立书院,传习本门学派的学说,崇祀学派的祖师。书院祭祀本门先儒,既是学派门户的产物,又是学派流传的手段。书院学子朝夕生活在有着浓郁学派气息的氛围里,目睹本门学派的遗容塑像（或画像）,读他们的著作,体会他们的教导,自然容易产生同门学友的认同感,产生对本门学派的依恋和自豪。这种学派的认同心理,是学术派别的一种向心力、凝聚力。而学派认同意识的加剧,除了联络同志的感情外,对学派本身的发展也是有一定作用的。"① 可见,书院的祭祀表面上看是一种人物崇拜,而实际上,书院通过膜拜儒家"先圣""先师"和"先贤",一方面表明对本学派先师的学识和人格崇敬认同,另一方面也维护了书院的学术道统和人格追求。

书院以传统儒学经典为教授内容,比较统一地继承和弘扬了传统中国文化精神。中国是礼仪之邦,中国人对人的德性最为看重和不离不弃。这些最基本的文化追求反映在古代书院的教学实践和修养理念方面,就表现为所有的书院均以四书五经等儒学经典著作为教材,始终把培育道德品质作为立人的根本,视其为"积德之本、入学之门",始终秉承儒家

---

① 胡青:《书院的社会功能及其文化特色》,湖北教育出版社1996年版,第147—148页。

文化基本的道德精神，致力于涵养并一贯保持儒家风范。如宋儒朱熹就突出强调儒学经典的本位："世之为士者不知学之有本而唯书之读，则其所以求于书，不越乎记诵训诂文辞之间，以钓声名、干利禄而已。是以天下之书愈多而理愈昧，学者之事愈勤而心愈放……然非书之罪也，读者不知学之有本，而无以为之地。"[1] 在他看来，学习要有辨别，有重点，不能偏离经典。只有明确"学之有本"的重要性，才能集中精力有重点、有针对性地学习，才不致远离书院培养"传道济民"理想人才的教育宗旨，仅仅停留于"记诵训诂文辞""钓声名干利禄"。毋庸置疑的是，"四书五经"等经典著作不仅是受统治阶级极力推崇的主流意识形态，而是因其中饱含儒家"内圣外王""兼济天下"的价值理念，这完全符合书院培养经明行修、传道济民理想人才的办学宗旨，也广为书院和主持书院教授事宜的先哲所认可和推崇，而且随着科举制度的普及成为官府选拔人才的重要途径之后，符合官方意志的儒家经典自然成为书院的主要课程。

与此同时，书院的教育大师们普遍认同并一贯坚持，个体修身若不以儒家经典为本，则"终为无根之学"[2]，而以此教育和激励生徒修身学道。如宋朝应天府书院因培养出大量"魁甲英雄"而著称于世，宋真宗大中祥符以后20余年间，应天府书院的生徒"相继登科，而魁甲英雄，仪羽台阁，盖翩翩焉，未见其止"，百余名学子科举中第者竟多达五六十人。据《宋史》记载："自五代以来，天下学校废，兴学自殊（晏殊，应天知府、著名文学家）始。"范仲淹在应天府书院任教期间，在其撰写的《南京书院题名记》中称赞道："观乎二十年间，相继登科，而魁甲英雄，仪羽台阁，盖翩翩焉，未见其止，宜观名列，以劝方来登斯缀者，不负国家之乐育，不孤师门之礼教，不忘朋友之善导，孜孜仁义，惟日不足，庶几乎刊金石而无愧也，抑又使天下庠序规此而兴，济济群髦咸底于道，则皇家二五之风步武可到，戚门之光亦无穷已。"[3] 此后，范仲淹在主持

---

[1] 《朱熹集》第7册，四川教育出版社1996年版，第4154页。

[2] （清）周在炽：《玉潭书院条约》，载邓洪波《中国书院学规》，湖南大学出版社2000年版，第178页。

[3] （宋）范仲淹：《南京书院题名记》，载陈谷嘉、邓洪波《中国书院史资料》（上册），浙江教育出版社1998年版，第56—57页。

庆历新政期间，大兴官学，推广礼教。应天府书院培养诸多优秀之士的奥秘就在于，始终指导学生认真研读儒家经典，注重修身涵养自己的德性，以"不负国家之乐育，不孤师门之礼教，不忘朋友之善导"。在古代中国，儒家经典是个体习得文化知识与理解纲常伦理的必读书目，是天地万物和谐及社会秩序井然的理论基础和人文保障。"经以明道，若太阳之御六合焉；文以通理，若四时之妙万物焉"①，不研读经典、体悟经典，则不可能明理知善，也不可能涵养出儒雅风格。因为"《六经》为学问根源。士不通经，则不明理"②。清代乾隆年间的学者朱一深的《凝秀书院条约》就明确提出："士子书生明理之外原期实用如兵刑、钱谷、礼乐、律历、河渠、水利、农田等类必须一一究心"，要求研修"有体有用之学"，而且将儒家经典比作布帛菽粟等日用，是滋润个体人生成长的精神养料。

此外，"明乎人伦""传道济民"作为古代书院人才培养的主导思想，除了儒家经典如"四书五经"等著作，一些重要的历史典籍也富含着修身养性的丰富养料，被后来的书院纳入教授的范围。而且中国人普遍认同"以史为鉴，可以知兴替；以人为鉴，可以明得失"这样一个朴实道理。事实上，儒家的理想人格范式也要求书院生徒研习历史重大事件，从中知晓九州风土人情、古今兴乱得失的道理。加之中国古代历史典籍浩瀚繁多，纪传、编年、纪事及典章之学各有特点，展现了中国社会历史发展演变的规律，承载着华夏子孙繁衍生息的文化。"史有四：有纪传之学，自《史记》《汉书》至《明史》，所谓二十二史是也；有编年之学，《通鉴》《纲目》是也；有纪事之学，袁枢《纪事本末》各书是也；有典章之学，《通典》《通志》《通考》《续通考》是也。得其一而熟究之，于古今治乱之故，无不了然胸臆间。上之开物成务，足以定大事，决大疑。下之撷华采英，足以宏著作。"③ 经、史、子、集相互映照，构

---

① （宋）范仲淹：《南京书院题名记》，载陈谷嘉、邓洪波《中国书院史资料》（上册），浙江教育出版社1998年版，第57页。

② （清）刘良璧：《海东书院学规》，载邓洪波《中国书院学规》，湖南大学出版社2000年版，第97页。

③ 转引自杨布生《彭定国》，载《中国书院与传统文化》，湖南教育出版社1992年版，第17页。

成了古代典籍的宏大的知识理论和仁义道德体系。值得注意的是，中国古代书院的教育家们普遍认为，必须将经史结合起来通读研修，主张"治经者，必读史；治史者，必通经。观其会通，不可偏废"，①如康熙年间户部郎中、督学王综曾就明确提出："读书以穷经为先。即作文，亦而以本经为雅，不止专注，为举业之正也。诸经大意，须要通晓。为人不法古人，必卑俗；为文不法古文，必卑靡。如聪明有余，《左》、《国》、《史》、《汉》诸书，以次观贤。"②著名的白鹿洞书院要求生徒学习"四书""五经"《春秋》《左传》《公羊传》《谷梁传》《史记》《汉书》等经典著作，通过经史的结合全面了解古代文化，模仿先哲儒雅风范。为促进生徒诵读经典，阮元在学海堂书院主持时曾经以《史记》《汉书》《后汉书》和《三国志》为必备的史学教材。康有为的《长兴学纪》认为书院的"小成"之绩都归功于生徒经史并学："昔顾亭林先生日课生四人，登堂读《十三经》及秦汉六朝史，人二十篇，周而复始。今用其法与诸生轮日读史，先以四史，如有余日则以《晋书》《南北史》《隋书》继之，其中制度、文章、经义、史裁之美，俱为摘出发明，学者一举而通掌故，能考据，解辞章，三善俱备，于近世之学，已为小成矣。"③宋代马光祖带领臣僚在建康明道书院会讲时，听讲的士人达到数百人，他提出："登程子之堂，则必读程子之书。读其书，然后能明其道，而存于心，履于身，推之国家天下，则天地万物，皆于我乎赖……程子十五六岁时，脱然欲学圣人。今之读其书者，当寻程子所以学圣人者何事，则此书不徒辑矣。"④由此不难看出，明道书院"寻程子所以学圣人者何事"，就是为了让生徒在日常生活与学习过程中以程子之书为蓝本，在本学派大师的领导下学圣人、传圣道。

古代书院十分重视环境育人的作用，注意营造有助于涵养人之德性的雅致氛围。由于古代书院的教育大师往往通晓人文环境养育人的朴素道理，在建设书院的选址及环境设置方面明显透射出环境熏染个体德性

---

① （清）邓炬：《华阳书院章程》，载邓洪波《中国书院章程》，湖南大学出版社2000年版，第64页。

② 转引自周銮书等《千年学府——白鹿洞书院》，江西人民出版社2003年版，第80页。

③ 转引自杨布生、彭定国：《中国书院与传统文化》，湖南教育出版社1992年版，第16页。

④ （宋）马光祖：《程子序》，载陈谷嘉、邓洪波《中国书院史资料》（上册），浙江教育出版社1998年版，第191页。

培育的良苦用心。书院"把自然景观和人文景观结合起来,创造出一种陶冶情操、怡情养性的美的环境,不仅为文人士子的诗书礼乐教习起到了一种潜移默化的作用,也为它周围地区的文化发展起了重要的促进作用"①。唐诗《杜中丞书院新移小竹》记载:"爱护出常数,稀稠看自知。贫来缘未有,客散独行迟。"② 同时,有感于佛道讲究寺观选址,所有书院的建设都很重视选址问题,既要创造一种安静读书、修身养性的环境,又能促进人与自然的和谐相生。有的书院还注意改造优化已有的环境,将自然环境与人工创造很好地结合起来。通过"此地本无竹,远从山寺移",③ 创造"色经寒不动,声与静相宜"④ 的和谐空间。因此,书院建筑"是一种以民俗建筑为主体,庙宇建筑为重点,带有园林环境的乡土性文化建筑"⑤,环境提供了静处养性的良好场所,又显示了士大夫们的高贵品格和精神追求。引发唐朝著名诗人贾岛诗兴的田将军书院就是泉石楼阁依山傍水,成为众多文人吟诗论道、操琴读书与修身养性的佳境。"满庭花木半新栽,石自平湖远岸来。笋进邻家还长竹,地经山雨几层苔。井当深夜泉微上,阁入高秋户尽开。行背曲江谁到此,琴书锁著未朝回。"⑥ 不仅如此,古代书院大都自拥学田,富有藏书,远离声名利禄之场,这样既保持了物质和精神的自足,也成为理学家们所钟情的布道之地。如张栻见到岳麓书院"背陵而面壑,木茂而泉洁"的美景时,就"爱其山川之胜,栋宇之安,徘徊不忍去。以为会友讲习,诚莫此地之宜也"⑦。元代延祐元年(1314 年),刘安仁修复岳麓书院时请好友吴澄作《岳麓书院重修记》和《百泉轩记》。其中,《百泉轩记》就盛赞岳麓书院的景致:"岳麓书院在潭城之南,湘水之西,衡山之北,固为山水绝佳之处。书院之有泉不一,如雪如泚,如练如鹤,自西而来,趋而北,折而东,还绕西南,渚为清池,四时澄澄无发滓,万古涓涓无须臾,息屋

---

① 杨布生、彭定国:《中国书院与传统文化》,湖南教育出版社 1992 年版,第 174 页。
② 《全唐诗》(卷二百九十九,第四十二首),中华书局 1960 年版。
③ 同上。
④ 同上。
⑤ 陈新民:《礼乐相成,斯文宗主——书院建筑文化初探》,《南方文物》2001 年第 3 期。
⑥ 《全唐诗》(卷五百七十四,第五十九首),中华书局 1960 年版。
⑦ 转引自邓洪波《中国书院史》,中国出版集团东方出版中心 2006 年版,第 126 页。

于其间，名百泉轩，又为书院绝佳之境。"① 特别是对朱张会讲的盛况充满了怀念之情："朱子元晦，张子敬夫，聚处同游岳麓也，昼而燕坐，夜而栖宿，必于是也。二先生之酷爱是泉也，盖非止于玩物适情而已。'逝者如斯夫！不舍昼夜。'惟知道者能言之，呜呼！岂凡儒俗士之所得闻哉。"② 百泉轩利用自然环境与人文环境合一的功效来陶冶生徒性情，教育生徒尊德性、道问学以达到高尚的思想境界。研究住屋形式与文化关系的拉普普认为书院建筑的文化价值非常宽泛：遮风避雨并非建筑唯一的功能，甚至不是最主要的方面，"建筑不仅是材料和结构方式的结果，而且是整个社会文化、艺术、宗教、哲学等一系列社会因素的特性的反映结果"③。在利用建筑的环境育人功能方面，我国古代的书院可谓得天独厚、技高一等。

环境优美的书院儒风雅致怡心养性

---

① （元）吴澄：《百泉轩记》，载陈谷嘉、邓洪波《中国书院史资料》（上册），浙江教育出版社1998年版，第323页。

② 同上。

③ 转引自丁钢、刘琪《书院与中国文化》，上海教育出版社1991年版，第196页。

第六章

士绅楷模对个体品德培育的垂范

中国古代乡土特征相对突出，社会秩序的维持主要依靠于礼俗教化，法律规范的作用明显弱于礼俗。对此，梁漱溟先生认为，士人"读书明理"，是理性的代表，明白人情之"理"。他指出："所谓理性，要无外父慈子孝的伦理情谊，和好善改过的人生向上。……士人主持教化，启发理性，无非在这上边说来说去。尤其是'孝、弟（悌）、勤、俭'，可说是维持中国社会秩序的四字真言。"① 他认为，士人是君主和众庶之间的缓冲阶层，在古代中国社会起着上通下达的桥梁纽带作用。士人可以提醒君主少兴作，薄赋敛，偃武修文；也能够教化百姓各尽其分，忠孝和睦。在中国传统社会有皇权止于县之说，国家的权力在乡村层面已影响较小，乡里制度作为官府在广袤的农村社会的驻足和延伸，以士绅作为官府与民间联系的中介和通道。而乡里组织的领袖就是士绅，因此古代中国社会存在着国家、士绅和村庄方面的三角结构。

按照西方政治社会学关于"国家—社会"二元对立的理论，社会与国家都有各自权力覆盖的领域，基层社会更多地依靠社会自治。从历史和现实的角度看，古代中国是一个典型的农耕社会，政权组织分布较为分散。最基层的国家正式政治机构州县往往设置在城郭，而州县管辖的区域和对象却是广大的县及以下所属的众多乡民，这在客观上造成了行政管理、司法规范与乡村社会的脱离情状。因为"山高皇帝远"，在一些偏远地带、边疆边陲小地，乡村地方势力对当地的影响超过了王法制度，

---

① 梁漱溟：《乡村建设理论》，载《梁漱溟全集》第2卷，山东人民出版社2005年版，第186页。

存在乡民自治的事实。温铁军将此概括为："国权不下县。"① 秦晖教授进一步解释原因道："国权不下县，县下惟宗族，宗族皆自治，自治靠伦理，伦理造乡绅。"② 费孝通先生则明确提出，州县以下的广大公共领域缺乏正式制度的权力，认为"皇权统治在人民实际生活上看，是松弛和微弱的，是挂名的，是无为的"③。那么，中国古代广大的乡村社会依靠什么维系，又由谁在治理呢？答案是士绅主导的依靠民间规约的乡村自治。作为非正式（教育）制度的民间规范成为解决基层社会矛盾纠纷的主要依据。执掌这些制度规则的士绅担起了乡村治理的重任，居民沟通政府与基层官员与百姓之间的关系。

费孝通先生认为，士绅是中国古代大一统的专制皇权制度确立之后出现的独特的社会阶层，甚至可以说古代中国基层社会有士绅与农民两种类型的人。农民世世代代耕种田地，直接从事物质生活资料的生产；士绅是退隐官吏或少数有知识的地主，以地租为生活来源。士绅与农民在经济地位、社会交往和政治地位等方面的差别很大，士绅的社会影响和活动范围更大。历史上的文人笔记和正史中所记载的大多都是当时社会上层士绅的事迹，这些上层士绅在建言献策方面有一定的分量，下层士绅在推动儒学的大众化过程中发挥的作用更加突出。士绅们身居乡里，从事的职业多种多样，有落书院山长、文化作家，也有私人塾师、游方郎中等，因为有一技之长或是在社会生活某个领域有重要影响，使他们在日常生活中成为百姓大众的品德楷模和行为表率。"这些数量相当可观的，不同职业的士人阶层逐渐渗透到民间，实际上就会将'文明'的观念与规则，从城市推向乡村，从上层移至下层，从中心扩至边缘。"④ 这些以士绅为主体的地方精英是国家和地方社会政治衔接的桥梁，士绅或本然或经由官府旌表授权，自上而下地在本地承担许多管理协调和指引范导职责，自下而上又现实地在官吏面前代表了地方和乡民的利益。

---

① 秦晖：《传统十论——本土社会的制度文化与其变革》，复旦大学出版社2003年版，第3页。
② 同上。
③ 费孝通：《乡土中国·生育制度》，北京大学出版社1998年版，第63页。
④ 葛兆光：《中国思想史》第2卷，复旦大学出版社2001年版，第271页。

中国古代民间社会的楷模、秩序建构和维护者——士绅

士绅作为中国古代的有闲阶层，相对富裕的家庭经济条件保障他们能够饱读儒学经典，认同儒学"文明"的观念与规则，也有效推动了乡民的道德教化。一般而言，士绅的生活方式会影响周围的人群观念和行为方式，容易形成一些有特点的风俗；士绅的家规族法会成为众人效仿的准则，进而影响到民众的生活习惯。如嘉靖《九江府志》就记载有乡村士绅通过个人践行儒家伦理规范来教化乡民的事例："（德化县）近日士大夫悉依朱子家礼，乡民化之；自有唐义门陈氏以来，代传孝弟（悌），民风感化。"[1] 另据万历《江浦县志》记载，万历时期当政者看到江浦县风俗日坏的情况，"勤俭之习渐入靡惰，农不力耕，女不务织，习于宴起而燕游，服饰强拟京华，冠婚之礼虽士大夫家鲜行，丧祭礼略如古，而不免杂以民间修斋设醮之习"，便想通过士大夫的模范作用改善民风，因而提出"欲一道德以同风俗，当先酌四礼行之而锄其异端之惑，民者庶几其本正矣，若其勤俭之道在上之人一振剔之耳，风行草堰是有望于君子之德焉"[2]。实事求是地讲，士绅由于掌握较多的文化知识，大

---

[1] 嘉靖《九江府志》卷1《方舆志》，"风俗"，天一阁藏明代方志选刊36，上海书店1962年影印本。

[2] 万历《江浦县志》卷4《典地志》，"风俗"，天一阁藏明代方志选刊续7，上海书店1990年影印本，第543页。

都受过一定的教育才作为致仕官员和候补官员,在中国传统时代文盲半文盲居多的落后社会,他们是乡村社会的知识代表。他们与世代务农终生与文化无缘的农民有天壤之别,关注自己未竟的人生理想或目标,并将希望寄托于自己培养的门徒,因而更加积极地参与地方教育,培养后人,教化当地风俗。

在对乡民的教化过程中,士绅充分利用乡规民约、社学、族谱、家学等形式,结合家庭环境和风俗习惯培育一个地方的价值认同。在此仅以乡约为例加以阐释。乡约是中国古代乡治理论与实践的重要内容,也是儒家道德理想主义的社会实践形式。据考察,乡约渊源于周礼读法之典,成形于北宋蓝田吕氏兄弟的《吕氏乡约》,盛行于明代中后期,这与当时社学失修、里甲毁坏的社会现实情况相吻合。陕西蓝田吕大钧(1031—1082年)制定的《吕氏乡约》是中国最早的成文乡约,当时制定者的目的是使乡人能"德业相劝,过失相规,礼俗相交,患难相恤"。制定的乡约遵守坚持自愿原则,"其来者亦不拒,去者亦不追"。但就乡约组织来说,每约有"约正一人或二人,众推正直不阿者为之。专主平决赏罚当否。直月一人,同约中不以高下、依长少轮次为之,一月一更,主约中杂事"。属于同约人,通常"每月一聚,具食;每季一聚,具酒食"。"遇聚会,则书其善恶,行其赏罚"。然而,"若约有不便之事,共议更易"。[①] 方孝孺、吕坤、王阳明、刘宗周、陆世仪、章潢等都曾经致力于推行乡约,唐鸿儒、李春芳等人,甚至把日常来往、婚丧嫁娶、地方治安都纳入乡约范围之内。张时彻的嘉靖《定海县志》记载了各类地方志倡导品德楷模表率的事例:"或以理学名,或以治功名,或以介特名,或以隽异名,或以文学名,或以隐逸名,或以义行名,或以孝友名,后先崛起,盖炳了烈矣!下至薪山煮海之徒亦知发愤,人伦,死忠死孝死义,迪先圣之训而远禽兽之行,孰谓偏邑之不足兴乎?孰谓斯斯之不足示劝乎?"[②] 萧公权推崇"吕氏乡约于君政官治之外别立乡人自治之团体,尤为空前之创制"。明代乡约可分为官办、民办两种。乡约、保甲、

---

① 《吕氏乡约》,三原王承裕校勘《关中丛书》,见《丛书集成续编》,上海书店1994年版,第881—884页。

② (明)张时彻:《定海县志》卷12《人物》,第905—906页。

社学、社仓是明代乡村治理的四大要素，王守仁的南赣乡约阐述了乡约与保甲、社学、社仓的关系。王阳明在文告中坦陈，有司与父老子弟对乡里不治俱有不可推诿之责，同时指出善恶为心所驱使，举乡约的目的在于心存善念。《南赣乡约》规条共 16 款，包括会期、请假、缺席的规定，纠过方式、彰善，以及乡约所遇疑难杂事，约内职员与彰善纠过簿册的设置，大户客商放债取息，寄庄人户完纳粮差，约众斗殴争执的处理，约所地址的选择，约众会饮的开支，还包括禁止吏书、义民、总甲、里老、百长、弓兵、机快人等下乡要索，禁止军民人等阴通贼情、贩卖牛马，劝谕新民良民和睦相处，新民改过自新，以及父母丧葬、男婚女嫁、集会礼仪等。

总之，士绅自发地或授权于官府出面组织和协调地方公共事务，实际上不仅发挥了维持地方社会秩序的作用，其作为一方民众的道德楷模，对乡民个体品德培育的垂范[①]作用也比官方机制更直观更有效，对乡民的言行和修为产生着共鸣性影响。当然，士绅对个体品德培育的垂范作用并非消极无为而致的，其作为影响一方民众的公众人物，在乡村社会具有自上而下实施和发动社会活动的权威性，他们往往是通过主动而积极的教育和观念传播来培育人们的道德素质，在一定意义上也就成为直接塑造个体精神观念和道德品格的民间形式。

第一节　兴学校教民众

中国古代在教化民众、敦厚民风和培育人格方面，除了统治阶级十分有限的举办官学、动用官方力量推行教化外，众多生活在广袤而落后的乡村地方的民众，由于受文化、交通和信息蔽塞等社会经济条件限制，他们中的绝大多数人终其一生"日出而作，日落而息"，过着自给自足封闭蒙昧的农业田园生活。能够接触和了解古代社会普遍道德规范和价值原则的渠道，第一是口耳相传的祖辈教导和置身其中的传统规矩，第二便是同在乡村一方的士绅垂范和他们的讲习引导。士绅兴教办学或直接

[①] 刘勰：《文心雕龙·诏策》：（汉武帝）"策封三王，文同训典；劝戒渊雅，垂范后代；及制诰严助，即云厌承明庐，盖宠才之恩也。"

担当教师传播儒风教化乡里是他们以品行学识化育培养人才的通途和常态。

　　社学是一种村社举办的初级学校，始建于元朝初年。明代社学有了长促发展的并趋于成熟。在中国古代，社学相当于今天的小学，在乡村相对宁静而落后的环境和气氛中，社学承担着启蒙和教化的双重职能，"正风俗，扶世教"。"社学者，社立一学……所以养蒙端始观化善俗者也"；[①] "社学为教之之地，葆自然之和，禁未萌之欲，日就月将以训致乎。大学则教之之序也，皆不可无者，然则社学之建在今日所以正人心美风俗扶世教之第一义也，胡可少哉？"[②] 足见统治当局及其有识官吏对社学的认识和定位。隆庆《海州志》载："古者家有塾，党有庠，社有序，国有学，其教人之法有曲礼、少仪、弟子职诸篇。盖其在家塾时已预养之矣。后世小学法废而乡村弦诵之声乃今甚缺焉。宜仿古家塾之制建立社学，择端正生员以主之，教以诗书礼义，其秀者以备学校之选，养蒙敦俗其在兹乎。州人不知有社学，并其地而侵之，失初意矣！"[③] 在中国古代，社学是在官方的监督下由地方士绅出面或领导兴办，办学体制一般采取富者助饷、贫者出力的形式。

　　从办学层次上看，古代社会的士人和官方都认为社学相当于小学。实际上，社学的作用不仅在于传授初级教育知识，还在于"正风俗，扶世教"。这是因为社学与普通民众的生活距离最近，具有化民成俗的便利条件。即使是这样，在经济文化相对落后的乡村地区办学，也不是一呼百应和普遍受欢迎的，针对当时有些人以为社学只不过是教孩子们"伸纸捉笔""咕毕句读"的小儿科知识，冯汝弼在《建南社学记》中进行回应辨析，提出"小学以成始""大学以成终""小学者收其心而归之正者也"的教育观念。用朴实的事理教育人们，平湖也不过是"九山南拱，九水东汇"而成，至于"孕秀呈祥，地灵人杰，以左右王室佑怙生民，

[①] 嘉靖《商城县志》卷7，彭危行：《新建社学记》，天一阁藏明代方志选刊续60，上海书店1990年影印本。

[②] 万历《宿迁县志》，《建置志》卷2《学校社学》，天一阁藏明代方志选刊续8，上海书店1990年影印本，第894页。

[③] 隆庆《海州志》卷5《教典志》，"社学"，天一阁藏明代方志选刊14，上海书店1962年影印本。

坐落于广州市白云区石井镇的升平社学遗址

德业相望先后彬彬焉"则是"养正之功",① 从而呼吁有识之士和地方才俊提高对初始教育的重视和理解,推动民风日新。

在中国古代社会发展的历史长河中,明代的官学系统比以往任何朝代都要发达,形成了全国范围的官办教育体系。即使如此,官方儒学教育体系也只是延伸到县一级的城市或较大的集镇,其教化辐射的终端对广大乡村社会的影响还远远不够,教化民众的任务继续由民间非正式(教育)制度来承担,在教育领域私学和社学占据了主要阵地。因此可以说,单靠自上而下的封建专制主义行政体系,即使登峰造极也无法以官学化儒学统一普天之下民众思想。但是,"一道德,同风俗"却是每个时期统治阶级的政治理想,尤其对乡村百姓的精神教化更是所有王朝的政治任务。要实现这一目标,就自然要涉及大传统与小传统的沟通整合问题,如何使官方儒学思想融入民间文化生活,非官府的民间制度在其中扮演了极其重要的作用。明政府当时也认识到了兴地方儒学属当务之急,重视社学在地方社会发展和建设中的作用,通过兴社学来补充地方教育不足,化民成俗。明建国之初,社学还没有在广大乡村社会普

---

① 天启《平湖县志》卷7《礼乐志》,社学,冯汝弼:《建南社学记》,天一阁藏明代方志选刊续27,上海书店1990年影印本,第424页。

及,"今京师及县皆有学,而乡社之民未貌教化"。后来,明太祖认识到民间教育的重要性,他认为成周三代之所以社会秩序井然,重要的一点是:"家有塾,党有庠,故民无不习于学,是以教化行而风俗美。"所以,洪武八年(1375年),明太祖下令有司更置社学,"延师儒以教民间子弟",① 并扩大办学规模,使得"虽穷乡僻壤,莫不有学"②。在这样大力的推广下,明朝初年,政府就确立了"治国以教化为先,教化以学校为本"③的指导思想,官学和民间教育都得到了长足的发展。这期间明政府大力兴办了太学和府、州、县学,并在洪武八年(1375年)将元朝时的社学之制推广到全国城乡范围,坚持以儒学来教育民间子弟。以当时的徽州社学发展为例,所属六县均广泛设立了社学,其中祁门县27所、歙县112所、绩溪县30所、休宁县140所、黟县13所、婺源县140所,④ 全州共有社学462所,使得官方一贯尊奉的儒学教育渗透到了"邑之坊都,居民辏集之处"。社学在明初蔚然成风,方便"乡社之民"就学,对教化民众起到了很好的作用,一度成为明代朝廷的德政之一。只是发展到后来,由于中央政府治理不力,为各级地方官吏投机钻营提供了可乘之机,违背了当初设立社学的良好愿望,甚至成为地方官员敲诈勒索的工具,造成民怨沸腾。⑤ 鉴于此,洪武十三年(1380年),明太祖朱元璋曾一度下令废止社学。徽州府也曾经遵从朝廷之命于此年将社学"革罢"⑥。但社学毕竟发展了数百年,已经成为国家意识形态对地方渗透的可靠民间化途径,因而朱元璋在洪武十六年(1383年)又"复设社学"。

总体而言,由于政府的强力推行,明代社学的影响很大。洪武时期,全国各地除边疆地区以外,一般都建立有社学,社学的分布在全国各地也比较均匀,而且也普遍得到了有识之士和地方官员特别士绅有识者的

---

① 《明太祖实录》卷96,洪武八年正月丁亥。

② 嘉靖《兰阳县志》卷4,署治,社塾,天一阁藏明代方志选刊52,上海书店1965年版。

③ 张廷玉:《明史》卷69,中华书局1974年版。

④ 弘治《徽州府志》卷5,学校。

⑤ 毛礼锐、沈灌群:《中国教育通史》第3册,山东教育出版社1987年版,第443页。另据《徽州府志》记载,社学总数为394所,与六县所记社学总计不一致。

⑥ 弘治《徽州府志》卷5,学校。

认同与重视，其教育化民的影响空前扩大。但在后期，由于社学的兴废与地方官员的素质密切相关，失去了士绅名儒等办学者的支持，致使原有的良好局面未能持续下去。到了弘治以后，全国各地的许多社学有名无实，仅存的社学也良莠不齐，基本处于废弛的状态。正如《六合县志》所说，"国朝设社学以来，民皆革心从化，风俗不变，此圣朝所以比隆三代而非近古之所能及也。然历年既久，天下郡邑守令鲜得其人，社学之废弛者十九八矣"。① 由此可见，明代包括社学在内的教育机构虽然发挥教化民众、敦厚民风的重大作用，说明社学的兴衰与整个社会文化和风尚是密切联系的。明初天下安定，人心思进，政府力推，社学的发展盛况是必然的。但中后期以后，随着社会危机加剧，政府系统的统治合力已大不如前，社会风俗也随之变得奢侈糜烂，士风日趋颓废，学风也逐渐衰落。另外，民间教育结构自身的变化也影响了社学的发展，随着民间力量的壮大，私塾与家学馆逐渐取代了社学，这种表面上的繁荣境况，却因民间办学的无序与办学力量的分散消解了教育效能，最终导致整个教育体系的颓废。万历年间，淮安府山阳县社学曾经达到65所，后来只剩下了县治东北一所，并在隆庆六年（1572年）得到知县高时重修，但在乡间则无一社学。② 嘉靖时宿州只有两所设在宿州城的社学，"社学以蒙养不可无也。今州惟二所，俱在城。各乡俱未立。无怪乎平民多白丁，礼义鲜知也"③。后来，受个别地方官员的重视，明中后期延续的一些社学又一度兴旺。如万历五年（1577年）知县俞文伟在宿迁县创建了20所社学。④ 嘉靖二十三年（1544年）知县何孟伦在建宁县创办了21所社学，"以社学为人才根本之地"，"始查官地措置盖造或拆毁淫祠改设"，

---

① 嘉靖《六合县志》卷6《艺文志》，木讷：《六合县社学碑记》，天一阁藏明代方志选刊续7，上海书店1990年影印本，第1104页。

② 万历《淮安府志》卷6《学校志》，社学，天一阁藏明代方志选刊续8，上海书店1990年影印本，第469页。

③ 嘉靖《宿州志》卷6《建设志》，学校，天一阁藏明代方志选刊23，上海书店1963年影印本。

④ 万历《宿迁县志》建置志卷2《学校，社学》，天一阁藏明代方志选刊续8，上海书店1990年影印本，第894页。

以"敦延老成儒生训诲子弟"。① 天顺八年（1464年）知县余希贤在武宁县创办了两所社学，"一在东门内，一在西门内"②。嘉靖三十八年（1559年）知县陈一谦在四川平湖县城创办了三所社学。③

较之于官办的儒学正规教育机构，社学办学的自由度相对要大得多，但是都注重对生徒基本生活能力和道德修养的培育。从训教人员的选聘来看，一般情况下，社学只设一名教读，教读由地方政府负责选任，通常由品学俱佳的地方名儒、已经取得功名的读书人也就是士绅或者是儒学生员担任。官府对社学教读人员的选定也是非常慎重的，要"慎选通晓文理端方纯笃之士"以司教责，"选纯实稍知文理者为教督"。作为回报，官府对教读人员履行职责情况定期进行考核，合格者可以免其徭役。从受教生徒情况来看，社学中的学生年龄通常在8—15岁之间。而对于经过社学修习并考核合格者，其中学业优异的学员，可以补作儒学生员。从教学内容的设置来看，社学教授的主要是儒家的传统"六艺"，此外御制大诰和律令也是必学内容。其他则可由主办者或教读自行选择和安排。因此，社学与儒学书院等办学机构相比，不像儒学庠序那样整齐划一，教学内容的可选择空间也较大。以广东黄佐的《泰泉乡礼》为例，该社学所教学的内容有六事、六行、六艺三项，其中六事指洒、扫、应、对、进、退，侧重培养儿童生徒的日常生活行为习惯；六行为孝、弟（悌）、谨、信、爱众、亲仁，侧重培养传统儒家道德伦理；六艺为礼、乐、射、御、书、数，侧重培养诸生基本技能。教学时间分为早、午、晚学。早学的内容主要是"诵书"和"正句读"，先诵读《三字经》《孝经》和《小学古训》，再读《大学》《中庸》《论语》《孟子》等儒学经典，然后是治经。午学内容主要是"歌诗或书数"，所用教材为《诗经·鹿鸣》《洪武正韵》《关雎》《菁莪》《四牡》《棠棣》《伐木》《采蘩》《寥莪》《山有台》《采苹》《淇奥》《缁衣》《抑》等。晚学的内容是学习各类礼

---

① 嘉靖《建宁县志》建置志卷2《社学》，天一阁藏明代方志选刊续38，上海书店1990年影印本。

② 嘉靖《武宁县志》卷3《官政类，学校，社学》，天一阁藏明代方志选刊续41，上海书店1990年影印本。

③ 天启《平湖县志》卷7，《礼乐志，社学》，天一阁藏明代方志选刊续27，上海书店1990年影印本。

仪，如祭礼、冠礼、射礼、昏（婚）礼、士相见礼、乡饮酒礼、投壶礼等。① 社学的教学内容可以根据主持者的理解安排，灵活度比较大。

　　传统的六艺——礼、乐、射、御、书、数，通常是所有社学的教学内容，其中最为集中的训育指向，在于生徒健全人格的养成。社学教授除了讲习经书原典外，还要在学习生活中施行各种礼仪，如文公家礼，"讲读大诰、孝顺事实、四书、经史之类"，"讲解文公小学，歌诵性理诗章"，"课以养蒙大训孝经小学诸书"② 等。这些教学内容包括进退洒扫实践与社学担负的启童蒙、正人心、扶世教的职责是相称的。习修国家诰御制书籍（《孝顺事实》《为善阴骘》等）则是官府规定和倡导所有社学的必学内容，而且，正是通过社学这个平台和载体，政府把儒学道德伦理和官方理念传播到了乡里村落。一般来说，每个社学机构的职能是综合的，可以教授所有内容，但明代的一些社学却是分科而设的。如新城县知县黄文鸾按照立礼、成乐、如射、执御、通书、象数的类别在城区分别建立了六所社学，分别重点教授礼、乐、射、御、书、数，其余乡村则随意设置。由于"里分有远近，村落有难合，考虑到定里设学恐难遍及，口家小子虽就驱迫穷意，特选有学行者使为之师而以提调官条约授之，学各令开报到官，本县官时加考校，务使有益人家子弟，其无社学处所一并劝令开设，以此庶几不至遗漏"③。可见，官府及其官吏是从心底认同社学之设的，认为设立社学的目的在于端童蒙而敦风教，为治民之所当急者。"迩来颇多虚应，以至民失蒙养，长而犯法，殊为可悯。今后不论城市乡村，各属府卫州县务要多设社学，选纯实稍知文理者为教督，习读御制教民法令，讲解文公小学，歌诵性理诗章，凡民七八岁以上者俱要送学，每学设簿一扇，笔一筒，备载蒙童姓名，提调官因便查究，各官务要着实举行，如有教民有效者，以凭奖惩，仍申本院，劝其虚应无实者径行究治，即日更易，如或视为泛常苟

---

① （明）黄佐：《泰泉乡礼》卷3《乡校》，景印文渊阁四库全书第142册，第615页。
② 嘉靖《常德府志》卷9《学校，社学》，天一阁藏明代方志选刊56，上海书店1964年影印本。
③ 正德《新城县志》卷6《学校，社学》，天一阁藏明代方志选刊续46，上海书店1990年影印本，第500页。

且繁文，上下相欺则非惟无益于一方之化，而适以增多事之扰矣。"①为此，知县胡容亲诣城市关厢堡镇乡村，或因旧学或就寺观或借民家空房设立社学，共100所，"劝诱子弟入学者计一千余人"。②社学教学场所的规制没有统一的模式，通常既有厅又有堂，也有借用闲置民居者，因地而宜。如江阴县弘治年间所建的养正书馆，厅后四周为书房，前为门，中为厅，右为院，院有轩，周垣凡六十丈五尺；弘治七年（1494年）建的东门社学，前为门，北为厅，周为从屋，为川堂为寝室，周垣凡三十四丈。西门社学，北向为门，正中为堂，堂后为轩，轩左右为寝室，周围二十三丈七尺。③句容县成化间所立社学正房三间，匾曰崇教导民，东西序各二间，引范希文寇莱公事匾于楹，以为童生勉焉。后堂三间，为教读休息处。④嘉靖九年（1530年）知府马纪建的九江府小学："修先师先贤殿，庑，生舍，勒御制箴碑，建成德、达材二坊，前创习礼堂三间，次句读，次书堂间如之，又次听乐堂五间，凡四堂之西两翼相连共厢房六间，习礼堂之前峙以三门外左右为东西塾各三间，临街树大门，一间匾曰小学。"鸿胪寺官员张楠对社学的教学活动录记甚详："记习礼则凡三千三百之繁，撮其冠婚丧祭射而行之，仪则以约可以运乾化机矣。其日句读则凡离经辨志敬业乐群而习师学友之通达可以果行育德矣，其日书则凡六义八法之衍寸黍九等之会可以范围天地曲成万物矣，其日听乐则凡五音六律之详风雅颂之咏采齐肆夏之什乐行向方可以观德矣，圣功以启葬伦，以叙真材，以出善治，以臻孰谓，修齐治平之道，圣神功化之极不发轫于此邪？此小学之建所以为重也，教人者、教于人者可不慎哉！"⑤自然，既要教导生徒子弟增长知识才干，又要引导他们养成德性人格，士绅为师者率先垂范全为慎重。

---

① 正德《新城县志》卷6《学校，社学》，天一阁藏明代方志选刊续46，上海书店1990年影印本，第500页。

② 正德《顺昌县志》卷2《公署》，天一阁藏明代方志选刊续37，上海书店1900年影印本，第805页。

③ 嘉靖《江阴县志》卷7《学校记第五》，天一阁藏明代方志选13，上海书店1963年影印本。

④ 弘治《句容县志》卷2《公署》，社学，天一阁藏明代方志选刊11，上海书店1964年版。

⑤ 嘉靖《九江府志》卷10《学校志》，天一阁藏明代方志选刊36，上海书店1962年版。

第二节 以身作则奖功罚过

在学校教育始终不很发达的中国古代社会，士绅较之于普通百姓，由于家庭出身或家庭经济条件相对优裕，一般都具有较高的儒学知识水平和较好的道德素养，当他们致仕返乡或者不能在仕途一展身手的时候，往往退而求其次，还乡在当地致力于文化教育或其他公共社会事业，或组织乡民兴修水利、架桥铺路，或置学兴办文教、移风易俗，热衷公益教化是士绅报效桑梓德范乡里普遍做法。士绅之所以如此作为，除了官府或明或暗的允诺外，还有其深层次的中国传统文化原因，正如孟子所言："尊德乐义，则可以嚣嚣矣。故士穷不失义，达不离道。穷不失义，故士得己焉；达不离道，故民不失望焉。古之人，得志，泽加于民；不得志，脩（修）身见（现）于世。穷则独善其身，达则兼善天下。"① 正是在这样的文化认同指引下，众多的士绅担当起了一方乡村的道德楷模，自觉肩负着传播儒学思想、教化民众和化民成俗的重要使命，最终在官府的旌表和民众的认同下成为奖功罚过的地方权威。这样一来，懂得儒学知识和具有一定道德修养的士绅，实际上就成为其身处一方的最高道德评判者，"夫观士也，居则视其所亲，富则视其所与，达则视其所举，穷则视其所不为，贫则视其所不取"②。由于传统儒家文化的精髓在于对人实施道德教育，那些深受儒学思想浸染的士绅群体自然责无旁贷，互动肩负起奖功罚过、评判对错和倡导积德行善的职责，以权威影响和道德感召成为教化新民的中坚力量。尤其在经济文化相对发达、社会政治比较稳定的时期，由于数量庞大的候补官员和致仕还乡官吏力图有所作为，因而自觉以移风易俗和培育乡民道德为己任。与此相适应的是，他们一般都受到过传统儒家经典的严苛教育，所以往往以传统道德的传承者自居，甚至可以说就是分布于各地的传统道德的化身和卫道士。对广大乡民来讲，士绅就是自己进行道德提升和人格养成的直观"标本"，是自己膜拜和学习的榜样，而士绅也由于乡民对自己的尊崇相应地在生活

---

① 《孟子卷十三·尽心章句上》。
② 《韩诗外传卷三》。

中更加自律，完成了自身道德完满的提升修炼过程，具备了更强的文化自信和道德自觉。

分析中国古代社会治理结构，士绅阶层在广大乡村所发挥的巨大作用不容忽视。除了士绅自己与生俱来的优裕条件让他们非常容易成为大家景仰的楷模外，士绅们通过发挥知识专长在一方树立言行标准和奖功罚过来整肃社会环境等这样一些生活实践过程，实际上还承担着治理乡村社会的公权任务。中国古代统治者也正是看好这种实力，往往通过主动旌表的方式明确支持或至少以默许的形式允许士绅如此作为，这在一定程度上促使士绅阶层并不是在不经意间培育着民众的道德素质，维护着一方的风土人情，相反，这些士绅往往还主动想办法出措施积极实行着对乡民们的管理和人格品德培育，其中明清以来借鉴和援引修道者功过格奖功罚过来教化民众、治理村落，就是比较成功的范例。

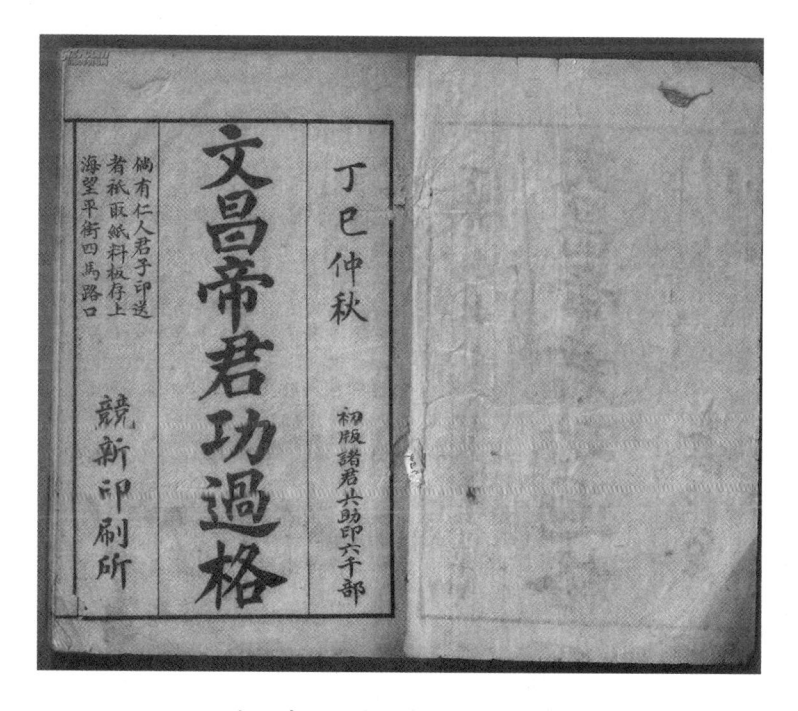

颇具宗教意味的劝善罚恶功过格

功过格最初来源于修道者逐日登记自己行为善恶以自勉自省的簿格。后来，这种惩恶劝善的方法逐渐流行于民间，成为一种用分数或图标来记录行为善恶程度、监督行善戒恶行为的一类善书。功过格和所有的善书一样，"是建立在信仰超自然报应的基础上的，这种信仰相信上天和神灵将奖善罚恶"①。在中国古代社会，针对人的言行的功过报应思想起源甚早。根据功过格研究的开拓者日本酒井忠夫的考察，记录功过善恶的做法来源于中国古已有之的善恶功过思想。② 其中《尚书》记载说："惟上帝不常，作善降之百祥，作不善降之百殃"③；《易经》中有"积善之家，必有余庆，积不善之家，必有余殃"④ 之语；《国语·周语》曰："天道赏善而罚淫"；《韩非子·安危》中也有"祸福随善恶"的说法。其后，道教和民间信仰也认为："天地、灶神、司命、三官、邺都等许多神监察人的功过，给予应得的赏罚。"⑤ 东汉的《太平经》记载："善者自兴，恶者自病，吉凶之事，皆出于身，一天道无私，但行之所致。"⑥ 功过格跟《太平经》中的"天券"说法也有关联。《太上感应篇》开篇即曰："祸福无门，唯人自召。善恶之报，如影随形。"⑦ 因而，凡人务必"诸恶莫作，众善奉行。永无恶耀加临，常有吉神拥护。近报则在自己，远报则在儿孙"⑧。这些文献都体现了鲜明的善恶功过相互联系转化的宿命思想。

东晋葛洪的《抱朴子》对功过格的论述表达了主要的指导思想。书中记载："行恶事，大者司命夺纪，小过夺算，随所轻重，故所夺有多少

---

① [美]包筠雅：《功过格：明清社会的道德秩序》，杜正贞译，浙江人民出版社1999年版，第2页。

② [日]酒井忠夫：《功过格的研究》，载《日本学者研究中国史论著选译》卷7，中华书局1993年版，第497页。

③ 《尚书》，《四部丛刊初编（经部一）》，上海书店1989年版。

④ 《周易》《四部丛刊初编（经部一）》，上海书店1989年版，第6—7页。

⑤ [日]酒井忠夫：《功过格的研究》，《日本学者研究中国史论著选译》卷7，中华书局出版社1993年版，第502页。

⑥ 王明编：《太平经合校（卷一百巳部之十五）》，中华书局1960年版，第456页。

⑦ （清）惠栋：《太上感应篇注》，《笔记小说大观（第六编第十册）》，新兴书局有限公司1983年版，第6152页。

⑧ 周梦颜：《文昌帝君阴骘文》，《安士全书》（上册），苏州弘化社，民国21年（1932年），第10页。

也。凡人之受命得寿，自有定数。所禁本多，则纪算难尽而迟死；若所禁本少而所犯者多，则纪算速尽而早毙。"① 《抱朴子》还记载了以善恶功过积累增减来计算人的祸福寿夭的夸张说法："人欲地仙，当立三百善；欲天仙，立千二百善。若有千一百九十九善而忽复中行一恶，则尽失前善，乃当复更起善数耳。"② 对于这种说法，《太上感应篇》中也有记载："凡人有过，大则夺纪，小则夺算。……欲求天仙者，当立一千三百善。欲求地仙者，当立三百善。"所有这些说法都表达了善恶与人生命攸关的极端重要性，按照这种说法，人若行善，则"人皆敬之，天道佑之，福禄随之，众邪远之，神灵卫之，所作必成，神仙可冀"；③ 人若不行善，甚至作恶多端，则"司命随其轻重，夺其纪算，算尽而死，死有余责，乃殃及子孙"④。有鉴于此，酒井忠夫将功过格定义为："是指将中国的民族道德区别为善（功）恶（过），具体地分类记述，并以数量计算善恶行为的书籍。"⑤ 到了明代，善书尤其是功过格的实践最终成为世俗道德活动的重要内容，"功过格体系已演变成为独立于精神世界的东西。这些功过格，首先关注的是日常生活中的德行，并强调个体在日常生活中的社会和经济的责任"⑥。

由此可见，以功过格区别善功恶过，虽然其唯心主义理论观足以招致批判，但功过格将个体道德修养和日常的生活修行密切联系起来，对于指导个体行为有直接的影响，不失为一种培养道德自律的有效途径。功过格的出现，也在一定意义上改变了传统的天命注定的宿命观念，表达出人可以通过自我道德约束来改变自己命运的实践思想。从历史演进的角度看，16世纪后期浙江嘉善人袁黄（字了凡）（1533—1606）对功

---

① （东晋）葛洪撰：《抱朴子内篇》卷3《对俗》，《四库全书》（第1059册），上海古籍出版社1987年版，第15页。

② 同上。

③ （清）惠栋：《太上感应篇注》，载《笔记小说大观》（第六编第十册），新兴书局有限公司1983年版，第6158—6159页。

④ 同上书，第6184页。

⑤ ［日］酒井忠夫：《功过格的研究》，载《日本学者研究中国史论著选译》卷7，中华书局出版社1993年版，第497页。

⑥ ［英］崔瑞德、［美］牟复礼编：《剑桥中国明代史》（下卷），杨品泉等译，中国社会科学出版社2006年版，第943页。

过格的应用推广做出了较大贡献。"袁黄把他自己生活中的成功归因于积累功德；事实上，他把自己使用功过格的经历记录下来，在16世纪晚期到17世纪这一体系在文人中推广的过程中，这本记录扮演了主要角色。"① 袁黄提倡道德自律，"隐恶扬善""迁善改过"，他认为记功过格的方法是规范个体行为、加强人格道德修养、完善人生道德践履的重要手段。袁黄作为功过格的提倡者和身体力行者，强调个人用善书来鼓动社会流动和提升社会地位，改变自己的命运，这对后世个体思想道德养成理论产生了积极而深远的影响。袁黄与他同时代人大多相信功德的合理性，渴望通过道德修养进入精英社会阶层，因为功过格展示了现存的精英是如何成为精英的，袁黄成功地运用功过格解释成精英行为的准则。在政治衰微、社会堕落、经济增长受限的社会剧变时期，袁黄还主张人可以掌控自己的命运，并且为如何实现这种目标提供了精确的行为指南。所以，在经济和社会变动不安的文化和道德危机时代，功过格确实为个人的成功提供了可行之法，提供了增加其成功机会的方法，在一定程度上也促使社会民众积极地在道德修养旗帜下趋善弃恶，这当然也成为晚明时期甚至包括整个清代功过格广泛流行的根本原因。

　　功过格最初运用的目的，表现为修行者实践道德的指导书，对个体道德言行的养成发挥了重要作用。袁黄和云栖袾宏（1535—1615）在17世纪初大力提倡功过格，袁黄将他一生的许多成功——生子、长寿、做官等都归功于自身功德积累实践。明末以降，袁黄倡导的功过格奉行积极的立命之学流传甚广。"晚明功过格体系传播的主要工具之一，即他的自传性文章《立命篇》。"② 也让《立命篇》成了后世功过格的蓝本。"许多后来的功过格和善书都是《太上感应篇》和《太微仙君功过格》这两部体系'经典'以及《立命篇》的翻版，它们实际上已经成为功德积累的基本指南。"③ 自此以后，"各种功过格大批制作、大

---

① ［美］包筠雅：《功过格：明清社会的道德秩序》，杜正贞译，浙江人民出版社1999年版，第26页。
② 同上书，第63页。
③ 同上书，第64页。

行于世"①。尤其盛行于17世纪中后叶的江南地区。纵观中国古代文化发展的历史，善书流通的鼎盛期是明末清初，功过格在善书中所占数量较大，则足以说明以袁黄为代表的士绅思考和制作推广功过格模式的积极贡献。根据香港城市大学游子安博士的研究和统计，从1620年到1670年的半个世纪之中，至少出版了10套新的功过格，而这些功过格的编撰者也大多是江苏、浙江、福建等地的士人，其中，袁黄著《立命篇》、袾宏（浙江杭州）著《自知录》、颜茂猷（福建平和）著《迪吉录》都是其中的典型代表。②17世纪以后，功过格大多在江南地区与中国东南部刊印流通，尤其是儒释道三教合流之后，功过格逐渐融合了儒家伦理道德、道教积善销恶及佛教因果报应的合理理念，为道士时时奉持、一般士人和崇奉佛教戒律之人奉行，后来逐步推广延展及普通民众，成为人们日常从善去恶、修省自身的行动指南。而最有资格主持公道和依据功过格奖善罚恶的人，自然是为善一方声望乡里的士绅。

功过格一般采用的做法是通过惩戒性预设，昭示着多作恶则多遭殃、多行善则多积福的简单因果报应规则。从劝善的实施方法上看，此法类似于记录人的言行功过流水账，此举的通行优势在于，哪怕是不识字的农夫照样可以看懂，也可以做到。这种道德考核方法简单易行，极易被一般民众接受。"每行一事，辄用鹅毛管，印一朱圈于历日之上"③，这种计算功过的具体做法也带有明显的商业化色彩，使人们感受到因为有利可图而多行善，可以规避灾祸而少作恶，可以最大限度地鼓舞中下层民众有所畏惧而少作恶。不仅如此，功过格制度及其组织行为针对不同的人群确定了不同的功过标准，从奖善罚恶的数量上来看，有针对平民百姓的不费一分一厘的日常善举，也有针对富人提出的论钱和财物记功的功德，只是这样的功过格数量一般较少而已。以明代袾宏所作《自知录》为例，该书共分"善"与"不善"两大门："不善"门下分不忠孝、不

---

① ［日］酒井忠夫：《功过格的研究》卷7，日本学者研究中国史论著选译，中华书局1993年版，第497页。
② 游子安：《明末清初功过格的盛行及善书所反映的江南社会》，《中国史研究》1997年第4期，第127页。
③ 袁了凡著，印光法师鉴定：《了凡四训》，上海佛学书局，民国25年（1936年），第12页。

仁慈、三宝罪业、杂不善四类共 98 条不善目，其中以钱论过的有 17 条，占总过类的 17.3%。"善"门之下又分忠孝、仁慈、三宝功德、杂善四类共 77 条善目，其中费钱功德有 21 条，占总善类的 27.2%。而从总体角度来看，70%以上属于不用金钱的功德，这完全适合了广大底层群众的需要，因而迅速被底层老百姓所接受，并在民间社会中广泛流传开来。

  明清时期，功过格的盛行除了教化民众去恶向善、敦化民风外，还极大地推动了民间慈善活动的兴起，而且兴办慈善事业也成为许多功过格倡导的条目。如《太微仙君功过格》对行善之举的规定是："贩济鳏寡孤独穷民百钱为一功，贯钱为十功"，"葬无主之骨一人为五十功，施地与无土之家葬一人为三十功"，"兴诸善事利益一人为一功"，与此相对应的是，"穷民不济为一过"。[①]《文昌帝君阴骘文》也说："济急如济涸辙之鱼，救危如救密罗之雀。矜孤恤寡，敬老怜贫，措衣食周道路之饥寒，施棺椁免尸骸之暴露。家富提携亲戚，岁饥贩济邻朋。"[②] 清代石成金所撰《功券》中更为详细地记述了善举："……施夏茶冬汤，悯灾难，设法周全，遇饥荒开仓赈济，见流移人多方安置，捐修金设立义学。……拯救鳏寡孤独，收养遗弃婴儿。助人婚葬，委曲代偿钱，免极贫人债负。"[③] 所有这些，成为育婴堂、普济堂、施棺局、栖流所等慈善组织重要的指导思想和认识基础，也成为以士绅为首的道德楷模劝勉人生的现实活教材。此外，功过格及其组织行为还关切中下层民众的生活，如袁黄的《立命篇》"以果报之说，动人邀福之心，这种劝善方法适合中人以下"[④]。原因在于，对那些世代生活在广大乡村的老百姓而言，面对朝代更替导致的社会动荡和生活拮据造成的人生艰险，受制于文化教育不足的影响，他们很容易接受这些唯心主义的心灵鸡汤，为自己的灵魂和追求找到归宿。但从积极向上的角度分析，功过格制度及其组织行为的推

---

  ① 《太微仙君功过格》，《道藏》第 3 册，洞真部戒律类雨十一，文物出版社、上海书店、天津古籍出版社 1988 年版，第 450、451、453 页。

  ② 周梦颜：《文昌帝君阴骘文》安士全书（上册），苏州弘化社，民国 21 年（1932 年），第 9 页。

  ③ 石成金：《传家宝》（三集卷一），《功券第四》，金青辉、阎明逊点校，天津社会科学院出版社 1992 年版，第 769 页。

  ④ 游子安：《明末清初功过格的盛行及善书所反映的江南社会》，《中国史研究》1997 年第 4 期，第 127 页。

行，客观上缓释着普通民众的心理焦虑，优化了社会风气，提升了乡村社会的治理效果。

总之，正如《感应篇》"诸恶莫作，众善奉行"等传统善书一贯的主张，道德修养在功过格之中更加具体化和条目化，可作为日常修省改过的行动指南。"明末清初的功过格，是帮助人们控制其命运的一种手册，在那个流动频繁、价值观和信仰都变动不定的时代，为人们正确的（也是有益的）行为提供了精确的指导。"[①] 当然，这类善书除了有助于了解宋明以来中国社会的道德建设情况，揭示古代社会众多士绅以身作则奖功罚过的历史贡献。

第三节 立乡规订民约化民风

中国古代社会是以家庭和家族为本位的农业社会，在长期的家庭和家族本位化社会发展过程中，社会的治理模式，除了有代表皇帝和朝廷的最高层面的国家法律和社会普遍的价值原则等正式制度和规则发挥作用之外，在广大的乡村社会，家训、族规、乡规、民约等民间规约作为非官方正式制度和规则发挥着极为重要的作用。加之由于家国同构，国家法律、普遍价值原则又与这些家训、族规、乡约等民间规约在内容、形式、作用等方面互相补充、互相支持、相辅相成，最终形成一个完整的社会治理系统。换言之，一方面，社会的正式规则是非正式（教育）制度的普遍化、形式化的结果，具有普遍性、共同性特点；另一方面，民间规约又是社会普遍规则在民间的具体表现形式和实现方式，具有具体性、生动性、生活化的特点。而立乡规订民约的始作俑者，往往是拥有话语权和影响力的当地士绅阶层。

乡规民约是乡民自发组织、共同商定出的处理乡村社会礼俗、公共治安、文化教育等公共事务的一种乡民自治管理制度形式。乡约把农村生活的经济问题、治安问题、教育问题、社会风俗等方方面面都包括了进来，甚至包括人的生老病死都由乡约及其组织来管理和安排。作为非

---

① [美] 包筠雅：《功过格：明清社会的道德秩序》，杜正贞译，浙江人民出版社1999年版，第1页。

正式（教育）制度的维护者和执行者，士绅在乡约的制定及其实施过程中发挥着主导作用，也在实际上监督和保证着乡规民约的贯彻落实。乡约通过这种自治互助的方法来解决乡村社会几乎所有问题，并使之成为指导乡村民间生活的基本准则。从乡规民约的主要功能来看，其目标指向主要是正名分、序昭穆、睦宗族、盛人才、明公道、息争讼、释私愤，以建立良好的乡村社会人际关系和社会生活秩序。从这个意义上讲，乡规民约主要申明的依然是传统儒家的伦理纲常，普遍要求民众按照儒家的道德标准和伦理规范立身行事，并通过士绅耆老的奖惩和乡民的集体评判实现化民成俗的目的。从乡规民约的表现形式来看，大多以成文、半成文甚至不成文的形态出现，不具备社会普遍价值观念的抽象性、普遍性，但是作为社会普遍价值观念的具体化，又比社会普遍价值观念生动丰富、贴近务实，因而对人的道德品质培育更为直接、更为具体，弘通培德、教民育人的作用发挥也更为积极。

中国古代基层社会的乡里组织，是乡规民约产生的社会组织前提，也是士绅楷模实施教化的政治保证。乡约是乡民自治的一种表现形式，是人们在长期的生产生活实践中自然形成并世代相传的，这也是它在民间有生命力的具体表现。它比国家政权和法律所建立的规约秩序更得民心、更贴近生活，也更符合当地的风俗习惯，因而在中国古代乡村社会秩序的构造和维护中发挥了重要的作用，是中国传统教化文化中的一种富有特色的个体道德品质培育形式。与中国古代的农耕经济发展相适应，我国古代基层社会组织主要表现为乡里组织，这是乡规民约产生的社会前提。乡约的产生与发展，正是适应了我国先民以地缘关系为纽带的乡村社区形成之后，维护那些超越血缘亲缘关系的家庭和家族联结的社会秩序需要。实际上，我国早期出现的乡村自治规约称乡规民约，发展到后来才成为乡约甚至建立起了乡约组织。根据有些学者的研究，乡里制度初步定型于春秋战国时期，正式确立于秦汉时期。[①] 春秋战国时期，乡、里已成为基层社会组织的一级单位，秦代乡里制度确立为乡、亭、里三级，汉代大体上因袭秦制。[②] 由此可见，作为基层社会组织行为规范

[①] 赵秀玲：《中国乡里制度》，社会科学文献出版社1998年版，第4页。

[②] 宁可：《汉代的社》，《文史》1980年第9期。

的乡规民约，出现于春秋战国与秦汉之间，已知最早的乡规民约是东汉的《汉侍廷里父老僤买田约束石券》。①

乡约的存在形式，一般包括口头乡约、文本乡约和社会组织乡约三种。其中口头形态的乡约产生并发挥作用的时期主要是在先秦，一般以口头传唱或口头文学的方式流传于世，并以此做到了家喻户晓，但是其具体内容已无从查考。文本形态的乡约从功能上看又有劝诫性乡约与惩戒性乡约之分，大都模仿北宋学者吕大钧②、吕大临等兄弟于宋神宗熙宁九年（1076年）制定的陕西《蓝田吕氏乡约》体例，基本都是由士绅乡民自发订立、共同遵循的规约，广泛存在于史志、族谱、碑帖、公牍和文集等文字资料之中。组织形态是乡约的官方化范式，随着官府的介入和官吏的旌表推崇，乡约的内容不仅被朝廷颁布的各种圣谕、圣训所取代，而且在这些规约之上发展出一套比较完整的组织和管理体系，从而使得乡约超越了一般乡规民约的范畴，而演变成一种民间基层组织形式。这种组织在早期普遍依托于村落组织，北宋以后便出现了专门的乡约组织，③ 这种乡约就不仅仅是以乡民自愿合意为基础的行为规范条文，同时也成为一种政府倡导、民间自设的处理地方性社区事务的基层社会组织体系。乡约不仅有固定的组织机构（如在吕氏乡约中，有约正1—2人，值月1人）和活动场所（约所），要定期聚会读约、行乡饮酒礼举善纠恶，以"笃人伦，厚民风"，而且乡民入约，往往还要缴纳一定的约费，用于乡约的聚餐和日常开支。但是，不管怎样，订立乡约和主持公道的人一般都是经过乡民推举和认可的德高望重士绅。因此，经过历代官府的倡导，传统形态的乡规民约在不断发展完善的同时，对约众的惩戒作

---

① 董建辉：《"乡约"不等于"乡规民约"》，《厦门大学学报》（哲学社会科学版）2006年第2期，第52页。

② 吕大钧（1029—1080），京兆蓝田（今西安市蓝田县）人，出生在一个书香门第之家，他从小就胆识过人，文才兼备。北宋嘉祐二年（1057年）中进士，被授予秦州（今甘肃天水）司里参军，后任延州（今陕西延安）监折博务、三原知县、福州知县等职。当被推荐任知州泾阳时，其父亲吕贲病逝，三年丧期满后，吕大钧自以为学识尚浅，于是他辞官回到蓝田，开始传授张载学说，以"教化人才，变化风俗"为己任。经过吕大钧多年努力，"关中风俗为之一变"。更为重要的是，他在为父亲去世辞官三年守孝期间，为教化乡人，首创《吕氏乡约》，提出"德业相劝，礼俗相交，患难相恤，过失相规"，成为中国历史上首部成文乡规民约。

③ 张明新：《乡规民约存在形态刍论》，《南京大学学报》2004年第5期。

用不断减少，而社会教化成为主要目的，到清代甚至是将乡约的社会教化功能发挥到极致。从这个意义上讲，乡约在士绅的维持下约束乡里成风化俗，推动了个体品德培育机制的民间化和社会化。

乡约在中国古代自北宋以降能够风行于世，除了其天然具备维护广大乡村社会秩序与民俗的社会功能外，身处一方的有识士绅积极立乡规订民约化民风作用重大。如《吕氏乡约》的内容是德业相劝、礼俗相交、患难相恤、过失相规，主要指向人的立身修为，本来就非常贴近乡民百姓的生活实际。如"德业相劝"的具体规定，每五天由木铎老人宣讲圣谕六训，倡导人们见善必行、闻过必改，能治其身、修其家，能事父兄、教子弟、御童仆，能敬长上、睦亲邻、择交游，能守廉洁、广施惠、救患难，等等。这些都被认为是具有劝励风俗和提高人们道德水平的教育功效。其中，《夷陵州志》记载的"礼俗相交"规定：如本周每一百姓或七八十户成立一社，春秋专祭五土五谷之神，为春祈秋报，而口俗淫祠一切去之不祀，祭必行乡饮礼以序齿，立社学以教子弟，立木铎以警众，

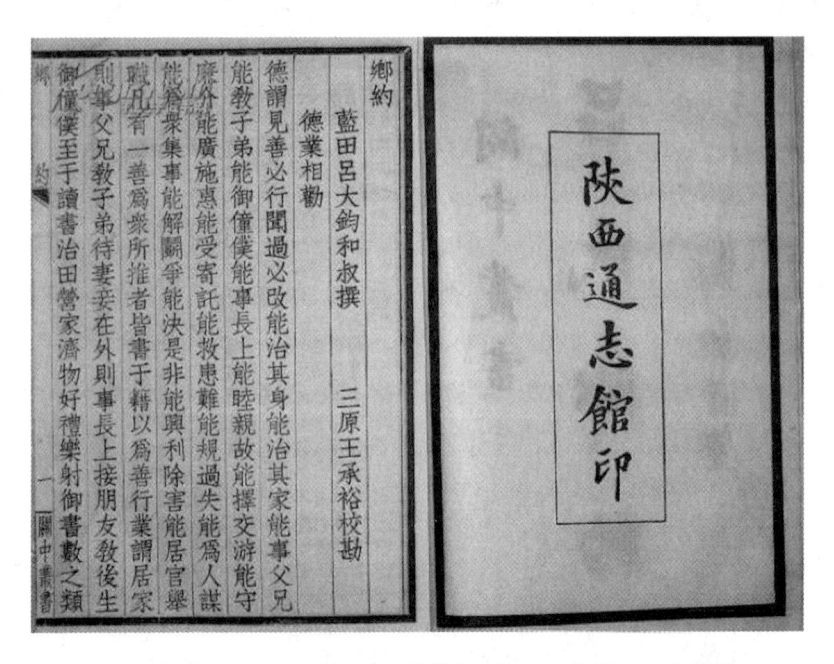

吕氏"四约"——德业相劝，礼俗相交，患难相恤，过失相规

立义吁以口无地辙。有疾病医药不得师巫假降邪神以乱生死，丧以礼哭奠，僧道不得出入人家做道场佛事，凡吉事凶事皆有赠遗，如无财物亦以力相助，冠婚丧祭各有渐次成风皆礼义之俗，尔百姓应各遵守世世不忘。①可见，"四约"包含了丰富的劝勉教诫内容和具体做法，并非简单的四句道德说教，它所涉及的内容关系到百姓日常生活的方方面面。制作乡约，就是为了让各阶层百姓对自己的具体行为有依据，同时针对人们所处的不同社会角色制定了不同的行为规范。如对于一般的家庭子弟或工商业者，善行就是"本分买卖，工业精致，能成家业，成人美事，有家政和内外，不奢华，不逾分，有子能教，有女早婚"。恶行则是"以假卖真，专一谋利，白日讴人，终日口舞，降神要福，僧道出入，家有谣风，业无长产，不畏律法，酗酒撒泼"。针对"弟某或士"，善行主要是"有德行有文艺，先生敬信，后辈推重，科贡可期，勤谨守学规，文胜于行，行胜于文，文行仅可"。恶行主要是"不孝不悌，无仁无义，儒衣儒冠，全无学术，轻慢师长，不顾廉耻"。对于"兄某或老人"而言，善行就是"能孝悌，能廉价出粟尚义，教训子孙，治家严肃，能睦族，能施惠，能剖事公是非畏官法"，恶行则是"持身不谨，闺门口声，子弟为非，童仆放肆，利己妨人，不畏公法，不怕人议，事不可托言，不忠信不衣冠"②。

受中国传统文化教育，古代的地方官员除了少量捐买者外，包括举荐自乡野的官员，普遍经历儒学思想教育而信奉儒家经典，往往曾经科举被朝廷选用担任政府官吏。面对朝廷官府治理的有效补充，他们认为乡约也是儒家理性实现其政治理想的一种方案，因而主动想办法订立乡规民约教生民众。据史书记载，弘治壬子冬陈关谪守夷陵州，为了化民成俗，"首黜淫祠崇儒术，每里必立社，社必有学，教童蒙使渐知礼义，禁止僧道师巫邪术不得出入人家，冠婚丧祭教人一以文公家礼行之。尤虑民俗之难变也，又必每五日各令人一振铎以警省之"。不仅如此，为了扩大乡约的社会影响，陈关还制定了乡约的具体规定和实施办法，发布"正俗图榜"加以说明："本职自到任以来，凡与吾民所处所行无非欲其

---

① 弘治《夷陵州志》卷5《惠政（乡约）》，天一阁藏明代方志选刊续62，上海书店1990年影印本。

② 同上。

日趋于善不抵于恶而已,然不立法以维持之又恐不能保其久而不变也。乃采先贤蓝田吕士乡约四事,列其目而以吾尝道,吾民之所已行者各疏其事于下,亦乡约遗意也。使各易晓而遵守之,虽不能追古三代之民亦不失为今之良民矣。"① 由此可以看出,部分乡约是官府为教化乡民服务的,乡约也从非正式(教育)制度演变发展成为官方和民间性质兼具的传统个体品德培育制度。

乡约从一种普遍性规范发展到固定的社会治理组织,是民间治理模式向官方正式制度上升的成功范例。民间乡约更能反映民间社会的真实意愿,更能体现民间乡民自治的特点,加之一些民间有影响的士人更希望通过制定和推行乡约来实现他们治理社会的理想,其治理和教化一方民众的实际效果也十分突出。其实,古代中国是传统农耕社会,大多底层知识分子来自民间,他们有着深深的乡约情结,品学声望卓著的士绅也是乡约的创制推行者。但是,民间乡约却往往与朝廷的社会主张存在一定差异,在严密的封建专制文化气氛之下,官方往往对知识分子倡导的群众性社会活动持有警惕之心,会千方百计压制民间自治性质的活动,使得民间乡约的推行面临很大的阻力。有感于民间士人举办乡约之难,明代翰林院编修章懋曾慨叹:"欲乡人皆入于礼,其意甚美,但天子之柄,而有司者奉而行之,居上治下,其势易行,今不在其位而操其柄,已非所宜,况欲施之父兄弟宗族之间哉!"② 曾昂还曾因举民办乡约而遇到过麻烦,据罗洪先称:"令所传乡约,公手笔也,其后谤胜于朝,谓公居乡专制生杀,台谏将纠论之。"③ 历史事实告诉我们,中国古代许多民间乡约的制定者和倡导者大都是致仕的官员,这些人曾经在朝做官,地方长官常常对他们礼让有加。因此,这些有着官方背景的人在地方事务的处理中有影响力和话语权,对乡约和德治的推行力度是一般平民百姓无法企及的。如史书记载潮州知府王源致仕归乡以后,在家乡龙岩继续

---

① 弘治《夷陵州志》卷5《惠政(乡约)》,天一阁藏明代方志选刊续62,上海书店1990年影印本。
② 章懋:《枫山集》卷2,《答罗一峰书》。
③ 曹国庆:《明代乡约推行的特点》,《中国文化研究》1997年春之卷(总第15期),第17页。

◇ 第六章 士绅楷模对个体品德培育的垂范 ◇ 209

举行乡约。① 开州人王崇庆辞官归乡后，慨叹"乡无善俗"，于是制定乡约教化百姓，"愿与邻人助之，期受治教为尧民"。但是，在当时中央政治集权、乡里文化闭塞的双重困境中，他们不辞劳苦排除万难积极推行乡规民约，治理一方乡土的高尚道行和卓著成效，特别是他们勇于担当胸怀家国的义举充分彰显了士绅的道德楷模气节和风范。

一般来说，在当地较有威望的家族即是该地士绅家族，由其牵头制定并负责维护的乡约当然能够取得如期效果。这一特色在明代隆庆前后更为明显，由于朝廷"在全国大力推行乡约，徽州地区很多宗族借机建立宗族性的乡约，所立乡约条规与族规家法合二为一，从而使宗族控制了乡里教化机构"②明清时徽州"文堂陈氏乡约是既依地缘关系又依血缘关系组成的，在组织上与宗族结合在一起。将本宗十七甲排分贴为十二轮，一月一轮，一年轮完"③。当时较为著名的一个是潞州的"仇氏乡约"，仇氏家族从明初开墓雄山，世代就居住于山西潞州南雄山乡的东火村，到正德六年（1511年）仇揩等举行乡约之时已经过了五世。仇氏家族有三晋第一家之美誉，百口同餐，庭无间言，为方圆百姓所称道，也成为周围乡民们学习的榜样。仇氏兄弟以蓝田《吕氏乡约》为蓝本，配合《仇氏家范》施行乡约，其乡约"居家有家范，居乡有乡约，修身齐家以化乎乡人"，"自冠婚丧祭及事物细微训后齐家之则，靡有阙遗，仇揩营义房一区于家，敦请乡先生以教宗族子弟，免其束修，再起义学一所于乡里，以训乡党童稚，资其薪水，设医药以济穷乡，有疾病者置义冢"，"刊印太祖高皇帝训辞，家给一册，讽诵体行"，"为当代之所崇尚，秉笔之士亦笑谈而乐道之"④。仇氏乡约结合了家范，将个体修身齐家与教化乡民成俗很好地结合起来，是古代士绅立乡规订民约化民风倡善行之典范。

从乡规民约的运用实践来看，乡约制定完善后，并不是一劳永逸的，也要依靠宗族或士绅的推动力来贯彻落实。如遇到特殊事件，需要约正

---

① 汪毅夫：《试论明清时期的闽台乡约》，《中国史研究》2002年第1期，第132页。
② 陈柯云：《明清徽州宗族对乡村统治的加强》，《中国史研究》1995年第3期。
③ 陈柯云：《略论明清徽州的乡约》，《中国史研究》1990年第4期。
④ 何瑭：《柏斋集》卷5，《三晋第一家序》，四库本，转引自曹国庆《明代乡约推行的特点》，《中国文化研究》1997年春之卷（总第15期），第17—18页。

(副）赴祠议处，在祠堂进行讲会，甚至处罚重大逆行或违反孝道者"死不许入祠"，将败坏家法者或破坏祭祖制度者逐出祠外。如《文堂陈氏乡约》记载：

> 惟吾文堂陈氏，承始祖百三公以来，遵守朝廷法度、祖宗家训，节立义约，颇近淳厐。迩来人繁约解，俗渐浇漓。或败礼者有之，逾节凌分者有之，甚至为奸为盗、丧身亡家者有之。以故是非混淆，人无劝惩，上贻官长之忧，下至良民之苦，实可为乡里痛惜者也。兹幸我邑父母廖侯莅任，新政清明，民思向化，爰聚通族。父老会议闻官，请申禁约，严定规条，俾子姓有所凭依。庶官刑不犯，家法不坠，成为一乡之善俗，未可知也。自约之后，凡我子姓各宜遵守，毋得故违。如有犯者，定依条款罚赎施行，其永勿殆。各地方佃户编立甲长，该甲人丁许令甲长约束，每月朔各甲长清晨赴约所，报地方安否何如。如本甲有事，甲长隐情不报，即系受财卖法，一体连坐。如甲下人丁不服约束者，许甲长指名禀众重究，每朔日甲长一名不到者，公同酌罚不恕。

在以家为天下的古代中国和以家族为村落社区单元的广大乡村社会，家规族训和乡约实际上很难严格区分，治理一家族众同维护一方乡土安宁所追求的目标基本相同。而且，中国古代家国同构的社会政治组织形式，客观上很容易使胸怀天下的士绅治家为国约乡如制，"居庙堂之高则忧其民，处江湖之远则忧其君"① 未仕或致仕则退而在乡间立乡规订民约化民风，树立一时楷模教化一方乡民，成就一家祖德为所居之地培育优朗乡风和优秀子弟，秩然有序居功至伟。

---

① （宋）范仲淹：《岳阳楼记》。

第七章

非正式（教育）制度的启示

传统是人类过去所创造的种种制度、信仰、价值观念、德性和行为方式等构成的表意象征，是一个社会或民族的文化遗产，具有延续性、持久性和规范性；传统构成了一个社会创造与再创造自己道德或德性体系的精神密码，它使特定社会或民族的道德理性在一个历史阶段与另一个历史阶段之间、一代人与另一代人之间保持了某种连续性和同一性。从文化传承和人文教化的角度讲，传统不仅仅代表着历史的沿袭和陈规的因循，还是人们既有的解决各种人类普遍问题的文化途径，凝聚着某种经验积淀的文化心理和德性价值。"正是这种规范性的延传，将失去的一代与活着的一代连接在社会的根本结构之中。"[①] 社群主义及其批评家英国牛津大学的丹尼尔·贝尔就认为应适当保留传统宗教中某些至今仍有意义的内容，因为"就社会、团体和个人而言，文化是一种借助内聚力来维护本体身份（identity）的连续过程"。人类需要依靠类似于宗教的崇拜来把握自己的文化，权衡自己的行为选择，用仪式等象征系统来体现诸如死亡、爱情、痛苦与悲剧这些人类永远要面对的"不可理喻性问题"，解决人类的精神寄托、情感需求或文化传承，安顿和寄托自己的灵魂。

纵观中国古代历史，这些传统家训、乡规民约、民间传统仪式、民间道德楷模、民间教育机构等非正式（教育）制度，实际上已经发展积淀成为一种社会文化心理和民族精神，这种文化心理和惯习践履对中国人的个体道德品质培育发挥着潜移默化和安久移质的基础性作用。换言

[①] [美] E. 希尔斯：《论传统》，傅铿、吕乐译，上海人民出版社1991年版，第32页。

之，中国古代的非正式制度已然历史地发展成了一种文化，它现实地表征着古代社会生活的样法，"文明古国"和"礼仪之邦"的赞誉，不仅是世人对我国历来重视道德教育的最高褒奖，也是对包括这些非正式制度在内的塑造德性人格文化力量的一种认可。今天，随着社会主义市场经济的快速发展，中国传统教育赖以存在和发挥作用的社会基础已经发生了根本的改变，加上改革开放以来所受西方文化的冲击与影响，我国的教育特别是道德教育遇到了许多新问题。面对道德滑坡、价值失衡和德育失范等诸多不利因素的挑战，我们的思想政治教育却显得应对乏力，化解问题的办法不够多，施教手段不够新，使得这种正式的或官方的道德教育一时难以进入受教个体的生活和生命世界，思想政治教育的实际效果不够理想。立足于坚持古为今用的原则，批判地继承和吸收千年儒家文化所设计的民间德育经验，在将社会主义核心价值体系具体化的基础上，通过挖掘和发挥传统家训、乡规民约、民间传统仪式、民间道德楷模、民间教育机构等非正式制度的道德教育作用，努力创设民间化的德育范式，以切合实际的生活化、常态化个体品德培育方式，实现思想政治教育和公民道德建设新常态。

中国古代非正式（教育）制度是中国古代优秀的传统文化的重要组成部分，蕴含了符合中国国情与心理特征的文化特质，是国人无法抹去的历史文化印记。认真分析古代非正式（教育）制度在个体德性培育方面的优长与不足，为我们目前在价值观念多元化、道德评价体系抽象化、德性培养目标理想化、德性培育方法知识化的背景下，进行个体道德教育仍不乏积极的借鉴意义。

第一节　道德培育应当直面人的生活世界

个体品德的养成是一项复杂的育人系统工程，历史文化的传承、共同体内部情感的积淀、价值观念的认同、意识形态的导向都会对个体人格生成产生重大影响。剖析和探秘这些影响个体道德品质的因素何以成功培育个体品德的问题，就必须回归历史的现场，重视和考量当时当地的社会政治经济文化环境。但无论怎样的历史条件和现实环境，有一点是确定无疑的，那就是对人的德性培育或思想政治教育只有切入人们的现实生活，重视道德心理、道德情感、道德行为发生发展的规律，挖掘和利用道德实践的培育功能，才能丰富道德教育的内容与方法，促进思想政治教育真正收到实效。所以，对于古代社会民间性、生活化成功培育个体品德的非正式（教育）制度留给我们的借鉴与启示，必须给予高度的重视和深度挖掘。

道德培育应当直面人的生活世界，是生命实践的现实要求。道德理念和道德原则不是第一位的，相反，社会生活中的道德惯习才是第一位的，正如道德基本法则不是原因，而是道德实践的结果一样。道德规范来源于社会生活，道德要求只有在群体生活之中才能彰显其价值与意义。人类社会不同于动物世界，就在于人是有意识的、有道德理想和社会追求的社会主体，由他们组成的社会是具有道德认知和道德判断、道德反思能力的组织体。关于道德的起源，历史上有过"神启论"、人性论、生物进化论、情感论等多种观点和说明，马克思实践唯物主义认为，道德源于人类物质生产和社会生活的需要。表明道德作为调节人与人、人与社会之间关系的基本规范，产生于人与人之间的社会交往所需。孤立的人，没有社会生活，其行为是非道德、非理性的。只要有交往、有合作，就需要道德约束。当然，除了物质生活，人类的生活还包括政治生活、文化生活、宗教生活、精神生活等，正如人们的社会生活产生了道德需要和道德关系，而这些上层建筑领域的生活便都要受物质生活的制约一样，"人们自觉地或不自觉地，归根到底总是从他们阶级地位所依据的实际关系中——从他们进行生产和交换的经济关系中，吸取自己的道德观念"[1]。可见，道德教育原本是生活世界的一部分，生活世界是道德的意义和价值的源泉。同样，个体道德培育作为一个人在生活中产生、在生活中成长的关系需求，它与个体的生活经验、个体的生活践行密切联系，是个体与他人、个体与社会生活关系的统一，所以，对个体的道德教育只有植根于生活世界，才具有深厚的基础和强大的生命力。

道德培育应当直面人的生活世界，是德育理论的现实源泉。人是社会的人，人自其出生就生活在特定社会成员共享的意义和知识氛围之中，人正是通过文化象征符号认知适应他们所处的社会生存环境的。先天的

---

[1] 《马克思恩格斯选集》第3卷，人民出版社1972年版，第133页。

文化环境建构起个体关于世界与自我的最初观念，也使得个体发展成为特定文化基质培育的主体。个体品德的培育实质上是社会普遍价值原则内化为个体的道德意识、道德素质进而外化为道德行为的双向统一过程。从发生学的角度看，道德教育原本是生活世界的一部分，在原始社会，道德教育是与人们的生产、生活过程融为一体的，"一个人是通过共同生活的过程来教育自己，而不是被别人所教育的"①。"原始社会中的'礼'是对于上古人类在社会生活中所通行的各种生存智慧的积累与提炼，其产生的根本动力源于人类最基本的生存与发展的需要，是自然界适者生存的进化规律下的必然结果。如'祭祀说'与'巫术说'认为，原始宗教祭祀和巫术活动的各种乐舞与仪式即是礼的原初表现，表面上看来，这种原初的'礼'正是一种'使神人快乐'的把戏。"② 在这些古代非正式（教育）制度中，将每日每时都在进行着的家庭和社会生活规范需要，通过寓教于现实、寓教于生活的形式，使原本深刻、严密、深奥的价值原则潜移默化、润物无声地影响着每一个家庭成员、社会成员，使其道德品质得到培育，人格修养得到提升。

　　道德培育应当直面人的生活世界，是传统道德育人活动的真实显现。传统儒家的道德理念奠基于中国古代社会的道德生活实践，儒家伦理思想立足于个体真实的生活世界，适应了中国古代农耕社会的生产生活方式，家国同构的社会结构，也得到了统治阶层的认可和推行，实现了儒家学者解释灌输和礼仪生活的渗透。这样一来，儒家思想作为中国传统社会的主流思想观念，在塑造国民性格、国民心理，培育个体道德等方面发挥了重要的指导性作用；儒家思想的价值理念影响着中国古代社会道德生活的方方面面，并且使古代中国呈现出伦理型的社会特征。在中国古代社会，传统道德是社会主流的价值观念，上有官方的大力推行，下有平民百姓的言传身教，传统道德原则和道德规范慢慢成为人们现实的行为活动准则，成功地转化为现实的人心秩序和社会秩序，更使理想

---

　　① 联合国教科文组织国际教育发展委员会：《学会生存》，上海译文出版社1979年版，第28页。
　　② 冯兵：《生存智慧、人文理性与中和精神——论礼乐起源与发展的内在理路》，《学术月刊》2010年第2期，第56页。

的道德生活转化为现实的道德生活，而这与中国古代社会对道德生活的成功构建是分不开的。这种道德生活的现实是统治阶级和儒学创立者、传承者精心呵护的结果，并借助于日常生活实践使其成为人们的道德生活习惯。换言之，中国传统道德以及道德教育直面人的生活世界的历史实践，使个体的德性修养和德行实践完美地结合起来，共同构成了人们基本的社会信念，培育出了一代代有德性的中国人。

道德培育应当直面人的生活世界，是环境育人的应然要求。孔子认为，人与生俱来的天性是相近的，只是因为后天习染的不同，人与人之间的个性差距才显得越来越大。而且，孔子也认为人性的形成并非完全是由先天命定的，后天的道德环境和道德修养在个体人格养成中发挥着重要的作用。"与善人居，如入芝兰之室，久而不闻其香，即与之化矣；与不善人居，如入鲍鱼之肆，久而不闻其臭，亦与之化矣。"① 因为"里仁为美，择不处仁，焉得知？"② 孔子还认识到了人的社会交往影响着人的品德形成，"益者三友，损者三友。友直、友谅、友多闻，益矣；友便辟、友善柔、友便佞，损矣。"③ 提倡育人应该创造一个有益于个体品德培育的环境，使人"就有道而正焉"。荀子也认为环境影响人的品格。他说："蓬生麻中，不扶而直；白沙在涅，与之俱黑。"又讲道："居楚而楚，居越而越，居夏而夏，是非天性也，积靡使然也。"④ 荀子认为，好的环境可以塑造出优良品格。"注错习俗，所以化性也；并一而不二，所以成积也。习俗移志，安久移质"，不同的环境，人"可以为尧禹，可以为桀跖，可以为工匠，可以为农贾，在势注错习俗之所积耳"⑤。可见，儒家认为环境和习俗是完全可以改变人的。这也就是今天所言的"人创造环境，同样环境也创造人"⑥。实际上，环境对个体品德培育总是起着潜移默化的作用，任何人都不能脱离环境而存在，个体总是在复杂多变的社会关系中生存和发展的，作为社会存在物，人必须与他人交往，也

---

① 《孔子家语》。
② 《论语·里仁》。
③ 《论语·季氏》。
④ 《荀子·儒效》。
⑤ 《荀子·荣辱》。
⑥ 《马克思恩格斯全集》第3卷，人民出版社1960年版，第42页。

正是这种沟通交流,产生了新的道德需要,也成为社会道德秩序形成和化育人之德行的基础。

　　以《颜氏家训》为代表的中国传统家训,无一例外地均坚持在自然的家庭生活中培育子弟德性人格。继承《颜氏家训》德育精神,中国古代家庭道德教育之所以有效,就在于以《颜氏家训》为代表的古代家训作为将一般道德规范和价值原则渡向个体品德的逻辑中介,通过采取与人们的日常生活密切相关的语言表达方式,成功地实现了对以儒家思想为指导的个体品德培育基本道德规范的生活化、生动化、形象化。这不仅是家训生活化育人价值的吸引力所在,也是家训为受教个体设身处地地考虑和以人为本德育思想的具体体现。如颜之推述及当时的离别人情世故时,对于离情别意的表达,则采取比较达观的生活化务实态度,合乎常理且使人易于接受,也易于大家根据各自的实际所能选择如何去做,"别易会难,古人所重;江南饯送,下泣言离。……然人性自有少涕泪者,肠虽欲绝,目犹烂然;如此之人,不可强责"①。这其实是尊重人性的表现,也是生活化德育容易为受教个体接受的原因之一。对于"凡庸之性,后夫多宠前夫之孤,后妻必虐前妻之子;非唯妇人怀嫉妒之情,丈夫有沉惑之僻,亦事势使之然也。前夫之孤,不敢与我子争家,提携鞠养,积习生爱,故宠之;前妻之子,每居己生之上,宜学婚嫁,莫不为防焉,故虐之。异姓宠则父母被怨,继亲虐则兄弟为雠(仇),家有此者,皆门户之祸也"②。指出后娶可能导致的家庭矛盾,特别值得强调的是将产生嫌隙的人之常情——"后夫多宠前夫之孤,后妻必虐前妻之子",合乎情理地给予了说明。众所周知,中庸原则是中国古代的处世之道,治家更讲求家庭和睦,凡事一般都不得过犹不及,如对于居家生计的俭奢,颜之推列举其身边的常例加以说明,很是切要。"可俭而不可吝已。俭者,省约为礼之谓也;吝者,穷急不恤之谓也。今有施则奢,俭则吝;如能施而不奢,俭而不吝,可矣"③。而对于那些不合情理的现象则进行批评和警示,如"梁孝元时,有中书舍人,治家失度,而过严刻,

---

① 《颜氏家训卷第二·风操》。
② 《颜氏家训卷第一·后娶》。
③ 《颜氏家训卷第一·治家》。

妻妾遂共货刺客,伺醉而杀之。世间名士,但务宽仁;至于饮食饷馈,僮仆减损,施惠然诺,妻子节量,狎侮宾客,侵耗乡党:此亦为家之巨蠹矣"①。通过摆事实讲道理的方式,将合乎常理的生活化道德规范告诉了受教子弟。又如对于俭这一德目,针对南北朝时封建统治阶级普遍役使奴隶,且数量很大的不良倾向,颜之推从"欲不可纵,志不可满"的为人常理切入,将之寓于知足的常理来说明:"宇宙可臻其极,情性不知其穷,唯在少欲知足,为立涯限尔。"同时,以其先祖靖侯成规"汝家书生门户,世无富贵;自今仕宦不可过二千石,婚姻勿贪势家"为名言,勉励子弟"天地鬼神之道,皆恶满盈。谦虚冲损,可以免害。人生衣趣以覆寒露,食趣以塞饥乏耳。形骸之内,尚不得奢靡,己身之外,而欲穷骄泰邪?周穆王、秦始皇、汉武帝,富有四海,贵为天子,不知纪极,犹自败累,况士庶乎?常以二十口家,奴婢盛多,不可出二十人,良田十顷,堂室才蔽风雨,车马仅代杖策,蓄财数万,以拟吉凶急速,不啻此者,以义散之;不至此者,勿非道求之"②。告诫子弟凡事能够做到合乎情理和回归常态,才是可行、有益而且无害的。

　　道德培育应当直面人的生活世界,是实现人的社会化的现实需求。人类社会自古至今,群体生活是最普遍的社会现象,集体是共同道德信念产生的基础。法国社会学家涂尔干提出,从公共(社会)道德建设的角度看,"道德是随着群体生活而生的,因为只有在群体中,无私和奉献才有意义"③。但是,从个体品德培育的实践角度分析,道德教育只有根植于个体的内心情感世界才能发挥应有的效力,换言之,道德认知只有在道德生活的践履之中才可能成为个体的道德信念。因为道德实践是人们有目的进行的、以是非善恶正义等道德观念进行评判的实践活动,而"人们对道德现象的意识和认识,以及理论化了的伦理学体系的创立,来自于社会生活中的道德交往实践。人们在生产劳动的分工协作和生活过程中产生了协调彼此关系、促进共同生存和发展的需要,创造了各种规范、禁忌,自觉或不自觉地演变为各种各样的社会组织形式和制度风

---

① 《颜氏家训卷第一·治家》。
② 《颜氏家训卷第五·止足》。
③ [法] 涂尔干:《社会学与哲学》,梁栋译,上海人民出版社2002年版,第56页。

习。……道德动机和准则规范只有通过实践才能实现……直接促动道德现状的，还是非道德实践莫属。社会中存在的道德行为状况，影响了人们的道德意识和选择，形成的价值观念又反过来极大地左右着人们的道德实践行为"①。所以，社会不仅是道德实践的基础，更是道德信仰的来源。我们绝不能从我们的偏见、情绪和积习出发寻求我们必须掌握的宗教定义的要素，相反，我们应该从现实生活本身出发定义宗教。涂尔干认为泛灵论是梦的幻觉带来的变形，自然崇拜是通过词语引发出来的一群辉煌而又空洞的意象带来的变形，这两种学说都必然将宗教当成谵妄的想象的产物。"构成宗教经验的各种自成一类的感觉的绝对而永恒的客观原因，其实就是社会……是社会把人提升起来，使他超越了自身；甚言之，是社会造就了人。因为造就了人的乃是由智力财产的总体所构成的文明，而文明则是社会的产品。"② 在他看来，社会是所有信仰体系和膜拜体系的基础，社会生活之中孕育着某些恒久的、具有人性色彩的客观要素，这些要素是共有的价值体系和集体意识生发的基础。

　　道德培育应当直面人的生活世界，是中国传统文化的人本主义特质。在中国传统文化的代表流派儒家看来，理性非但不是纯粹超验的意志能力，相反具有极强的现实实践性，它将理性与感性、天道与人道统一于人的德性实践之中。天地人相通，天道是人道的根源，尽人性可知天性。《论语·学而》提出："君子食无求饱，居无求安，敏于事而慎于言；就有道而正焉，可谓好学也已。"《中庸》提出："能尽人之性，则能尽物之性。""本仁义，当是非，齐言行。"认为人能知万物，参天化育，但"天命不可违"，天具有不依人事为转移的必然性。《易传·系辞上》说："一阴一阳之谓道，显诸仁，藏诸用。"《易传系辞》提出："天地之大德曰生。"所以，儒家将生命的本原归结于"天命"，认为宇宙之秩序、万物之生长，乃至世间一切人事，皆是"天命"所赋，系天地阴阳之气和合而成。孔子指出，"天何言哉？四时行焉，百物生焉，天何言哉？"③ 他担

---

① 高国希：《论道德实践》，《学术月刊》1994 年第 9 期，第 40 页。
② [法] 涂尔干：《宗教生活的基本形式》，渠东、汲喆译，上海人民出版社 2010 年版，第 399 页。
③ 杨伯峻：《论语译注·阳货》，中华书局 1980 年版，第 187—188 页。

心当时礼崩乐坏的道德秩序行将不古,畏于匡正,发出了"文王既没,文不在兹乎?天之将丧斯文也,后死者不得与斯文也;天之未丧斯文也,匡人其如予何"①的感慨,表达了孔子"道之将行也与,命也;道之将废也与,命也。公孙寮其如命何!"②的惆怅之意。除此之外,儒家实践理性的指导原则主要体现在对"理""恕道""中庸之道""仁义礼智信""克己复礼为仁""知行合一"的阐述中。其中,"理"是涵含天地自然人事必然性的法则。所以《易》曰:"夫大人者,与天地合其德,日月合其明,四时合其序,鬼神合其吉凶,先天而天弗违,后天而奉天时。"《周易·文言》提出:人之天然德性"与天地相似,故不违;知周乎万物而道济天下,故不改;旁行而不流,乐天知命,故不忧;安士敦乎仁,故能爱。范围天地之化而不过,曲成万物而不遗,通乎昼夜之道而知"。在个体修养方面,儒家提出的恕道即"己所不欲,勿施于人"。忠信是"礼之本也",义理是"礼之文"。中庸是君子处世之道,"君子尊德性而道问学,致广大而尽精微,极高明而道中庸。"关于人之本质特性——仁,孔子提出:"克己复礼为仁","一日克己复礼,天下归仁焉。为仁由己,而由人乎哉?"③"夫仁者,己欲立而立人,己欲达而达人。能近取譬,可谓仁之方也矣。"④当然,在道德修养的实践方面,孔子还提倡身体力行,坚持知行统一,依靠道德实践检验道德认识。"诵诗三百,授之以政,不达;使于四方,不能专对;虽多,亦奚以为?"⑤朱熹提倡"穷理"与"笃行"并重,"二者不可废其一"⑥。朱熹认为:"知行,常相须,如目无足不行,足无目不见。论先后,知为先;论轻重,行为重。"⑦王守仁把知行看成相互渗透的过程,提出了行先知后的观点。"知也者,固以行为功者也;行也者,不以知为功者也。行焉可以得知之效也;知焉未可以得行之效也。"又说:"行可兼知,知不可兼行。君子之学,未

---

① 杨伯峻:《论语译注·子罕》,中华书局1980年版,第88页。
② 杨伯峻:《论语译注·宪问》,中华书局1980年版,第157页。
③ 《论语·颜渊》。
④ 《论语·雍也》。
⑤ 《论语·子路》。
⑥ 《朱子语类·卷九》。
⑦ 《朱子语类·卷九》。

尝离行以为知也必矣。"①

　　道德培育应当直面人的生活世界，是马克思主义实践论在道德教育领域的应用。马克思将"实践"提升为哲学存在论原则，由此开辟了由领悟"感性的人的活动"而彰显现实生活世界的本原优先。马克思说："全部人类历史的第一个前提无疑是有生命的个人的存在。因此，第一个需要确认的事实就是这些个人的肉体组织以及由此产生的个人对其他自然的关系。"②《关于费尔巴哈的提纲》说："从前的一切唯物主义（包括费尔巴哈的唯物主义）的主要缺点是：对对象、现实、感性，只是从客体的或者直观的形式去理解，而不是把它们当做感性的人的活动，当做实践去理解，不是从主体方面去理解。因此，和唯物主义相反，唯心主义却把能动的方面抽象地发展了，当然，唯心主义是不知道现实的、感性的活动本身的。"③马克思认为："人作为自然存在物，而且作为有生命的自然存在物，一方面具有自然力、生命力，是能动的自然存在物；……另一方面，人作为自然的、肉体的、感性的、对象性的存在物，和动植物一样，是受动的、受制约的和受限制的存在物。"④作为对象性的、感性的存在物，人能够感到自己的存在和受到的影响，人也可以由此产生激情，发挥自己的能动性，而"激情、热情是人强烈追求自己的对象的本质力量"，因此，"能动"和"受动"可以称之为人之为人的"本体论本质"。马克思、恩格斯认为理性是一个具体的、历史范畴，第一次把理性置于社会生活条件制约之下，应从实践基础上把握主体和客体的统一。马克思所说的"现实的个人"使人类终于能够将目光从超验世界中返回自身，从而正视作为有限性存在的自身这一不可改变的现实。而领会了死亡的现实性也就领会了人的有限存在。马克思主义认为，人的生存和发展无论如何离不开社会的环境，社会是个体生存和发展的场所，是制约其存在的前提。"不仅我的活动所需的材料——甚至思想家用来进行活动的语言——是作为社会的产品给予我的，而且我本身的存在

---

① 王夫之：《尚书引义》卷3，中华书局1962年。
② 《马克思恩格斯文集》第1卷，《德意志意识形态》，人民出版社2009年版，第519页。
③ 《马克思恩格斯文集》第1卷，《关于费尔巴哈的提纲》，人民出版社2009年版，第499页。
④ 《马克思恩格斯文集》，《1844年经济学哲学手稿》，人民出版社2009年版，第209页。

就是社会的活动;因此,我从自身所做出的东西,是我从自身为社会做出的,并且意识到我自己是社会存在物。"① 所以说,人是社会的人,是一定历史阶段的人,人的发展同社会一定阶段的发展密切联系。他强调了类生活的普遍特征:"首先应当避免重新把'社会'当作抽象的东西同个人对立起来。个人是社会存在物。因此,他的生命表现,即使不采取共同的、同其他人一起完成的生命表现这种直接形式,也是社会生活的表现和确证。人的个人生活和类生活并不是各不相同的,尽管个人生活的存在方式必然是类生活的较为特殊的或者较为普遍的方式,而类生活必然是较为特殊的或者较为普遍的个人生活。"②

现代西方哲学现象学和存在主义流派呼吁回归人的生活的世界,生活世界是人之先在的认识来源,是人的主体形成的基础环境,而且生活世界也是人的终极意义的归宿。在他们看来,无论是抽象思辨的"哲学世界",还是判断推理的"科学世界",其基础和前提都是生活世界。任何认识活动都毫无例外地包含着生活世界给予的某些隐蔽的前提,都可以在生活世界里找到其影子。在一定意义上,现代哲学向生活世界的回归,其实是向人自身的回归,是一种源于生活、超越生活,又回归于生活的返璞归真。在此过程中,人的自我意识历经了回环往复的变化,人的观念得到了重塑。在与生活世界的分离、迷思、皈依之中,人的价值认识也得到深化,这种历经沧桑之后的感悟往往更为成熟和稳定,更能体味到生活的意义与价值。作为现代哲学的奠基人,马克思开创的哲学展示出了不同于其他现代哲学的独特理论视界和价值旨趣。马克思认为,人是世界的主体,人之生活的世界是感性与理性的结合,人的实践活动是生活世界的基础。实践活动是人的自我发展、自我否定和自我完善相结合的创造性活动,同时也是人有意识、有目的地改造生活世界的对象性活动,在此过程中,人的认识和实践能力不断得到提高,从而为实现人的自由和全面发展创造了条件。立足于人的实践活动,人是生活中的人,生活是人的生活,世界就不是一个外在于人的自在物,而是赋予了

---

① 《马克思恩格斯文集》第1卷,《1844年经济学哲学手稿》,人民出版社2009年版,第188页。

② 《马克思恩格斯全集》第42卷,人民出版社1979年版,第122—123页。

人的实践活动的有意义的现实生活世界。因此，在人的实践活动之中，人与自然的双向生成，也表现为人与自然的和谐统一。

第二节 塑造理想的德性人格

生存是人作为肉体存在物的基本需要，但人的价值和意义却远不止于生存。从人类生活史看，生活中的情感、信念和最终企望以及与之相配的道德礼仪，无不是一个人的理想人格设计。人的自身价值与社会价值的实现统一于人的实践活动。因此，马克思把对象化活动作为人的存在方式、"类生活""类存在"，因为此种活动能动地"复现"自己、实现自己。"作为类意识，人确证自己的现实的社会生产，并且只是在思维中表现自己折现实存在反之类存在则在类意识中确让自己，并且在自己的普遍性中作为思维着的存在物自为地存在着。"[1] 换言之，人格塑造是多种内外因素长期合力作用和持续积淀的结果，社会环境、知识性教育、个人主观理念在其中都发挥了重要作用。人的社会实践活动的广度和深度决定着人格塑造所达到的水平。在多向度、多层次、多属性的社会性实践中，个体通过认识、评价、审美等复杂的心理文化活动，不断激发自我向更高层次和提升，人格也不断趋于健全与完善。在人格塑造与惯常实践方面，我国古代社会的非正式制度可谓有的放矢，事半功倍。

非正式（教育）制度渗透在社会生活各个方面，伴随着人类社会的发展而发展，是一种生活世界普遍的文化现象。分析这种文化现象我们不难发现，敬人和律己是道德生活的基本原则，生活中的各种制度设计是基本架构，日常行为规则是基本内容，最终以人格培养和人格完善为目标指向。人格塑造是道德培养的核心，人格状况直接影响着社会的和谐发展。人格与个体的身心发展、社会实践密切相关，是在社会实践基础上主客体因素相互协调发展的结果。面对当代中国在经济转轨、社会转型时期，人的价值观念、思维方式和心理素质都经历着激烈碰撞和矛盾，人格扭曲和道德范的大量现象时有发生，培养民众健全的人格是

---

[1] 《马克思恩格斯文集》第 1 卷，《1844 年经济学哲学手稿》，人民出版社 2009 年版，第 188 页。

极为迫切的现实需要。

那么，什么是人格呢？一般来说，人格（integrity、personality 或 dignity）是指人的性格、气质、能力、尊严、名誉等特征的总和（人类整体性），是人之为人的内在要求（人类本质性），是人的尊严的标志之一（外显标志性），是实现人的完善以及真善美的重要组成部分（社会关系性）。现代西方著名心理学家弗洛伊德、荣格等认为人格是个体在遗传基础上，通过与后天环境的相互作用而形成的相对稳定的和独特的心理行为模式，是人的心理特征和心理倾向的总和。"所谓人格，反映人在世界中的格位，是人之所以为人的格式和标准，是对人生形象的综合描述。"① 这些格式和标准既是外在行为规范，又是内在的道德自律标准，两者贯穿于人的生活实践就是人的道德人格的体现，在传统社会就是道德理想与楷模，"在一定的文化环境和社会制度中，出于现实的需要，人们的利益、要求、期望集中于一个楷模身上，即为理想人格"②。理想人格在传统社会中是以完美至善人格范式呈现的，是世人无不向往和追求的人生境界与目标，具有巨大的精神感召力，并呈现出超前性的特点。"理想人格"用孔子的标准来表述就是人的"三达德"，即知（智）、仁、勇。孔子认为"仁"是潜藏于主体内心的与生俱来的一种能力，是一切德性的总和，是人之区别于禽兽的根本特征。"仁"既要求内在自觉地向善，还要求外显于社会道德实践即行善。"知"是明善，它意味着人如何去实现自己与他者生命的共生，如何让人生有意义。"勇"是"经""权"的结合，既能坚持自己的原则，又能对事物做出正确的分析与判断，不受习俗限制，不受意气牵制，与万物相合而不失自己的坚守，做到"和而不流""中立而不倚"。孔子的理想人格理论的核心是君子人格，"仁"是君子人格的最基本也是最高的评判标准。在中国传统文化中，"君子"是孔子称道的理想人格的典范，"君子"概念在《论语》中共出现 105 次，是孔子理想人格理论的核心概念。后来，孟子从仁、义、礼、智等多方面规定了理想人格的内涵，他认为理想人格是普遍的仁爱精神（仁）、道德的自我意识（义）、尊重他人的价值趋向（礼）以及理性的判断能力

---

① ［瑞士］荣格：《自我的探索》，载《人类及其象征》，贵州出版公司 1988 年版，第 108 页。
② 同上。

（智）等的完美结合。在仁义礼智四个德目中，孟子更强调仁爱精神和理性的判断能力，所以他赞扬孔子"仁且智，夫子既圣矣"①。理想人格的外在表现形式就是"大丈夫"的气概，即富贵不能淫，贫贱不能移，威武不能屈。在西方，理想人格用古希腊思想家柏拉图的话来讲就是"四元德"，即智慧、勇敢、节制、正义。柏拉图认为，人作为生命有机体，灵魂的三个组成部分欲望、激情、理智各具有自己的功能。"智慧"指灵魂中理智部分的德性，统治者必须有足够的聪明智慧去领导和管理国家；"勇敢"指激情部分的德性，辅助者应当有足够勇毅果敢才能承担保卫的责任；"节制"指欲望部分的德性，生产者一定要对美好快乐的需求欲望制进行控制；"正义"是指理智、激情、欲望不同等级三种德性的人各习其能安守本分达到和谐统一。

从历史和社会发展的角度看，人格及其关涉人格的理论自然也是历史的、变化的，人格的内涵既不能脱离现实个体的物质与精神生活实践，道德原则和规范标准还应该为个人利益的满足与诉求的实现留下适当的空间。在这方面，中国古代社会的智者们着眼于从家庭的成员之一来看待个人及其成长修养，它的着眼点是家庭关系。而在家庭中，首先看到的是他是父之子、子之父等一类伦理相对关系，而置全体（全家）组织关系于其次。在家庭架构之下，一个完满的人格，自然就是孝子、慈父等一类的伦理综合。马克思、恩格斯也指出，全部人类历史的第一个前提无疑是有生命的个人的存在，因而，第一个需要确定的事实就是这些生命个体存在的状态、位置和关系。个人的生命存在决定着人们必须进行自己的生活资料的生产，这使生活资料的生产成为人类的"第一个历史活动"，并从而成为一切历史的"基本条件"。在这里，马克思、恩格斯强调现实的个人及其活动是人类历史的现实前提。在所有社会活动中，物质生产是最基本的活动，物质生产是人的实现或现实，宗教、家庭、国家、法律、道德、科学、艺术等都不过是生产的一些特殊方式，并且受物质生产所支配。马克思认为现实中的个人"是在一定的物质的、不受他们任意支配的界限、前提和条件下活动着的。"②他指出"人们是自

---

① 《孟子·公孙丑上》。
② 《马克思恩格斯文集》第1卷，《德意志意识形态》，人民出版社2009年版，第524页。

己的观念、思想等等的生产者""不是意识决定生活,而是生活决定意识。"①

中国传统社会的意识形态建立在君权神授的观念之上,儒家先贤将天的观念和人性统一起来,并规划安排了一系列详备的人生礼仪及其他非正式制度来加深巩固这种观念,使道德培育遵从并融入到个体道德成长的每一个时期,最终建构了超稳定的社会结构。当前,道德培养的环境已经发生了很大的变化,人类进入现代社会以来,主体价值意识的觉醒,民主意识的增强,个体已经不完全是传统的家国同构的整体观念下的一分子,这使得培育个体德性和建设社会道德必须更加尊重个体的独立人格,尊重个体的现实境遇与人生价值的实现情况。面对这一新的变化所带来的"以人为本"道德教育新常态,古代非正式(教育)制度的经验与方法在当下可以大有用武之地,原因在于非正式(教育)制度十分尊重个体的主体人格意识,重视民间意愿,注意反映平民百姓的真实生活,从而为道德教化创造了良好的社会共识。"回到个体,乃是为道德教化中的价值承担寻求真实的人格主体。否则,个体与社会之价值关涉就只能是一种虚空的、没有真实主体的价值虚设,个体对社会的价值认同或者是基于强迫性,或者是基于有用性,而不是基于个体真实担当的道德责任。"② 早在1923年,毛泽东同志在湖南创办自修大学时就清楚地认识到这一点,他在撰写自修大学创立时明确指出,"自修大学学生不便修学,还要有向上的意思,养成健全的人格,前三条不良的习惯,为革新社会的准德"。③ 目前,由于统一的考试制度和管理制度等因素,现代的学校教育过分强调共性,却抹杀了学生突出的个性,这样容易造成人的片面发展。但个体德性的养成、人生价值和意义的实现,必须给予主体充分的自由和空间,"只有拥有自由,生活的主体才能自我立法,才能自己遵守自己的法则,才能体现人自身的德性价值与个体尊严,才能使

---

① 《马克思恩格斯文集》第1卷,《德意志意识形态》,人民出版社2009年版,第524—525页。

② 刘铁芳:《生命与教化——现代性道德教化问题审理》,湖南大学出版社2004年版,第172页。

③ 参见孙海林:《毛泽东早期干部教育实践与教育思想研究》,《湖南第一师范学报》2006年第6卷第2期。

人在生活中追求德性"①。人之所以不同于动物，就在于人有各体意识和独立精神，在于人格是平等的，行为是自主的。"人性不是一架机器，不能按照一个模型铸造出来，又开动它毫厘不爽地去做替它规定好了的工作；它毋宁象一棵树，需要生长并且从各方面发展起来，需要按照那使它成为活东西的内在力量的趋向生长和发展起来。"② 因此，个体创造性和智慧力的发挥，必须以自由选择自己生活方式和决定自己实践行为为前提，否则就会缺失进取的动力和空间，成为一个受制于他物的工具，丧失了人之为人的本质和存在意义。这种环境中成长起来人格难免也是扭曲的，行为常有可能与社会道德相悖人在。

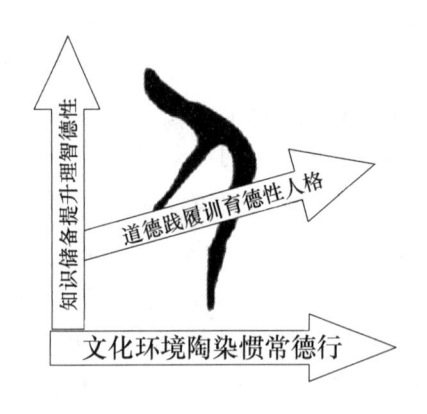

个体品德培育——人格养成三维图

马克思主义学说当中的人的本质在于社会性，人格塑造有赖于社会生活的熏陶，包括道德品性在内的"观念的东西不外是移入人的头脑并在人的头脑中改造过的物质的东西而已"③。社会环境作为人类赖以生存和发展的各种外部条件的总和，也是一种通行的社会行为习得场所，一个人将其在社会生活中的人际交往惯习、群体活动的制度和行为规范，提炼渗透到人的观念之中，并逐渐改变自己的思想倾向、心理特征和行

---

① 金生鈜：《个人自主性与公民德性教育》，《教育研究与实验》2001年第1期。
② ［英］约翰·密尔：《论自由》，许宝骙译，商务印书馆2012年版，第70页。
③ 《马克思恩格斯文集》第5卷，《资本论》第2版跋，人民出版社2009年版，第22页。

为习惯，而教育、制度和法律在影响人格塑造的社会环境系统中起着基础性的作用。其中，制度可以增进人们对规则的认同感，法律是社会道德的底线保证，教育是改善社会道德的主动人格塑造措施。当然，制度安排的合理性决定了社会规则的实施效果，制度安排和道德指向同时影响着社会共同践行的行为规则，良好的制度规范能够提供一种人人"抑恶从善"的心理认同感和道德监督机制，不健全的社会制度则创造了让"恶"搭便车的所谓有利环境，而且恶的大行其道会挫伤"行善"的愿望和善行的良知。因此，作为环境育人的重要方面，社会制度的制定必须结构严密且符合实际，符合各民族的历史文化传统，更重要的是要让正式制度与非正式（教育）制度在道德精神上内在贯通，既反映民间的真实意愿，又要合乎正统观念与治理要求。唯有如此，制度体系才是健全的和有说服力的，伴以制度执行的公允性，这是公信力确立的基础。

中国上古夏商时期，对人及其本质特征的认识十分有限。到西周时便实现了从重视宗法礼制之德到重视个人品格之德的转变，提倡王者"以德配天""明德慎罚""亲贵合一"，并以天之自然禀赋衡量人的德行。《论语·为政》有言："治理百姓，'圣人何尚？'孔子答道：'有天德，有地德，有人德，此谓三德。三德率行，乃有阴阳。'"鲁大夫叔孙豹提出"三不朽"之说："大上有立德，其次有立功，其次有立言。"[1] 德性和德行是儒家思想关注的重点，礼乐成为一个人德性外化的规训与归属。"礼乐，德之则也。德义，利之本也。"[2] 在礼乐建构的道德规范和价值体系中，"德"和"义"处于核心统领地位，其他德性观念都由此阐发。分而言之，"德"主要指一个人的德行，即品德和道德行为。"义"主要指为人处世的伦理准则，包括大义、德义、道义。荀子认为，敦厚、大度的品德，高尚的德行，都是"礼"不断积累的结果。"故厚者，礼之积也；大者，礼之广也；高者，礼之隆也；明者，礼之尽也。"[3] 认为有德行的人通常能明于情理，知晓世故。中国传统文化特别强调人格塑造的内构性因素，而不是单单由外而内的训育教化。如关于换位思考的恕

---

[1]《左传·襄公二十四年》。
[2]《春秋左传·僖公二十六年》。
[3]《荀子·礼论》。

德修养,《礼记·檀弓下》载:成子高寝疾,庆遗人请曰:"子之病革矣,如至乎大病,则如之何?"子高对曰:"吾闻之也,生有益于人,死不害于人。吾纵生无益于人,吾可以死害于人乎哉?我死,则择不食之地而葬我焉。"个体自省的觉悟对于德义的认同和选择,将是德性人格形成的重要标志。

中国传统儒家文化认为,道德养成重在修身,在日常生活中涵养德性、磨炼意志,以形成稳定的道德人格。《礼记·中庸》第二十章引用孔子的话,说明修身学道以涵养自己德性人格的深层次重要关系:"子曰:'好学近乎知,力行近乎仁,知耻近乎勇。知斯三者,则知所以修身。'"① 国人倡导和身体力行的德性修养,是跟为学一样有目标路径和次第的。为了形成德性人格而进行的修养,是需要经过一番道德修行的实践活动。个体要在行为过程中认同德性知识,提高道德认识和实践能力。关键的问题是,如何才能做到在纷繁复杂的道德判断冲突选择之中,使人真正理解道德对人生、对社会的重要意义,坚定自己的道德理想和人生信念。因此,德性修养的实践活动实则是道德意志的树立过程,当道德意志经过检验树立于个体的心中时,德性要求才可能转变为人的态度倾向、心理定势和行为习惯。这也就是中国人提倡并始终坚持修养德性的学习金律,"诚其意者,毋自欺也。如恶恶臭,如好好色,此之谓自谦,故君子必慎其独也!"② 就像人"恶恶臭,好好色"那样情不自禁地遵从道德规范,按照道德要求和标准行事,即便是没有人看管、监督和约束,也能够始终保持仁心,消除一切不善的意念,坚持一以贯之的道德践履。

人格培养不仅仅要注重道德理想和价值观念的讲授和灌输,还要看人们对道德原则和道德规范的实行状况,这是判断一个人道德修养的基本标准,也是考察社会道德状况的重要内容。从长远角度看,人的道德认知和道德行为是一致的,因此人格也是持续稳定的。关于人格培育的方法,传统儒家不但强调学习领会,更强调道德自省。因为自省既是对道德行为的自我监督,也是道德认识提高的重要途径。自省有助于人们

---

① 《礼记·中庸》。
② 《四书全译》,刘俊田等译,贵州人民出版社1988年版,第160页。

真正地把握人生的价值和意义，所以《论语·学而》提出"吾日三省吾身：为人谋而不忠乎？与朋友交而不信乎？传不习乎？"① 要求一个人修身学道要做到"见贤而思齐焉，见不贤而内自省也"②。孔孟认为，思（反思）、内自省等精神性反思活动能够契合自身的德行清醒欢照人格、审视德性而产生向善向上好的内在动力，这对提高个体品德修养水平意义重大。所以孟子说："万物皆备于我矣，反身而诚，乐莫大焉。"③ 反省自责才能使善成为己之善，也就是所谓的"诚"。"自省"的最高境界指向道德自律和人格率炼的"慎独"。如上所述，"慎独"指人在没有外界监督的情况下，能够自然而然地约束好自己，保持应有的品格。当然，"慎独"是深层次的自律，它是我国独特的人格修养方法。《礼记·中庸》曰："道也者，不可须臾离也，可离非道也。是故君子戒慎乎其所不睹，恐惧乎其所不闻。莫见乎隐，莫显乎微，故君子慎其独也。""慎独"要求在独处无人注意的情况下，能够自觉地用社会普遍的道德规范加以约束，坚持用社会道德标准自觉严格要求自己。一个人能够做到"慎独"，表明外在的社会道德已经内化为自己的行为标准，形成德性人格和道德意志并指导自己的道德实践。"慎独"状态表明个体已经能够在内心信念的指导下，严格要求自己的言行，从容而不逾矩。慎独主要依靠的是人的道德自觉性，自省还需要外在规范来约束个体行为。

作为外因和道德修养活动的有效补充，道德约束是人们在社会生活中必须遵守一定社会或集团所提倡或认可的行为准则和规范的制约，从而提高自身道德修养水平和道德践履自觉性的外因保障。作为道德的本质属性之一，道德约束是道德调节功能的重要体现。按照马克思主义伦理学观点，道德约束问题主要是在于怎样看待个人利益和集体利益的关系问题。一般说来，道德约束的本质就在于维护集体利益，约束或限制个人利益对集体利益的侵害。道德约束对仍停留在他律水平的人们，以一种非强制性的形式对其行为进行规范和制约，而对上升到自律水平的人们，即将社会道德规范内化为个人内心信念的人们，则主动地、自觉

---

① 《论语·学而》。
② 《论语·里仁》。
③ 《孟子·尽心上》。

自愿地选择道德行为，而并不感到受约束。从这个意义上讲，道德约束同发挥道德主体的自觉能动性是统一的。道德约束同纪律约束、法律约束不同，它不是诉诸国家机器等外力强制，而主要依靠人们的内心信念、社会舆论、传统习惯等非强制性约束，是社会生活不可缺少的秩序保障。《礼记·祭统》提出：“故礼之教化也微，其止邪也于未形，使人日徙善远罪而不自知也。是以先王隆之也。”正是在正逆向的互动实践之中，个体道德人格的养成和完善才行之有效。道德约束的主要路径是节制，节制是传统文化的道德律令。《周易》节卦象辞说"君子以制度议德行"，节度是君子为人处世，修己安人的美德。在中国传统儒学中，节制的内在尺度是"仁"和"安"，外在标准是"义"和"礼"，在表达形式上有"节""宜""义""让""克己"等规范或范畴。所谓"节"，就是节制。《易·说卦传》："节，止也。"《节卦》说："节者，制度之名，节止之义，制事有节，其道乃亨。"《礼记·丧服四制》曰："告民有终也，以节制者也……节者礼也。"《礼记·王制》曰："丧祭，用不足曰暴，有余曰浩。祭，丰年不奢，凶年不俭。"《礼记·礼器》曰："礼也者，反其所自生；乐也者，乐其所自成。是故先王之制礼也以节事，修乐也以道志。"所以《礼记·曲礼上》主张"礼从宜，使从俗"。《礼记·礼运》认为："义者，艺之分，仁之节也。"《左传·昭公二年》记述曰："礼以敬为本，卑让，礼之宗。"《礼记·仲尼燕居》："夫礼所以制中也。"《帛书五行》："夫丧，正经修领而哀杀矣，其至内者之不在外也。"[1] 都突出强调节制在人格修养中的特殊意义。

儒家特别强调人格塑造贵在坚持，持之以恒才能使道德行为成为道德习惯。孔子对此也深表忧虑，"我能一日用其力于仁矣乎？我未见力不足者。善之有矣，我未之见也。"[2] 可见，良好的个体品德需要长期的修养努力，真正的道德行为是道德主体由内向外释放的，它不是片刻的道德激情，也不是有心做给别人看的，它是在长期的道德实践中上升为人的内在道德品格的集中体现，最终成为稳定地支配个体自己的主体化观念，因而是难于坚持和做到的。对此，孔子认真谈到道德养成的长期性：

---

[1] 庞朴：《帛书五行篇研究》，齐鲁书社1988年版，第52页。
[2] 《论语·里仁》。

"吾十有五而志于学，三十而立，四十而不惑，五十而知天命，六十而耳顺，七十而从心所欲，不逾矩。"① 认为道德修养是一个人终身的大事情，要达到道德内化须终其一生的修养与磨炼。孟子认为人格塑造最忌讳"一曝十寒"，即使是天下最易生长的植物，如果"一日曝之，十日寒之"，也是不可能生长起来的。因此提倡道德培养非得长期坚持，不能半途而废。他还以掘井取水为例加以说明："有为者辟若掘井，掘井九仞而不及泉，犹为弃井也。"② 荀子认为人性生来就是恶的，道德培养更应长期地去恶从善，只有通过后天的反复学习实践，才能达到"化性起伪"而"积善成德"。荀子认为高尚的品德是长期积累的结果，他认为："积土成山，风雨兴焉；积水成渊，蛟龙生焉；积善成德，而神明自得，圣心备焉。"③ 在他看来，即使是"涂之人"，也可"积学"而成为君子或圣人。"涂之人，伏术为学，专心一志，思索孰察，加日县久，积善而不息，则通于神明，参于天地矣。故圣人者，人之所积而致矣。"④ 提出"涂之人，百姓积善而全尽，谓之圣人。彼求之而后得，为之而后成，积之而后高，尽之而后圣，故圣人者，人之所积也"。主张"人积耨耕而为农夫，积斫削而为工匠，积反货而为商贾，积礼义而为君子"⑤。"积学而不息"是荀子坚信的人格塑造途径。当然，这里的"学"不仅仅是学伦理道德知识和熟悉伦理道德规范，更是指向将伦理道德规范付诸道德实践，在道德实践中培育自己健全的人格。

总之，"道德规范只有通过个体的理性自觉、情感的认同以及意志自愿接受，并在道德实践中凝聚为稳定的德性和人格的时候，规范才能从社会对个体的外在要求转化为个体展示自我的存在方式，作为个体品德培育的价值目标，理想人格才能真正得到实现"⑥。从古代非正式（教育）制度带给我们的启学来看，加强和改进当前社会个体品德的培育，

---

① 《论语·为政》。
② 《孟子·尽心上》。
③ 《荀子·劝学》。
④ 《荀子·性恶》。
⑤ 《荀子·儒效》。
⑥ 陈晓龙：《古代个体品德培育的价值目标及实现理路》，《甘肃社会科学》2011年第5期。

首先要充分了解受教育者身心发展水平、性格和气质特征，掌握并调适个体精神生活需要与道德发生的动机，以知情意诸多方面激发道德主体的内生动力。其次要重视个体道德生活实践。在实践中提高道德认知、道德选择能力，强化道德责任意识，培养日常道德习惯。只有将知、情、意、行都统一于道德生活实践，道德认知才能转化为人的德性。叶圣陶先生对学以成人教以做人自有切身体会："受教育的意义和目的是做人，做社会的够格的成员，做国家的够格的公民。想到'做'字，就可以悟出，光记住些什么是远远不够的。必得把某些精要的东西化为自身的血肉，养成永久的习惯，终身以之，永远实践，这才对我们做人真有用处。"[①] 关于人格修养或道德培育路径，早在1919年，他就在《小学教育的改造》一文中谈到实践能力的培养："真要收到知行合一的好结果，必须使儿童从实际中获得知识。书籍是非用不可的，是必需的，但是只宜用来帮助思考，而不应该当作绝对的不可争议的结论。书籍中的种种结论，不是不可以用来做学习的材料，而且正是要使儿童获得的材料，但是怎样获得这些材料，必须让他们自己去经验；倘使经验之后，结论和书籍不同，其中的是非曲直还当诉诸事实，不当盲从书籍。总而言之，学校宜使儿童多多接触实际事物，使他们随处觉得有兴趣，随处可以研究，他们就随处可获得切己的利益。"[②]

第三节　汲取民间智慧营养

生活化、常态化和个性化等民间非正式（教育）制度是古代个体品德培育有效的价值所在，表明个体品德培育只有落实和渗透到人们的日常生活，实现道德培育机制的民间化，才更容易被现实生活中的个体所接受。从这个维度来看，我们的祖先以传统家训、乡规民约、民间传统仪式、民间道德楷模、民间教育机构等非正式制度教育践履的形式，构建起了将一般道德规范和价值原则渡向个体内在品性的逻辑中介与实践环节，开辟了培育民众良好品德和塑造其德性人格的一条成功之路，为

---

① 《叶圣陶教育文集》卷2，人民教育出版社1994年版，第538页。
② 同上。

我们留下了无比丰厚的文化遗产。以古代生活化、常态化和个性化等民间非正式（教育）制度培育个体品德的成功经验，反观眼下比较通行的思想政治教育，我们可以获得诸多的启示。

创设民间化德育范式是个体品德培育深刻有效的重要前提。与所有的非正式（教育）制度教育制度培育个体品德机理相统一，家训作为我国传统文化的重要组成部分，实际上是古代贤哲人生阅历的提炼总结和在长期社会实践中积累起来的子弟教育思想精华，也是中国古代家庭道德教育暨德育民间化范式的模型，它包含着丰富深刻的人生哲理及中国人固有的尊德崇礼、孝亲友爱等人文精神。现时社会的思想政治教育缺乏永久性扎根民间的个体品德培育机制，因而这种自上而下发动的公民道德教育工作，还远未能让德育内容进入普通百姓的头脑和心田，把古代家训中民间化培育个体品德的理念和方法，批判地吸收继承到我们今天的思想政治教育中，开创现代民间化德育工作新局面，必然会丰富和发展我们的德育思想和方法。

形象化、具体化、生活化社会主义核心价值观

道德楷模，私学书院等非正式（教育）制度，在个体品德教育扎根基层社会和融入生活实践方面，也都有价值得借鉴的理念方法、机制经验和范式。在这里，仍然以家训德育机理为例加以阐述。古代家训培育个体品德成功有效的前提，在于对社会普遍价值原则的具体化。中国古代用以培育个体品德的基本道德规范，隶属于社会一般的价值体系，这些一般的道德原则只有经过一系列的中间环节和逻辑中介而具体化、生活化、形象化、生动化、个体化，让其回归并融入人们的日常生活，才能够被现实生活中的个体所接受，才可能内化为受教个体的道德信念和生活信条。从这个视角来看，以《颜氏家训》为代表的古代家训恰恰构成了将一般道德原则向个体品德过渡所要求的逻辑中介，表现在这些家训在文本形式上都是以"正欲其浅而易知，简而易能，故语多朴直。使愚夫赤子，皆晓然无疑"①为原则，在家训内容的确定上，"虽辞质义直，然皆本之孝弟（悌），推以事君上，处朋友乡党之闲（间），其归要不悖六经，而旁贯百氏。至辩析援证，咸有根据；自当启悟来世，不但可训思鲁、愍楚辈而已"②。说明古代家训培育个体品德的有效，得益于其对基本道德规范的具体化，以《颜氏家训》为代表的古代家训正是通过采取与人们的日常生活密切关联且通俗易懂的语言表达方式，实现了对以儒家思想为核心的社会普遍价值原则和道德规范的具体化，才保证了个体品德培育的成功和有效。

营造良好环境是个体品德培育深刻有效的外部保障。人是社会教化的产物，社会环境作为人类赖以生存和发展的各种外部条件的总和，通过个体的人际交往与群体活动的习染等社会实践环节，能够逐步将社会普遍道德规范和价值原则渗透移植到人的意识和行为当中，并以知行合一的道德践履，通过反复强化训练和终身修习持守，最终沉积为个体稳定的心理倾向和行为习惯，从而塑造成为受教个体的既定人格。所以，环境之于思想政治教育，其实具有非常重要的决定性意义。孔子提出的"性相近也，习相远也"③，荀子主张的"化性起伪"，都是看到了环境对于个体品德培育的重要性。对此，《颜氏家训》反复强调了环境熏陶习染的重要性，"人在年少，神情未定，所与款狎，熏渍陶染，言笑举动，无

---

① 庞尚鹏：《庞氏家训》，古籍出版社1985年版，第1页。
② 王利器：《颜氏家训集解卷第七》，思鲁（颜思鲁）、愍楚（颜愍楚）为《颜氏家训》作者颜之推之子。
③ 《论语·阳货》。

心于学，潜移暗化，自然似之；何况操履艺能，较明易习者也？是以与善人居，如入芝兰之室，久而自芳也；与恶人居，如入鲍鱼之肆，久而自臭也。墨子悲于染丝，是之谓矣。"① 古代家训之所以坚持蒙以养正、德教为先理念，重视和强调家庭、社会环境和人际交往影响子女品德形成的这一重要家训思想，就是告诫家长、教习等负有规训教化责任的长者必须营造良好的育人环境，创造有利于个体品德培育的良好社会和家庭德育氛围。当前德育环境更加复杂，影响德育效果的因素很，德育环境的营造是一项系统工程，不仅需要真善美统一的社会价值导向与精神诉求，更需要建立合理有序的社会政治结构，还得构建起体现公正良俗的社会道德规范和法律体系，并有能适当弥补和消解受教个体在遗传、思维等方面可能存在偏颇的心理和生理防范机制。在具体的思想政治教育实践中，合理利用这些环境因素，防止和消除已有环境可能产生的消极影响，发挥环境道德化育的积极方面，使受教个体始终能够朝着社会所需要的健康人格方向发展。

第四节　发挥传统习俗作用

风俗或习惯属于传统民俗范畴，风俗习惯起源于人类社会早期的群体生产生活，是一个民族或族群成员在历史上相沿已久的习惯性"活法"。中国人自古以来就有尊重传统和维护习惯的制度，从有文字记载的史料看，中国古代从汉时起，统治政府就设有"风俗使"，这些风俗使经常被皇上临时派遣至各地，以"观风俗，知得失"，"拾遗举过，显贤进能"，成为维护封建礼制和劝勉社会风气的官方制度。在这种制度或官府的推广维护下，中国古代社会的风俗习惯纷繁复杂，而且成为社会治理的民间化力量。传统习俗的内容包括共同的情趣、风气、仪式、时尚和禁忌等，展现和渗透在生产劳动、社会交往、衣食住行、社会节庆等生产生活实践之中，伴随着个体的成长、交往和生老病死的各个阶段，它是族群在长期的历史发展进程中逐渐形成的观念和行为模式，反映着一个社会群体的共同心理情感和价值取向。

---

① 《颜氏家训卷第二・慕贤》。

无论古今中外，风俗习惯都是个体道德先天养成的环境，它一经形成就能够长期对人的行为发生作用，风俗的好坏还是社会道德秩序良善与否的直接原因。当然，风俗习惯也不是一成不变的，它本身伴随着社会的发展进步而发生着变化，人们可以对其进行积极引导，使公序良俗深入人们的日常生活之中，成为建构良好社会秩序的有力支撑，并最终成为教化个体德性的育人环境。因为个体德行既受意识形态的影响，又与个体及其生活世界的内在特征密切相关，是社会文化环境与个体需求、欲望等各种因素综合作用的融合。加之人一出生就生活在与社会成员共享意义的象征符号文化之中，而这些象征符号文化往往以既定的传统和已有的习惯表现出来，人正是通过这些文化去适应社会环境，并建构起关于世界与自我的认知和观念。文化人类学家认为："可以把社会的个体看作是对来自这些不同方面的不间断的文化象征的接收器，所有这些就构成了他对于周围世界的态度、价值和概念。在任何具体的社会中，这些符号都是有重复性的，并且形成了确定的模式。所以，即使没有自觉意识到，一个社会共同体的个体也倾向于以相似的方式去思考和行为。"[①] 即任何人实际上都在用原始的眼光看待世界，而这些原始的认识和评判世界的初始标准，往往就是无处不在的传统习俗。原因很简单——他看到的世界是受一套明确的习俗、制度和思想方式改编过的世界。即使在哲学的探索中，人们也无法超越这些老框框，人们关于真伪的概念也将依然和特定的传统的风俗习惯有联系。

　　在中国古代社会，"风俗"乃"天下之大事"[②]，对人具有规范、认同、调节、教化等社会道德功能，它能够影响到社会群体及其成员的价值观念和行为模式。对此，梁漱溟曾经明确指出，中国社会秩序所赖以维持者，从来就不在武力统治而在教化；不在国家法律强制而在社会礼俗习染。而社会礼俗、道德教化、修养自力三者内容皆为理性。譬如，在中国传统文化中，"身"与"家"是须臾不可分离的，"以身为家，以家为国，以国为天下。此四者，异位同本。故圣人之事，广之则极宇宙、

---

① 顾建光编译：《文化与行为——文化人类学巡礼》，四川人民出版社 1988 年版，第 55 页。

② 顾炎武：《日知录集释》，岳麓书社 1994 年版，第 482 页。

◇ 第七章 非正式(教育)制度的启示 ◇ 237

中国传统社会的风俗习惯乃"天下之大事"

穷日月，约之则无出乎身者也"①。非正式（教育）制度以其具有的群体性、内隐性、习得性和一定的恒定性，"将失去的一代与活着的一代连接在社会的根本结构之中"②。在传统社会中，礼仪与习俗伴随着个体的日常生活，深入每个空间和重要时段，通过反复耳濡目染使其中的观念植入脑海，并潜移默化为个体自觉的道德修养和自发的道德行为。这种培养模式之所以牢靠，在于它拥有社会群体的认同感。这在现代社会也不例外，一个人的一生，既定的文化传统积淀并统摄着人的经验和行为。从他学习说话时，他已成了受他那种文化所支配的人；等到他长大成人能够参加那种文化中的各种活动时，那种文化就成了他的风俗习惯和思维方式，那种文化的信仰就成了他早期的集体信仰，该文化中认为办不到的事情也成了他不可能做到的事情。譬如，出生在自己生长的族群中的每一个小孩都同样如此，而出生在地球上另一边的小孩却很少有共同

---

① 《吕氏春秋·审分览·执一》。
② ［美］E. 希尔斯：《论传统》，傅铿、吕乐译，上海人民出版社1991年版，第32页。

之处。因此，这个风俗习惯的道德教育作用问题是我们最有责任去弄懂的社会问题，我们只有理解了风俗习惯的各种规律和各种形式，才能够理解那些使人类生活变得复杂的主要德行事实。

　　非正式（教育）制度长期积淀演化成为传统习俗，对个体德培育的影响和贡献更不容忽视。习俗是人类社会生活中长期流传下来的习以为常的民间信仰活动形式，是一种社会心理习惯，是人们长期生活中形成的共同经验。汉民族历史文化悠久，民间习俗丰富多彩，对一个人的成长和道德倾向的养成意义深远。时至今日，我们能够常见的习俗有：祭灶（又称过小年，时间是农历腊月二十三）、贴门神、贴春联（桃符）、给压岁钱、给长辈拜年、放鞭炮、乞巧节会（农历七月七日妇女向织女星乞求智巧）、祈子、给孩子取乳名、满月剃头、抓周、戴长命锁、批生辰八字、成年礼、择吉、寿诞、给孩子过百日等。从词源意义上讲，习，早期甲骨文像鸟儿的翅膀，俗像鸟窝状，本义是幼鸟振动翅膀练习飞行。《说文解字》解释："习，数飞也。"《礼记·月令》："雏鹰乃学习，腐草为萤。"此外，"习"还具有实践、操练的意思。《大戴礼记》有言："不习，则民不可使也。"《论语·学而》："学而时习之，不亦说乎？"《国语·周语》："皆习民数者也。""习"还具有惯性之意。《论语·阳货》有言："性相近也，习相远也。"《荀子·大略》："政教习俗，相顺而后行。"《管子》："圣人者，明于治乱之道，习于人事之终始者也。"后来具有了习性、习俗的含义。《周礼》说："俗者习也，上所化曰风，下所习曰俗。"《史记·秦始皇本纪》："遂登会稽，宣省习俗，黔首斋庄。"可见，习俗属于文化心理结构的表层，具有地域性、实用性、稳定性、传承性、复杂性、变异性等特点。神话和仪式是人类早期生活的最初形态，习俗和道德都发端于原始社会早期神话和仪式生活之中，习俗与道德同源共生，两者之间的复合涵化，共同影响着人们的道德品性和人们的生活习惯、行为方式、价值观念。从发生学的角度看，习俗先于个人生成而存在，是一切道德生活的背景因素，特定社会时期的伦理道德要依靠风俗习惯来维持，并与社会舆论和人们的内心信念一起来调控人们的道德观念和道德行为。

　　传统习俗投射出群体和个体的行为模式上，就表现为无意识，不自觉的行为编好和选择，这就是个体外出培育既要择善理需弃恶的习惯。

习惯系由反复的生产生活实践而逐步养成的,它早已根植于人们的心理之中,成为大家自然而然的稳定行为模式。《辞海》中对"习惯"的解释是:"由于重复或多次练习而巩固下来的,并变成需要的行动方式。"《大戴礼记·保傅》有言:"少成若性,习贯(惯)之为常。"东汉学者应劭(约153—196年)《〈风俗通〉序》:"俗间行语,众所共传,积非习贯(惯),莫能原察。"荀子提出:"注错习俗,所以化性也;并一而不二,所以成积也。习俗移志,安久移质。"① 荀子《乐论》:"造始之教谓之风,习而行之谓之俗。"李果的《风俗通义题解》提出:"上行下效谓之风,众心安定谓之俗。"班固的《汉书·贾谊传》则提出:"少成若天性,习惯如自然。"② 可见,习俗习惯等传统制度对个体行动结构的建构和德性培养的作用历来得到人们的认同。古罗马奥维德的《爱的艺术》说:(对人的影响和教化)"什么也比不上习惯那么有力。"古罗马西塞罗的《论目的》提出:"习惯是一种第二天性。"亚里士多德也认为人生而具有的某些自然素质,随着训练的持续就形成某种习性或行为,他将人的德性分为理智德性与伦理德性,"理性活动上的德性,即理智德性,可以由教导生成;欲望活动上的德性,即伦理德性,则需要通过习惯来养成"③。在他看来,"伦理德性是行动的,一个人知道什么是德性不等于就具有德性,一个人也不是先成为有德性的人再去做有德性的事。相反,一个人是通过做正义的事而成为正义的人,通过做节制的事而成为有节制的人,通过做勇敢的事而成为勇敢的人的。如果不做,一个人就永远不可能成为好人"④。弗兰西斯·培根在其《人生论》中说:"习惯真是一种顽强而巨大的力量,它可以主宰人生。"他甚至还提出:"人的思考取决于动机,语言取决于学问和知识,而他们的行动,则多半取决于习惯。"⑤ "一切天性与诺言都不如习惯更有力",费尔巴哈也提出,"习惯——这是德行的秘密。"因为好的习惯能产生良好有德的行为,所以强调习惯应该从小培养。

---

① 《荀子·荣辱》。
② 《汉书·贾谊传》。
③ 转引自宋希仁《西方伦理思想史》,中国人民大学出版社2004年版,第61页。
④ 同上。
⑤ 《培根随笔选》,生活·读书·新知三联书店1983年版,第63页。

围绕习惯这种思维定势和行为习惯性对人之道德心理的养成，以哲学、心理学和伦理学上的探究以来停止。黑格尔将习惯称作人的"第二自然"性，是"灵魂的一种直接的存在"。表现在"一个人做了这样或那样一件合乎伦理的事，还不能说他是有德的；只有当这种行为方式成为他性格中的固定要素时，他才可以说是有德的"①。原因在于："人的诸个别行动通过反复练习获得了习惯的性质，即某种被纳入记忆中、也就是精神内心的普遍性中的东西的形式，灵魂就把……一条规则带进它的各种表现中。"② 荣格则认为习惯这种传统制度是文化无意识的活动方式，既内含着先天本能与集体无意识的因素，又是后天理智和经验的集结。人类"依靠长期的训练而把一部分本能成功地转变为意志的行为"③。恩格斯也明确肯定了习惯在社会生产方式中的强力作用，"在社会发展某个很早的阶段，产生了这样一种需要：把每天重复着的产品生产、分配和交换用一个共同规则约束起来，借以使个人服从生产和交换的共同条件。这个规则首先表现为习惯，后来就变成了法律。"④ 足见习惯作为人的道德培育和人格养成更是习惯密不可分。

一种非制度约束对社会发展的深远影响，传统制度习俗化育人过程中，个体的态度往往从起初的被动接受到主动维护，其间不断有新的内容和形式加入。习俗或传统制度实际上是一种公认的社会价值体系，对个体具有道德约束力和范导力。嘉靖《九江府志》记载，"近日士大夫悉依朱子家礼，乡民化之"；而且"自有唐义门陈氏以来，代传孝弟（悌），民风感化"。⑤ 其中所表达的就是乡村士绅利用自己所掌握的"独占性"知识，通过积极贯彻家礼制度的外显实践，展现为自身践行儒家道德规范的自觉行为，进而达到教化乡民的作用。到了万历时期，江浦县风俗日坏，"勤俭之习渐入靡惰，农不力耕，女不务织，习于宴起而燕游，服

---

① [德]黑格尔：《历史哲学》，王造时译，生活·读书·新知三联书店1956年版，第170页。
② 同上。
③ 《荣格文集》，改革出版社1997年版，第7页。
④ 《马克思恩格斯文集》第18卷，人民出版社1964年版，第309页。
⑤ （明）《九江府志》卷1，《方舆志·风俗》，天一阁藏明代方志选刊（第36），上海书店1962年影印本。

饰强拟京华，冠婚之礼虽士大夫家鲜行，丧祭礼略如古，而不免杂以民间设醮之习"，于是，各级当政者便利用习俗习惯等传统制度育人的作用，动员士绅对乡民们进行民风教化，他们普遍认为，"欲一道德以同风俗当先酌四礼行之而锄其异端之惑，民者庶几其本正矣，若其勤俭之道在上之人一振剔之耳，风行草偃有望于君子之德焉"。①

在古代社会，传统习俗对女性的约束力尤其突出，长期以来，许多女性也成为传统习俗的坚定维护者，甚至于成为传统礼教的牺牲品。据《新唐书》记载："孝女者，名妙法，瀛州博野人。安禄山乱，被劫徒它州。闻父亡，欲间道奔丧，一子不忍去，割一乳留以行。既至，父已葬，号踊请开父墓以视，宗族不许。复持刀刺心，乃为开。见棺，舌去尘，发治拭之。结庐墓左，手植松柏，有异鸟至。"② 林纾《技击余闻》记载了一个更为愚陋的案例："闽中少妇丧夫，不能存活，则遍告之亲戚，言将以某日自裁。而为之亲戚者，亦引以为荣，则鸠资为之治椟。前三日，彩舆鼓吹，为迎神人，少妇冠帔衮服，端坐舆中，游历坊市，观者如堵。有力者，设宴饮之。少妇手鲜花一束，凡少年之未诞子者，则就其手中乞花，用为生子之兆。三日游宴既尽，当路结彩棚，悬绳其上，少妇辞别亲戚，慨然登台，履小凳，以颈就绳而殁。万众拍手称美。"③ 显然，这些举措已经严重地违背了孔孟提倡的孝道思想，而孔孟原创儒学是明确地反对愚忠愚孝的。

个体品德在社会道德的内化和个体道德的自觉之中生成，它依次经历顺从、同化、内化、升华四个阶段。顺从是道德认识觉醒的阶段，个体尚未形成自我的道德判断能力，对外部的道德文化还处于感性的认识之中，表现为对既有观念的接受和领会。同化是自觉地接受他人的观点、信念、态度，在思想与行为上与社会规范保持一致。有别于顺从的是，同化不是屈从于外在的道德权威，而是包含着自己的仰慕与趋同。内化是具有道德思考能力的人对规范认识的概括化与系统化，并认同社会规

---

① （明）《江浦县志》卷4《舆地志·风俗》，天一阁藏明代方志选刊续，上海书店1990年影印本，第543页。
② 欧阳修、宋祁撰：《新唐书》，中华书局1975年版，第5826页。
③ 林纾：《严禁贞烈》，《技击余闻》，光绪三十四年商务印书馆石印本。

范蕴含的价值信念。升华是指在道德认识和道德实践交织中，经过反思提升，已经形成了稳定的精神信仰和人格范式。美国心理学家柯尔伯格（L. Kohlberg）的道德认知发展阶段论，揭示了社会规范内化为儿童自身道德标准的过程中的规律。在内化的初始阶段，行为结果的反馈起着关键性作用；而在内化中期，社会期望起着决定性影响。他的"三水平六阶段说"认为，前习俗水平的道德推理在儿童之中普遍存在，在成人当中有时也会看到。行为的直接后果是前习俗水平的道德推理的根据。前习俗水平包括惩罚和服从的定向和朴素的利己主义的定向两个阶段。青春期和成人的典型状态的依据来自于习俗水平的道德判断。习俗水平包括好孩子定向和维护权威的定向两个阶段。后习俗水平，又称为原则水平，包括墨守法规契约的定向和个人的良心原则的定向两个阶段。从柯尔伯格的成果可以看出，较之于皮亚杰的研究，个体道德判断发展的年龄特征已经超出原有的阶段，同时也表明了逻辑与道德发展贯穿于各建构的阶段。柯尔伯格在此基础上大为扩展，确定道德发展的过程主要是对正义的看法，并且这一发展将持续终生。从柯尔伯格的理论我们可以得出，风俗习惯对儿童的教化是非常明显的，它能够铺设儿童最初的社会认知、思维方式和行为模式，在潜移默化之中也奠定了儿童知的识结构和审美能力。

总之，一个国家、民族和地区的传统习俗是一种文化纽带，伴随着民众的生活永续向前发展，最终积淀为具有教化人甚至强制性的正式或非正式制度。如果没有了对传统文化和风俗习惯的制度性认同，就没有人和人之间相互的认同感、归宿感。没有相互间的认同感，就不会有国家、有民族的凝聚力。风俗习惯表面上看是模式性、传承性、集体性的民间文化现象，而且它的主体部分往往形成于过去，虽然历经时代冲刷，原有的言传身教文化的特色早已衰减甚至不复存在，但其承载的文化心理却早已成为民族的文化印记，对广大民众特别是知识分子具有强大而持久的凝取联结作用，对子孙后代具有深刻的道德教化功能。传统价值观念就是通过风俗习惯呈现历史记忆，使民众的精神理念进驻其中并获得社会理性价值观，随着传统文化的长期熏染，重塑着现代人的道德情操和人生理想。当然，风俗习惯是良莠不齐的。面对传统制度，站在道德培育个体人格的视角，我们既要提倡"良风美俗"，也要摒弃"陈规陋习",坚持与时俱进,推动习俗这一传统制度的扬弃继承与变革创新。正如鲁迅先生所说:"倘不深入民众的大层中,于他们的风俗习惯,加以研究、解剖,分别好坏,立存废的标准,而于存于废,都慎选施行的办法,则无论怎样的改革,都将为习惯的岩石所压碎,或者在表面上浮游一些时。"① 更为重要的是,我们要重视发现传统制度的道德培育功能,扬长避短,使其成为中国特色的现代化德育的强大精神支撑。"如果一个国家的人民缺乏一种能赋予这些制度以真实生命力和广泛的现代心理基础,如果执行和动用这些现代技术的人,自身还没有从心理、思想、态度和行为方式上都经历一个向现代化的转变,失败和畸形发展的悲剧是不可避免的。再完美的现代制度和管理方法,再先进的技术工艺,也会在传统人的手中变成废纸一堆。"② 正如习近平总书记指出,一个国家、一个民族不能没有灵魂,个体品德培育要以传统文化中汲取有益的营养,要在新时代用的德引领风尚、以文化人、以文育人、以文培元,实现传统文化在德育工作中的创新性发展和创造性转化,启迪思想、温润心灵、陶冶情操。作为延续中华文明的时代宠儿,我们应当倍加珍惜这些精神财富,注意发挥传统非正式(教育)制度的德育作用,以民间化、大众化的思想政治教育实现中国人有德人格的养成。

---

① 鲁迅:《二心集·习惯与改革》,载《鲁迅全集》第4卷,人民文学出版社1981年版,第224页。

② 英格尔斯:《人的现代化》,四川人民出版社1985年版,第8页。

参考文献

一 著作类

1. 《马克思恩格斯选集》第1卷，人民出版社1995年版。
2. 马克思：《1844年经济学哲学手稿》，人民出版社2000年版。
3. （宋）司马光：《书仪》，景印文渊阁四库全书。
4. （宋）朱熹：《衡州石鼓书院记》，《晦庵集》卷79，文渊阁四库全书。
5. 庞朴：《帛书五行篇研究》，齐鲁书社1988年版。
6. （宋）程颢、程颐：《二程遗书》，中华书局2000年版。
7. （宋）《张栻全集》，长春出版社1999年版。
8. （宋）陈傅良：《潭州重修岳麓书院记》，《止斋集》，文渊阁四库全书，第1150册。
9. （明）《黄漳浦文选》卷4，台北：台湾省文献委员会，1994年。
10. （清）刘禺生：《世载堂杂忆》，中华书局1960年版。
11. 杨伯峻：《孟子》，孟子译注，中华书局2008年版。
12. （清）张廷玉：《明史》卷69，中华书局1974年版。
13. （宋）王应麟：《宋朝四书院》，玉海，影印文渊阁四库全书本，上海古籍出版社1987年版。
14. （清）陆以湉：《冷庐杂识——清代史料笔记》，中华书局2007年版。
15. （明）况钟：《况太守集》卷13，江苏人民出版社1983年版。
16. （清）田文镜、李卫：《钦颁州县事宜·待绅士》，同治十二年羊城书局重刊本。
17. （清）黄六鸿：《福惠全书》卷4，康熙三十三年刻本。
18. （清）孙德祖：《长兴县学文牍》，光绪刻本。

19. （宋）吕大钧等：《蓝田吕氏乡约》，光绪甲辰武昌吕氏刊刻，新悔盦校刊本。
20. 刘镇：《袁氏世范序》，丛书集成初编（第974册），中华书局1985年版。
21. 刘俊田等译：《四书全译》，贵州人民出版社1988年版。
22. 杨萍译：《尚书·无逸》，北京出版社1996年版。
23. 顾炎武：《日知录集释》，岳麓书社1994年版。
24. 鲁迅：《二心集·习惯与改革》，载《鲁迅全集》第4卷，人民文学出版社1981年版。
25. 蔡元培：《中国伦理学史》，江苏文艺出版社2007年版。
26. 《金岳霖学术文化随笔》，中国青年出版社2000年版。
27. 费孝通：《乡土中国·生育制度》，北京大学出版社1998年版。
28. 杨庆堃：《中国社会中的宗教——宗教的现代社会功能与其历史因素之研究》，上海人民出版社2007年版。
29. 吴晗、费孝通：《皇权与绅权》，天津人民出版社1988年版。
30. 陈来：《古代宗教与伦理：儒家思想的根源》，生活·读书·新知三联书店1996年版。
31. 陈来：《朱子哲学研究》，生活·读书·新知三联书店2010年版。
32. 李安宅：《仪礼与礼记之社会学的研究》，商务印书馆1933年版。
33. 庞尚鹏：《庞氏家训》，古籍出版社1985年版。
34. 朱明勋：《中国家训史论稿》，四川出版集团巴蜀书社2008年版。
35. 杨宽：《古史新探》，中华书局1965年版。
36. 罗国杰：《思想道德修养》，高等教育出版社1995年版。
37. 张世英：《哲学导论》，北京大学出版社2002年版。
38. 宋希仁：《西方伦理思想史》，中国人民大学出版社2004年版。
39. 王海明：《新伦理学》，商务印书馆2001年版。
40. 唐凯麟、张怀承：《成人与成圣》，湖南大学出版社1999年版。
41. 王铭铭：《西方人类学思潮十讲》，广西师范大学出版社2005年版。
42. 郭于华：《仪式与社会变迁》，社会科学文献出版社2000年版。
43. 于本源：《中国伦理学百科全书》（宗教伦理学卷），吉林人民出版社1993年版。

44. 沈文倬：《宗周礼乐文明考论》，浙江大学出版社1999年版。
45. 徐少锦、陈延斌：《中国家训史》，陕西人民出版社2003年版。
46. 谢宝耿：《中国家训精华》，上海社会科学院出版社1997年版。
47. 陈谷嘉、朱汉民主编：《中国德育思想研究》，浙江教育出版社1998年版。
48. 顾建光编译：《文化与行为——文化人类学巡礼》，四川人民出版社1988年版。
49. 朱小蔓：《情感教育论纲》，南京出版社1993年版。
50. 杨念群：《儒学地域化的近代形态：三大知识群体互动的比较研究》，生活·读书·新知三联书店1997年版。
51. 陈谷嘉、邓洪波：《中国书院史资料》（上册），浙江教育出版社1998年版。
52. 周文英主编：《周敦颐全书》，江西教育出版社1993年版。
53. 白新良：《中国古代书院发展史》，天津大学出版社1995年版。
54. 邓洪波：《中国书院史》，中国出版集团东方出版中心2006年版。
55. 梁章钜：《称谓录》卷25，宗青图书出版公司1985年版。
56. 颜茂猷：《官鉴》，转引自陈宏谋《从政遗规》，谢文艺斋刊本。
57. 叶梦珠：《阅世编》卷2，上海古籍出版社1981年版。
58. 《王利器颜氏家训》（集解），上海古籍出版社1980年版。
59. 杨慎初等：《岳麓书院史略》，岳麓书社1986年版。
60. 刘铁芳：《生命与教化——现代性道德教化问题审理》，湖南大学出版社2004年版。
61. 胡青：《书院的社会功能及其文化特色》，湖北教育出版社1996年版。
62. 周銮书等：《千年学府——白鹿洞书院》，江西人民出版社2003年版。
63. 杨布生、彭定国：《中国书院与传统文化》，湖南教育出版社1992年版。
64. 丁钢、刘琪：《书院与中国文化》，上海教育出版社1991年版。
65. 李国钧：《中国书院史》，湖南教育出版社1994年版。
66. 周荣德：《中国社会的阶层与流动——一个社区中士绅身份的研究》，学林出版社2000年版。
67. 徐梓：《家范志》，上海人民出版社1998年版。

68. 牛铭实：《中国历代乡约》，中国社会出版社 2005 年版。
69. 陈元晖、尹德新、王炳照编著：《中国古代的书院制度》，上海教育出版社 1981 年版。
70. 张仲礼：《中国绅士——关于其在十九世纪中国社会中作用的研究》，李荣昌译，上海社会科学院出版社 1991 年版。
71. 王先明：《近代绅士——一个封建阶层的历史命运》，天津人民出版社 1997 年版。
72. 檀传宝：《学校道德教育原理》，教育科学出版社 2003 年版。
73. 秦晖：《传统十论——本土社会的制度文化与其变革》，复旦大学出版社 2003 年版。
74. 葛兆光：《中国思想史》，复旦大学出版社 2001 年版。
75. ［英］《培根论说文集》，水天同译，商务印书馆 1983 年版。
76. 费正清：《美国与中国》（第 4 版），张理京译，世界知识出版社 1998 年版。
77. ［法］卢梭：《社会契约论》，何兆武译，商务印书馆 2003 年版。
78. ［法］涂尔干：《社会分工论》，渠东译，生活·读书·新知三联书店 2005 年版。
79. ［英］爱德华·泰勒：《原始文化》，连树生译，广西师范大学出版社 2005 年版。
80. ［法］涂尔干：《宗教生活的基本形式》，渠东、汲喆译，上海人民出版社 2010 年版。
81. ［法］阿诺尔德·范热内普：《过渡礼仪》，张举文译，商务印书馆 2010 年版。
82. ［法］皮埃尔·布迪厄、华康德：《实践与反思——反思社会学导论》，中央编译出版社 1998 年版。
83. ［英］维克多·特纳：《象征之林——恩登布人仪式散论》，赵玉燕、欧阳敏、徐洪峰译，商务印书馆 2006 年版。
84. ［英］维克多·特纳：《戏剧、场景及隐喻：人类社会的象征性行为》，刘珩、石毅译，民族出版社 2007 年版。
85. ［奥］弗洛伊德：《图腾与禁忌》，文良文化译，中央编译出版社 2005 年版。

86. ［德］恩斯特·卡西尔：《人论》，甘阳译，上海译文出版社 1985 年版。

87. ［德］马克斯·韦伯：《经济与社会》（上卷），林荣远译，商务印书馆 1997 年版。

88. ［美］诺斯：《制度、制度变迁与经济绩效》，上海三联书店 1994 年版。

89. ［德］弗里德里希·包尔生：《伦理学体系》，中国社会科学出版社 1988 年版。

90. ［苏联］苏霍姆林斯基：《给儿子的信》，教育科学出版社 1981 年版。

91. ［法］伊波特里·丹纳：《艺术哲学》，人民文学出版社 1963 年版。

92. ［美］玛格丽特·米德：《代沟》，曾胡译，光明日报出版社 1998 年版。

93. ［美］弗克兰·梯利：《伦理学概论》，中国人民大学出版社 1987 年版。

94. ［德］艾宾浩斯：《记忆》，曹日昌译，科学出版社 1965 年版。

95. ［美］戴维·布莱克莱吉等：《当代教育社会学流派——对教育的社会学解释》，王波等译，春秋出版社 1989 年版。

96. ［美］包筠雅：《功过格：明清社会的道德秩序》，杜正贞译，浙江人民出版社 1999 年版。

97. 威廉·J. 古德：《家庭》，魏章玲译，社会科学文献出版社 1986 年版。

98. ［美］何天爵：《真正的中国佬》，鞠方安译，光明日报出版社 1998 年版。

99. ［日］重田德：《乡绅支配的成立与结构》，载《日本学者研究中国史论著选译》第 2 卷，中华书局 1993 年版。

100. ［日］寺田隆信：《关于"乡绅"》，载《明清史国际学术讨论会论文集》，天津人民出版社 1982 年版。

101. 罗国杰：《道德建设论》，湖南人民出版社 2007 年版。

102. 朱贻庭：《中国传统伦理思想史》（增订本），华东师范大学出版社 2003 年版。

103. 冯友兰：《中国哲学简史》，新世界出版社 2004 年版。

104. 焦国成：《中国伦理通论》，山西教育出版社 1997 年版。
105. 黄济：《中国教育传统与教育现代化基本问题研究》，北京师范大学出版社 2003 年版。
106. 高国希：《道德哲学》，复旦大学出版社 2005 年版。
107. 韩钟文：《先秦儒家教育哲学思想研究》，齐鲁书社 2003 年版。
108. 徐少锦：《中国家训史》，陕西人民出版社 2003 年版。
109. 樊浩：《中国伦理精神的历史建构》，江苏人民出版社 2001 年版。
110. 张应杭：《传统文化拟论》，上海人民出版社 2000 年版。
111. 程裕祯：《中国文化要略》，外语教学与研究出版社 1998 年版。
112. 王炳照：《中国古代书院》，商务印书馆 1998 年版。
113. 颜景刚主编：《德艺世家》，人民日报出版社 2008 年版。

二　论文类

1. 朱明勋：《中国传统家训研究》，博士学位论文，四川大学，2006 年。
2. 刘烨：《现代思想政治教育过程研究》，博士学位论文，武汉大学，2004 年。
3. 许晓静：《由〈颜氏家训〉看南北朝社会的世族风气》，《历史研究》2008 年第 2 期。
4. 谢雄飞：《〈颜氏家训〉家庭伦理内涵的现代阐释》，《传承》2008 年第 11 期。
5. 秦元：《颜之推〈颜氏家训〉的说理方式初探》，《临沂师范学院学报》2008 年第 2 期。
6. 郭明月：《从〈颜氏家训〉看当代中国家庭教育的弊端》，《教育广角》2008 年第 11 期。
7. 孙玉杰：《中国古代伦理道德教育机制初探》，《河南大学学报》（社会科学版）1999 年第 6 期。
8. 檀传宝：《政治信仰与道德教育——中国古代与现代的两种抉择》，《清华大学教育研究》1999 年第 1 期。
9. 郭雪萍等：《〈颜氏家训〉对现代家庭教育的启示》，《中国科技创新导刊》2008 年第 20 期。
10. 王东生：《〈颜氏家训〉伦理思想解析》，《重庆科技学院学报》（社会科学版）2008 年第 8 期。
11. 李冰：《试论思想道德教育中的"个体认同"和"社会认同"》，《河北省社会主义学院学报》2002 年第 3 期。
12. 梁益梦：《〈颜氏家训〉对儿童教育的意义》，《当代教育论坛》2008 年第 8 期。
13. 程尊梅：《〈颜氏家训〉文化研究综述》，《百家论坛》2004 年第 5 期。
14. 戴素芳：《论传统家训伦理教育的实践理念与当下价值》，《学术界》2007 年第 2 期。
15. 由剑锋、肖培苗：《论中国古代的道德教育及当代价值》，《长春大学学报》2005 年第 3 期。
16. 张学智：《〈颜氏家训〉与现代家庭伦理》，《中国哲学史》2003 年第 2 期。
17. 王玲莉：《〈颜氏家训〉的人生智慧及其现代价值》，《广西社会科学》2005 年第 10 期。
18. 蔡卫东：《我国古代道德教育对当今学校道德教育的启示》，《山东教育科研》1999 年第 11 期。
19. 项久雨：《关于中国古代思想道德教育的思考》，《理论月刊》2005 年第 2 期。
20. 钱穆：《略论魏晋南北朝学术文化与当时门第之关系》，《香港新亚学报》1963 年第 5 卷第 2 期。
21. 万俊人：《"德性伦理"与"规范伦理"之间和之外》，《神州学人》1995 年第 12 期。
22. 李景林：《儒家的丧祭理论与终极关怀》，《中国社会科学》2004 年第 2 期。
23. 高国希：《论道德实践》，《学术月刊》1994 年第 9 期。
24. 杨向奎：《礼的起源》，《孔子研究》1986 年创刊号。
25. 张艳国：《中国传统家训的文化功能及其特点》，《光明日报》1994 年 6 月 13 日。
26. 徐进：《礼治的精义及其影响》，《文史哲》1997 年第 1 期。
27. 王笛：《大众文化研究与近代中国社会——对近年美国有关研究的述

评》,《历史研究》1999 年第 5 期。

28. 章全才:《礼的起源和本质》,《学术月刊》1963 年第 8 期。

29. 高月兰:《以"伦"为核心的中国传统伦理精神建构》,《伦理学研究》2009 年第 1 期。

30. 高德胜:《学校德育的范式转换》,《道德教育研究》2003 年第 4 期。

31. 李必友:《魏晋南北朝家族教育的特点》,《安徽师范大学学报》1999 年第 5 期。

32. 陈力祥:《儒家核心价值观对封建社会思潮的有效引领之策略探析》,《天府新论》2009 年第 4 期。

33. 唐亚阳:《中国书院德育研究》,博士学位论文,湖南师范大学,2006 年。

34. 汪毅夫:《试论明清时期的闽台乡约》,《中国史研究》2002 年第 1 期。

35. 陈柯云:《略论明清徽州的乡约》,《中国史研究》1990 年第 4 期。

36. 张劲松:《论书院的边界》,《教育评论》2008 年第 3 期。

37. 王涛:《洛克的政治社会概念与自然法学说》,《清华法学》2011 年第 6 期。

38. 邱吉:《历史视野中的道德内化思想及其现实德育的启示》,《集美大学学报》2003 年第 3 期。

39. 段文阁:《古代家训中的家庭德育思想初探》,《齐鲁学刊》2003 年第 4 期。

40. 邓洪波、周月娥:《八十三年来的中国书院研究》,《湖南大学学报》(社会科学版)2007 年第 3 期。

41. 杨力伟:《士绅的产生、衰落与消亡——一个宏观的透视》,《社会学与社会调查》1991 年第 5 期。

三 外文类

1. Turner, *The Forest of Symbol*: *Aspects of Ndembu Ritual*, Ithaca: Cornell University Press, 1967.

2. Edward Tylor, *Primitive Culture*, London, 1913, [1871], Vol. I.

3. Hyman, Stanley E., *The Tangled Bank*: *Darwin*, *Marx*, *Frazer and*

Freud as Imaginative Writer, New York: Atheneum, 1962.
4. Stocking, G. W. ed., *Functionalism Historicized: Essays on British Social Anthropology*, Madison: University of Wisconsin Press, 1984.
5. Berth Berberoglu, *Class Structure and Social Transformation*, Greenword Pub-lishing Group, 1994.

后 记

中国古代非正式（教育）制度源远流长、根深蒂固，是中国传统文化中纵横交错的根脉，是传统中国超稳定社会结构的有力支撑，其中蕴含着丰富的德育价值的精神营养。在人类面临现代性的价值危机之际，华夏文明孕育的非正式（教育）制度具有非常广泛的借鉴意义。

近年来，随着国家的重视和提倡，从民俗学、社会学、文化人类学等领域对非正式（教育）制度的研究日渐增多，这为古代非正式（教育）制度德育机制的研究提供了良好的时机。然而，对非正式（教育）制度的研究不能停留于"是什么"的阶段，而应该向"为什么"和"怎么做"阶段深入拓展。我们试图发掘非正式（教育）制度的运行机制和功能效应，梳理和提炼其中蕴含的德育价值，从而为个体品德培养提供有益的帮助。

感谢国家社科规划办为我们提供了机会，让我们能够从古代家训、传统仪式、书院教育、士绅道德楷模等四个主要类型出发，对中国古代非正式（教育）制度进行了一次较为全面而深入的探究，并集中发表了一些研究成果，愿这项研究能对思想政治教育和公民道德建设有所启发。目前我国正处于社会转型时期，改进和加强思想政治教育，关键在于做好公民个体品德的培育。如何将社会主义核心价值观念内化为个体的道德品质，救治社会上出现的道德失范等时弊，是我们必须严肃面对并深入思考的问题。在个体生活方式巨变、存在性焦虑加深的现代社会，传统非正式（教育）制度文化更能以其博大的精神内涵和独特的传承功能形塑每个身临其境的个体人格，使人们在找到自身存在的同时获得真切的人生体悟。这对于创新道德教育的方式方法、以明德引领风尚和培育时代新人都具有重要的意义。

　　此项研究得到了西北师范大学社科处、马克思主义学院等单位的大力支持，在此表示衷心感谢。本书研究得益于学界前辈和同人的研究成果，参阅了大量的文献，已在文中标注，但仍有可能疏漏，恳请谅解。作为国家社科基金项目是集体研究成果，陈晓龙拟定了全书的写作思路和整体架构，对每一章的立论与阐释进行精心指导，完成了全书的统稿工作。第一章由陈晓龙撰写，第二章、第五章、第七章由姚成得撰写，第三章由符得团撰写，第四章由张鲲撰写，第六章由陈新专撰写。

　　对于古代非正式（教育）制度的研究使我们感受颇深，在浩渺的古代优秀文化长河中，我们不时能够感受到前人的经验和智慧。对古代非正式（教育）制度的研究，不仅是对传统文化成果的采撷，也是对华夏儿女的精神接引和灵魂熏陶。最后希望古代非正式（教育）制度的德育价值能够日益得到全社会的赞许和认同。